1 fr. 25 le volume

ŒUVRES COMPLÈTES D'HECTOR MALOT

LES
BESOIGNEUX

II

PARIS

ERNEST FLAMMARION, ÉDITEUR

26, RUE RACINE, PRÈS L'ODÉON

EN VENTE À LA MÊME LIBRAIRIE

EN COURS DE PUBLICATION

ŒUVRES COMPLÈTES D'HECTOR MALOT
à 1 fr. 25 le volume

- Le Lieutenant Bonnet
- Suzanne
- Miss Clifton
- Clotilde Martory
- Pompon
- Marichette
- Un Curé de Province
- Un Miracle
- Romain Kalbris
- La Fille de la Comédienne
- L'Héritage d'Arthur
- Le Colonel Chamberlain
- La Marquise de Lucillière
- Ida et Carmelita
- Thérèse
- Le Mariage de Juliette
- Une Belle-Mère
- Séduction
- Paulette
- Bon Jeune homme
- Comte du Pape
- Marié par les Prêtres
- Cara
- Vices Français
- Raphaelle
- Duchesse d'Arvernes
- Corysandre
- Anie
- Les Millions Honteux
- Le docteur Claude
- Le Mari de Charlotte
- Conscience
- Justice
- Les Amants
- Les Époux
- Les Enfants
- Les Amours de Jacques

PARIS. — IMP. C. MARPON ET E. FLAMMARION, RUE RACINE, 26

LES BESOIGNEUX

TOME DEUXIÈME

Ouvrages de HECTOR MALOT

COLLECTION GRAND IN-18 JÉSUS

LES VICTIMES D'AMOUR : LES AMANTS, LES ÉPOUX, LES ENFANTS	3 vol.	SANS FAMILLE	2 vol.
LES AMOURS DE JACQUES	1 —	LE DOCTEUR CLAUDE	1 —
ROMAIN KALBRIS	1 —	LA BOHÈME TAPAGEUSE	3 —
UN BEAU-FRÈRE	1 —	UNE FEMME D'ARGENT	1 —
MADAME OBERNIN	1 —	POMPON	1 —
UNE BONNE AFFAIRE	1 —	SÉDUCTION	1 —
UN CURÉ DE PROVINCE	1 —	LES MILLIONS HONTEUX	1 —
UN MIRACLE	1 —	LA PETITE SŒUR	2 —
SOUVENIRS D'UN BLESSÉ : SUZANNE	1 —	PAULETTE	1 —
SOUVENIRS D'UN BLESSÉ : MISS CLIFTON	1 —	LES BESOIGNEUX	2 —
LA BELLE MADAME DONIS	1 —	MARICHETTE	2 —
CLOTILDE MARTORY	1 —	MICHELINE	1 —
UNE BELLE-MÈRE	1 —	LE SANG BLEU	1 —
LE MARI DE CHARLOTTE	1 —	LE LIEUTENANT BONNET	1 —
L'HÉRITAGE D'ARTHUR	1 —	BACCARA	1 —
L'AUBERGE DU MONDE : LE COLONEL CHAMBERLAIN, LA MARQUISE DE LUCILLIÈRE	2 —	ZYTE	1 —
		VICES FRANÇAIS	1 —
		GHISLAINE	1 —
		CONSCIENCE	1 —
L'AUBERGE DU MONDE : IDA ET CARMELITA, THÉRÈSE	2 —	JUSTICE	1 —
		MARIAGE RICHE	1 —
MADAME PRÉTAVOINE	2 —	MONDAINE	1 —
CARA	1 —	MÈRE	1 —
		ANIE	1 —
		COMPLICES	1 —
		EN FAMILLE	2 —

Mᵐᵉ HECTOR MALOT

FOLIE D'AMOUR	1 vol.	LE PRINCE	1 vol.

ÉMILE COLIN — IMPRIMERIE DE LAGNY

LES
BESOIGNEUX

PAR

HECTOR MALOT

TOME SECOND

PARIS
ERNEST FLAMMARION, LIBRAIRE-ÉDITEUR
26, RUE RACINE, PRÈS L'ODÉON

Tous droits réservés.

LES BESOIGNEUX

DEUXIÈME PARTIE

(SUITE)

XIII

Son verre d'eau et de kirsch avalé, Thierry s'était levé.

Strengbach voulut le retenir.

— *Attentez* un *beu*, dit-il, le *demps te fous* calmer; moi, mes jambes *dremblent*.

Et il voulut de nouveau prendre le flacon de kirsch, mais Thierry lui arrêta la main.

— Sortons, dit-il.

Il fallut bien que Strengbach le suivît, regrettant de ne pas pouvoir lui faire vider le flacon entier; mais le résultat obtenu était assez beau pour ne pas se plaindre.

— Quelle chose affreuse, disait-il en marchant à

côté de Thierry. Voilà à quoi on est *exbosé* quand on est le *bère te* ses ouvriers. Certainement, c'est *peau te vaire* son *tevoir*, mais enfin c'est *derrible* d'être *exbosé* à *emprasser* un enragé ou un cholérique, car *fous* voilà obligé d'*emprasser* tous ceux qui *fous* appelleront à leur lit *te* mort.

Il avait trouvé là un bon sujet de discours pour dégoûter Thierry de son rôle de père des ouvriers; malheureusement il ne put pas le développer comme il aurait voulu.

— Voyez les fils Grab, dit Thierry, et arrangez avec eux tout ce qui touche les funérailles; faites les choses convenablement, nous nous chargeons des frais.

Strengbach ne put répliquer, il fallait obéir; mais tandis que Thierry s'éloignait, il se vengea de sa déception :

— Canaille qui se *bermet te* me *tonner tes* ordres; et il *vait* le généreux. *Impécile*, va! Est-ce assez *pête!*

Strengbach était furieux, il ne se calma que par la réflexion et en pensant à ce qui venait de se passer.

C'était quelque chose vraiment d'avoir rendu Thierry témoin de cet effroyable spectacle.

Et c'était quelque chose aussi, c'était plus encore de lui avoir fait boire du kirsch, alors que depuis son retour d'Amérique il s'abstenait si sévèrement de toute liqueur.

Il était excellent, le kirsch de la mère Hocqueux, acheté dans les Vosges mêmes pour un certain nombre d'Alsaciens qui n'auraient pas pris de l'alcool de pomme de terre pour de l'alcool de merise, et on pouvait espérer qu'il avait mis Thierry en goût : qui a bu boira. Si on ne pouvait pas croire aux proverbes, à quoi se fier!

C'était donc d'assez méchante humeur que Strengbach était entré chez le père Grab pour s'acquitter de la commission dont Thierry l'avait chargé.

Le rez-de-chaussée était désert; il avait fallu qu'il appelât à plusieurs reprises pour que quelqu'un parût; enfin il avait vu un des petits-fils descendre l'escalier, les yeux rouges, le visage convulsé.

Mais Strengbach n'était pas en disposition de se laisser attendrir, ce qui lui arrivait rarement d'ailleurs; ce chagrin lui parut assez ridicule : on se tient, que diable!

— Eh *pien*, oui, il est mort, dit-il.

— Ah! monsieur Strengbach, un si brave homme, si bon, si juste! Nous l'aimions tant!

Et il fondit en larmes.

— Certainement, c'est *drès* malheureux; mais il ne *bouvait bas fifre;* au moins c'est *vini*.

— N'est-ce pas affreux?

— Certainement. *Tites à fotre bère te tescentre.*

Strengbach était exaspéré : fallait-il pas qu'il consolât ce grand garçon de vingt ans qui pleurait comme un enfant! Il savait que le père Grab était le bon Dieu pour sa famille; mais enfin, ce n'était pas une raison pour se désespérer. En somme, le vieux laissait de l'argent, et c'est un soulagement. A la vérité, c'était le fils qui héritait et non le petit-fils, ce qui expliquait la douleur de celui-ci : il perdait son grand-père et ne touchait pas le magot.

Mais, chose tout à fait stupéfiante au moins pour Strengbach, il en fut de même pour le fils.

— Ah! monsieur Strengbach, un si bon père!

Et celui-là, qui avait quarante-deux ou quarante-trois ans, éclata en sanglots comme celui de vingt.

— Certainement, dit Strengbach, qui se demandait si ces animaux-là ne se moquaient pas de lui, mais il ne *bcuvait bas fifre;* au moins c'est *vini.*

— Pauvre père!

— Écoutez, dit Strengbach exaspéré, M. Thierry *feut* se charger *tes* funérailles *te fotre bère; fous* commanderez ce qu'il y a *te blus* cher; *fous* n'avez *bas besoin te fous* gêner.

— M. Thierry est trop bon; j'accepte pour l'honneur.

La consolation de Strengbach fut de penser que Thierry ne s'en tirerait pas sans une assez grosse dépense; cela aussi lui apprendrait à se charger des funérailles de ses ouvriers.

Et il voulut se rendre avec le fils chez l'abbé Colombe, pour s'entendre sur le règlement de ces funérailles, se promettant bien de choisir dans le tarif tout ce qui coûterait le plus cher.

— *Fous* comprenez, c'est M. Dubuquois qui paye! Nous sommes *opligés!*

Et l'abbé Colombe, touché de la générosité de Thierry, s'ingéniait à inventer des combinaisons nouvelles qui fissent honneur à la maison Dubuquois.

— Ce bon jeune homme, et si brave! Il avait embrassé ce malheureux, quel courage! N'était-ce pas héroïque?

Et il s'était promis d'aller, aussitôt qu'il serait libre,

raconter ce trait d'héroïsme à madame La Guillaumie. Certainement, Marianne en serait touchée. N'est-ce pas par héroïsme qu'on gagne le cœur des jeunes filles ? Au moins il avait entendu et lu des histoires qui enseignaient cela. C'était ainsi que les choses se passaient du temps de la chevalerie :

> Partant pour la Syrie,
> Le jeune et beau Dunois
> Allait prier Marie
> De bénir ses exploits.

Hélas ! il ne pensait guère en ce moment à faire bénir ses exploits, le jeune et beau Dunois.

Après avoir raconté à sa mère et à sa tante, défaillantes d'émotion, ce qui s'était passé, Thierry était monté chez lui, pensant beaucoup plus au kirsch qu'il avait bu qu'à son acte d'héroïsme.

Quel effet ce kirsch allait-il produire en lui ?

La question était poignante et rendue plus douloureuse encore par le remords qui l'accompagnait.

Pourquoi avait-il bu ce kirsch !

Il n'aurait pas dû le boire.

Un vertige l'avait fasciné et entraîné. C'était pour repousser le verre dans lequel Strengbach venait de verser le kirsch qu'il avait étendu la main ; mais au lieu de le repousser, malgré lui, il l'avait porté à ses lèvres et vidé.

Une fois encore la tentation l'avait emporté sur la volonté ; prévenu, ayant le temps de réfléchir et d'appeler la raison à son secours, il aurait peut-être eu la force de résister ; mais le brusque mouvement et les paroles de Strengbach l'avaient surpris et il avait bu sans trop savoir ce qu'il faisait. Il n'avait eu conscience du danger que par la sensation délicieuse que l'eau chargée de kirsch avait produite en lui et par le violent désir de boire encore qui l'avait saisi, et c'était alors qu'il s'était levé vivement pour se sauver.

Mais en se sauvant il n'avait pas laissé au cabaret de la mère Hocqueux cette sensation ; elle le poursuivait et il la retrouvait maintenant sur ses lèvres aussi délicieuse, aussi troublante qu'au moment même où elle l'avait envahi.

Il voulut n'y point penser, cela lui fut impossible ; elle revenait, elle l'envahissait ; il avait eu la volonté d'embrasser ce malheureux ouvrier malgré l'horreur qu'il lui inspirait et maintenant cette volonté était impuissante à chasser un souvenir ! N'était-il pas le plus misérable des hommes ?

Et il fut pris d'une désespérance qui l'accabla et le laissa pendant plusieurs heures dans un état de prostration morne, abattu, accablé, sans énergie physique, comme sans énergie morale, en proie à un chagrin noir.

Il les connaissait, ces heures d'accablement et de chagrin qui toujours avaient précédé ses accès, et sûrement elles en annonçaient un nouveau.

Quelle serait sa violence ? Aurait-il la volonté de se défendre ? Toute la question était là. Et avec l'expérience qu'il avait acquise il se sentait incapable de la résoudre. Plusieurs fois, il est vrai, depuis son retour d'Amérique, il avait été sous le coup d'un de ces accès, et toujours il lui avait résisté. Mais lorsqu'il en avait été menacé, les conditions n'étaient pas les mêmes : il n'était pas comme maintenant desséché par le feu que ce kirsch avait allumé dans sa gorge, dans son estomac, et qui le dévorait.

Lorsqu'on sonna le dîner, il descendit ; mais il lui fut impossible de manger : la vue des aliments et leur odeur lui donnèrent des nausées.

Son air triste et cette absence d'appétit frappèrent sa mère et sa tante, mais cependant sans trop les inquiéter.

Après son émotion de la journée, il avait bien le droit de n'être pas dans son état habituel, sans doute. Quel autre à sa place ne serait pas malade de frayeur ?

Bien entendu il ne fut question pendant le dîner que de son héroïsme, ce qui lui permit de ne pas dîner.

— Sais-tu que c'est à mettre dans la *Morale en action !* dit la tante.

Et lui, pendant ce temps, pensait que ce qu'on pourrait mettre dans la *Morale en action*, serait la lutte qu'il soutenait, s'il triomphait.

Comme on allait se lever de table, Strengbach se présenta ; il venait annoncer que l'enterrement était fixé au lendemain onze heures.

— Est-ce que M. Thierry *foudra pien* y assister ? demanda-t-il.

— Sans doute.

— Cela sera d'un *pon* effet sur les ouvriers.

Avant que cela fût d'un bon effet sur les ouvriers, cela calma un peu Thierry, et les tentations de boire qui l'avaient obsédé dans la journée le laissèrent tranquille pendant la nuit; il ne pouvait pas s'abandonner, on comptait sur lui.

XIV

La nuit qui suivit l'enterrement du père Grab fut terrible pour Thierry.

Espérant que, s'il se couchait tard, il dormirait moins mal, il avait prié sa tante, qui était bonne pianiste, de lui faire de la musique dans la soirée, et minuit sonnait lorsqu'il était entré dans sa chambre ; mais pour cela son sommeil n'avait pas été meilleur. Quoi qu'il voulût et quoi qu'il fît, ou plutôt justement parce qu'il voulait, il était resté longtemps sans s'endormir, se couvrant parce qu'il n'avait pas assez chaud, se découvrant pour avoir froid, s'agitant, demeurant immobile, cherchant, par tous les moyens, le sommeil qui ne venait pas.

A la fin, il s'était assoupi, mais pour peu de temps. En sursaut il s'était réveillé, rêvant qu'un immense bol de punch, allumé sur sa table, avait mis le feu aux tentures de sa chambre. Tout flambait : les meubles, le tapis, les rideaux, lui-même brûlait sur son lit.

C'était une hallucination comme si souvent il en avait eu avant et pendant ses accès ; mais ce qui n'était point une hallucination, c'était le feu qui lui dévorait les entrailles et le goût du kirsch qui lui parfumait la bouche.

Il se leva et, coup sur coup, il avala deux grands verres d'eau; mais l'eau n'éteignit pas plus le feu qu'elle ne chassa le goût du kirsch, et même elle avait le goût du kirsch.

Il se recoucha, et de nouveau il essaya de s'endormir; mais ce fut inutilement. Effort, prière, immobilité complète, rien ne réussit. Tout ce qu'il fit pour porter son attention sur d'autres idées n'eut pas de résultat; l'impression si terrifiante qu'il avait éprouvée lorsque le père Grab avait voulu qu'il l'embrassât était même effacée; il ne pensait qu'à une chose : boire de l'alcool; il n'avait qu'un désir, qu'un besoin : boire; et cette fois, les hallucinations qui peu de temps auparavant l'avaient éveillé, le poursuivaient sans qu'il se fût rendormi; il revoyait, les yeux fermés, les flammes du punch qu'il avait vues ; il respirait le parfum du kirsch ; il entendait sa mère et sa tante qui le priaient de ne pas boire ; elles étaient à genoux autour de son lit, les mains tendues vers lui, le visage désespéré, les yeux noyés de larmes, et lui pleurait avec elles, leur disant, leur criant : « Je ne peux pas. »

Ces hallucinations durèrent toute la nuit et ne s'évanouirent que sous la pâle lumière du jour naissant.

Il n'essaya pas de se rendormir. A quoi bon ? Les mêmes images délirantes le reprendraient s'il fermait les yeux; et quoique brisé, quoique tremblant, la raison affolée, le corps anéanti, il se leva.

Il ne pouvait pas rester en proie à ce supplice; il fallait qu'il fît quelque chose, ou bien dans un accès plus fort, sa volonté succomberait.

Dans cette nuit cruelle, une idée que tout d'abord il avait repoussée avait fini par devenir une véritable obsession ; c'était d'essayer un remède qu'on emploie en Suède et Norwège pour guérir l'ivrognerie, et qui consiste à mouiller d'alcool tous les aliments de l'alcoolique. Sous l'influence de ce remède, l'ivrogne se dégoûte si bien de sa boisson favorite qu'il arrive à en avoir la nausée. Puisqu'il ne pouvait pas décidément s'abstenir d'alcool, il fallait qu'il le bût de façon à s'en dégoûter aussi et à s'en donner la nausée.

Depuis qu'il s'était mis au travail, c'était son habitude, en sortant, de passer par les bureaux où on lui soumettait ce qu'il y avait d'important dans la correspondance ; mais ce matin-là, au lieu de prendre le chemin de la comptabilité, il prit celui de la ville, au grand étonnement de sa mère qui, comme tous les matins, le suivait de derrière sa fenêtre, pleine de joie et de confiance.

Où donc allait-il?

Mais elle ne s'en inquiéta pas, et quand elle raconta à sa sœur ce qu'elle avait vu, celle-ci, qui avait un grain de romanesque dans l'esprit, se mit à sourire.

— Tu sais donc où il est allé ?
— Je m'en doute.
— Tu ne veux pas le dire ?
— Pourquoi ne le dirais-je pas ? Je crois qu'il va tout simplement passer devant la maison de made-

moiselle La Guillaumie. Après ce qu'il a fait n'est-il pas tout naturel qu'il ait le désir de rencontrer le regard de cette jeune fille? Si elle a réellement la fierté que nous lui supposons, il me semble qu'elle peut être satisfaite de l'amour qu'elle a inspiré.

— Nous saurons par M. le doyen ce qu'elle pense.

— Il est certain que si Thierry avait voulu gagner son cœur, il n'aurait rien pu faire de mieux.

— Grâce à Dieu, il a agi spontanément, sans arrière-pensée et sans calcul.

— Oh! certainement.

— Au reste, en présence de ce qui se passe il semble que la nécessité de ce mariage ne s'impose plus comme il y a quelque temps.

— Voudrais-tu donc renoncer à notre projet?

— Non, mais si cette jeune fille persistait dans son refus je crois que nous n'aurions pas à nous en désespérer. Maintenant que Thierry s'est mis au travail, il n'est plus indispensable de le distraire et de l'occuper; le travail remplace la femme. Puisqu'il a su résister quand il était livré à lui-même, ne résistera-t-il pas plus facilement maintenant que sa vie a un but et que ses heures sont remplies? Pour la première fois depuis dix ans, j'ai confiance.

— Moi aussi j'ai confiance, et pourtant je crois que nous ne devons rien négliger pour que ce mariage réussisse. Si Thierry a résisté, ç'a été en luttant contre son funeste penchant; je voudrais qu'il n'y eût plus de luttes en lui, et il me semble que le mariage et la paternité, avec leurs joies, leurs devoirs, leurs responsabilités, peuvent seuls amener ce résultat.

Pendant qu'elles se réjouissaient ainsi, Thierry entrait dans la boutique de M. Brou le pharmacien, et demandait qu'on lui servît trois cents grammes d'eau de mélisse, et soixante grammes de quinquina en poudre.

Il n'y avait, lui semblait-il, dans cette demande, rien qui pût provoquer la curiosité du pharmacien ; on ne boit pas ordinairement l'eau de mélisse pour son plaisir et le quinquina n'a jamais servi à préparer une liqueur agréable.

Mais c'était un homme aussi méticuleux que curieux que M. Brou, et une pareille commande était bien faite pour provoquer sa curiosité. Que diable M. Thierry Dubuquois pouvait-il vouloir faire des trois cents grammes d'eau de mélisse ? Comme tout le monde à Hannebault, le pharmacien connaissait les habitudes de Thierry. Voudrait-il s'enivrer avec de l'eau de mélisse maintenant ? Voilà qui serait original. Lorsqu'une question se présentait à l'esprit avisé du pharmacien, il fallait qu'il cherchât à l'éclaircir. A un paysan il eût simplement demandé : « Que diable voulez-vous faire de cette eau de mélisse ? » Mais avec M. Thierry il ne pouvait pas procéder d'une façon aussi simple.

— Vous savez, n'est-ce pas, dit-il en remettant de sa main droite, sa toque de velours bleu, tandis que de sa main gauche il assurait ses lunettes, vous savez que l'eau de mélisse se prend ordinairement à la dose de deux à quatre grammes dans un verre d'eau sucrée.

— Parfaitement, répondit Thierry d'un ton sec qui coupait court à toute conversation.

Cependant le pharmacien risqua encore un mot, pour l'acquit de sa conscience plus que pour sa curiosité :

— C'est de l'alcool à 85° centésimaux.

— Je sais.

Il n'y avait rien à ajouter ; le pharmacien ne put se rattraper que sur le quinquina.

— A quel usage voulez-vous employer ce quinquina ? demanda-t-il en cachetant soigneusement la bouteille d'eau de mélisse.

Thierry resta un moment embarrassé ; il n'avait pas imaginé cette question qui le prenait au dépourvu.

— Le quinquina est-il donc une substance dont la vente soit défendue ? dit-il sans bien savoir ce qu'il disait.

— Pas du tout, et ma question n'avait d'autre but que de savoir quel quinquina vous désirez : le gris, le rouge, le jaune.

— Le plus amer.

— Très bien. Alors le jaune, ou *calisaya;* il a été autrefois le plus employé, mais il tend à disparaître du commerce. Cependant je puis vous en donner que je garantis. Si vous voulez attendre quelques jours je pourrai vous faire venir le *pitaya*, que je n'ai pas, car sa saveur ne permet pas de l'employer aux usages pharmaceutiques. Si c'est pour des expériences...

Mais Thierry se contenta du *calisaya*, sans vouloir dire si c'était ou n'était pas pour une expérience qu'il en avait besoin.

Comment eût-il pu attendre quelques jours, quand l'odeur seule de l'eau de mélisse, au moment du transvasement, avait mouillé de sueur ses mains tremblantes.

L'importance du pharmacien, pesant, emballant, cachetant, étiquetant, l'exaspérait. N'en aurait-il jamais fini avec toutes ces cérémonies? Fallait-il que ce fût précisément dans les pharmacies qu'on mît le plus de lenteur à servir quoi que ce fût, alors que ceux qui attendent sont bien souvent dévorés d'anxiété?

A la fin, M. Brou voulut bien lui remettre, avec une révérence pleine de grâces, la bouteille d'eau de mélisse et le paquet de quinquina; mais pour le payement, ce fut une autre affaire. Le pharmacien n'avait pas de pièce de cinquante centimes, et, comme il ne voulait pas charger de sous M. Dubuquois, il fallut que Thierry attendît le retour de l'élève envoyé chez le voisin.

Alors seulement il put partir, marchant à grands pas, sans voir personne, serrant dans sa main, crispée par l'impatience, la bouteille d'eau de mélisse cachée au fond de la poche de son pardessus.

— Où est ma mère? demanda-t-il en rentrant.

— Madame est avec madame Charles à la comptabilité.

Il était libre.

XV

Une fois chez lui, Thierry s'enferma, et tirant la bouteille de sa poche, il la déboucha vivement, les mains tremblantes.

Alors il la porta à son nez et, avec de longues aspirations, il la renifla, les narines dilatées, les yeux mi-clos dans un véritable état de béatitude ; ce n'était plus une hallucination, c'était bien l'odeur de l'alcool qu'il respirait, chargée, il est vrai, du parfum de la mélisse, de la cannelle et autres drogues, mais encore nettement perceptible cependant pour son odorat.

Tout à coup un vertige le prit : il abaissa le goulot et le porta à ses lèvres ; mais un suprême effort le retint, il repoussa le flacon et le posa sur une table.

Assurément, s'il buvait ainsi, quand même ce ne serait que quelques gouttes tout d'abord, il ne pourrait pas se retenir, la bouteille entière y passerait. Combien de fois s'était-il promis de ne boire qu'un verre, un seul, un tout petit verre, et avait-il vidé la bouteille ?

Ce qu'il voulait, c'était se donner la nausée de l'alcool ; ce ne serait pas en buvant cette eau de mélisse, telle qu'elle sortait de chez le pharmacien, qu'il réussirait.

Il prit un verre, et jetant au fond quelques pincées de sa poudre de quinquina, il versa par-dessus l'eau de mélisse, en remuant avec une cuiller, de façon à former un mélange épais et bourbeux, de couleur sale, aussi peu ragoûtant à l'œil qu'agréable à l'odorat.

Sans doute cela était exécrable et bien fait pour le dégoûter ; après ce premier verre il n'aurait pas envie de revenir à un second.

Il but donc lentement, à petites gorgées, laissant le liquide séjourner dans sa bouche, de manière à se dégoûter de ce mélange ; c'était bien ce qu'il avait prévu, d'une amertume horrible ; la poudre s'attachait à la langue, râclait la gorge et refusait de passer.

Mais plus il trouvait cette drogue dégoûtante, plus il la tournait et retournait dans sa bouche comme aurait fait un dégustateur avec un vin difficile à juger.

Cela dura assez longtemps, et à chaque gorgée il se disait :

— Ce sera la dernière.

Cependant il reprenait son verre, n'éprouvant point la nausée sur laquelle il avait compté et qu'il attendait anxieusement ; sa bouche, pas plus que son estomac, ne se révoltaient et le vomissement qu'il espérait ne venait pas.

Au contraire, un sentiment de chaleur et de bien-être vague le pénétrait ; il respirait plus facilement ;

les douleurs de tête dont il souffrait tant semblaient disparaître ; il éprouvait incontestablement un soulagement général, se sentant moins abattu, plus jeune.

Et cela, au lieu de le réjouir, le désespérait ; ce n'était pas ce qu'il avait voulu et cherché.

Enfin il vit le fond de son verre, et il eut le courage de prendre avec une cuiller et de l'avaler le dépôt de sciure de bois de quinquina qui s'y était formé.

Mais cette sciure ne lui souleva pas plus le cœur que le liquide, loin de là ; depuis longtemps il ne s'était pas trouvé aussi à son aise.

Il n'y avait qu'à attendre.

Il serra sa fiole et son quinquina dans un bureau qu'il ferma à clef, et, ne voulant pas rester exposé à la tentation de répéter cette expérience, il résolut de rejoindre sa mère et sa tante à la comptabilité.

Quand elles le virent arriver, elles furent frappées de l'animation de son visage et de son regard. Ordinairement pâle, il était coloré ; son œil, habituellement éteint et morne, était brillant et joyeux.

Pendant qu'il parlait à un employé, madame Charles se pencha à l'oreille de sa sœur :

— Il a vu la jeune fille, dit-elle vivement ; regarde ses yeux, comme ils trahissent le bonheur.

Et toutes deux se réjouirent de le voir ainsi.

Il n'y avait pas que dans ses yeux que se trahissait le bonheur ; dans toute sa personne, dans la vivacité de ses mouvements, dans la netteté de sa parole se montrait une excitation exceptionnelle : ce n'était plus le même homme.

— Vois ce qu'elle fera de lui, continua madame Charles.

Il était à ne pas reconnaître, parlant haut, donnant des ordres avec assurance, allant, venant rapidement, — pour la première fois de sa vie, le chef de la maison Dubuquois.

Sa mère était si heureuse qu'elle voulut consacrer en quelque sorte cette prise de possession du pouvoir, et, Strengbach lui ayant demandé ce qu'elle décidait pour un ordre à donner, elle le renvoya à Thierry :

— Adressez-vous à mon fils, dit-elle.

Strengbach, qui avait déjà examiné Thierry à la dérobée avec étonnement, se demandant ce que signifiait cette animation chez lui, et chez sa mère et sa tante ces apartés, resta stupéfait :

— Si c'est là ce qu'ont *broduit l'emprassade tu bère* Grab et le *ferre* de kirsch, ce n'était *fraiment bas* la *beine*.

Et Strengbach chercha sans trouver ce qu'il pourrait imaginer maintenant de plus fort : on n'a pas tous les jours, par malheur, un enragé sous la main, et on n'a pas non plus une si belle occasion de faire boire un homme qui ne veut pas boire. Comment diable ce verre de kirsch ne lui avait-il pas donné soif? C'est donc de la niaiserie, les proverbes. « Qui a bu boira. » Et il avait cru à cela !

— Quel *pête* je suis ! se disait-il en lançant des

regards féroces du côté de Thierry : « Adressez-*fous* à mon fils. » Il ne manquerait plus que cela.

Cependant il avait dû s'y adresser, « au fils », mais en se promettant bien tout bas de faire juste le contraire de ce que celui-ci lui dirait, à moins que ce fût une sottise, bien entendu, auquel cas il l'exécuterait religieusement. Et il lui avait même soufflé cette sottise, mais sans que Thierry l'accueillît ; au contraire, il avait très judicieusement indiqué ce qu'il fallait faire.

— Canaille, *fa !*

Car, pour Strengbach, il n'y avait qu'un homme au monde qui ne fût pas une canaille, et cet homme unique, c'était lui, Strengbach.

Mais Thierry ne resta pas longtemps à la comptabilité ; au bout d'un quart d'heure environ sa mère et sa tante le virent sortir sans qu'il leur dît où il allait.

Il retournait chez lui, car, malgré l'excitation qui l'agitait, il éprouvait une soif dévorante, — soif d'alcool et non d'eau ou de vin ; ce qu'il avait bu, au lieu de calmer son besoin de boire, n'avait fait que de l'exaspérer : la dose était probablement insuffisante. La dose d'alcool, comme la dose de quinquina, car le dégoût sur lequel il avait compté ne s'était pas produit. La poudre avait fini par se détacher de la langue, son amertume s'était dissipée et maintenant la sensation qui lui revenait c'était celle de l'alcool, exquise et enivrante.

Sa mère et sa tante l'avaient vu disparaître sans s'inquiéter.

— Il y retourne, dit madame Charles en souriant.
— Comme il est surexcité! dit madame André.
— Heureusement.

Et elles s'étaient enfermées dans leur cabinet pour s'entretenir librement et pouvoir, sans crainte d'être entendues, se confier leurs espérances.

Pendant ce temps, Thierry regagnait son appartement, s'enfermait et préparait de nouveau ce mélange d'eau de mélisse et de quinquina ; mais, cette fois, en forçant la dose de poudre de façon à faire une sorte de pâtée, qu'il devrait manger plutôt que boire.

Comme la première fois, il vida son verre à petites cuillerées, mais sans plus trouver le dégoût qu'il cherchait que la première fois, et même l'amertume était moins forte.

Mais ce qu'il éprouva comme la première fois, ce fut le sentiment de bien-être et de soulagement qui l'avait pénétré.

Ce verre vidé, il en prépara un autre. Déjà il n'était plus maître de sa volonté, sa conscience troublée et chancelante lui suggérait toutes sortes de subterfuges : puisqu'il se trouvait mieux après avoir absorbé cette pâtée, pourquoi ne pas continuer ? N'était-ce pas un remède, rien qu'un remède ?

Et, plus tranquille, il avala ce nouveau médicament; le dégoût viendrait lorsqu'il serait saturé.

Ce ne fut point le dégoût qui vint, ce fut une excitation plus vive avec une certaine confusion dans les idées et aussi de l'incohérence.

Alors il se dit que ce moyen de se soigner était absurde, que s'il n'éprouvait point le dégoût qu'il avait cherché, c'était parce qu'au lieu d'alcool il buvait de l'eau de mélisse qui, par les drogues employées dans sa composition, masquait la saveur du quinquina. Si franchement il avait pris de l'eau-de-vie ou du kirsch, il n'en serait pas là.

De là à se dire qu'il devait remplacer l'eau de mélisse par le kirsch, l'eau-de-vie ou le rhum, il n'y avait qu'un pas ; il le franchit.

Et puis ce n'était pas la peine d'avoir été jusque-là pour s'arrêter, ou bien l'épreuve serait à recommencer le lendemain.

Il fallait qu'il bût assez d'alcool pour calmer le besoin qui le torturait ; et il fallait qu'il en bût assez aussi pour arriver à s'en donner le dégoût ; — mais, bien entendu, en se contenant et sans tomber dans l'ivresse.

S'il n'avait pas bu de l'eau-de-vie, c'était par respect humain, parce qu'il ne pouvait pas en demander à sa mère et parce qu'il n'osait pas entrer dans un café ou dans un débit de boissons. Mais ce respect humain, si puissant, sur lui, le matin, quand il avait été à Hannebault, avait singulièrement perdu de sa force depuis que son esprit s'était émancipé : on n'est pas déshonoré, que diable ! pour acheter un litre d'eau-de-vie. D'ailleurs, il y a manière de faire cet achat. Justement il y avait à Goulaine un paysan qui avait la réputation de fabriquer la meilleure eau-de-vie de cidre de la contrée ; on pouvait lui en demander un litre, — pour goûter.

Et tout de suite il partit pour Goulaine.

XVI

Il ne connaissait pas ce paysan, tout ce qu'il savait de lui c'était que son eau-de-vie avait de la réputation, qu'il s'appelait Pointelle, et qu'il demeurait à Goulaine.

Où? En demandant il trouverait bien.

Ses jambes, peu solides la veille, étaient fermes depuis qu'il avait absorbé ses trois verres d'eau de mélisse; il franchit rapidement la distance qui sépare Hannebault de Goulaine par ces mauvais chemins boueux que l'abbé Commolet parcourait deux ou trois fois par mois pour venir faire sa partie de flûte dans les quatuors de Marianne. Que lui importaient la distance et la boue! Que lui importait le temps gris! Il avait bien autre chose en tête. Savait-il seulement si le temps était gris ou clair, gai ou triste.

Avant d'arriver à Goulaine, il trouva un paysan qui travaillait dans un champ et qui lui indiqua la maison de Pointelle : à l'entrée du village, la première à gauche après la mare ; on était sûr de le trouver chez lui, il tuait son cochon.

C'était évidemment avoir de la chance, car Pointelle aurait très bien pu être dans les champs, et il aurait fallu courir après lui. Thierry n'avait pas pensé à cela.

Il était, en effet, chez lui, le père Pointelle, dans sa cour, devant la porte de sa maison, les mains dans les poches de sa blouse bleue, tournant autour du charcutier qui était en train de débiter un gros porc étalé sur une table rouge de sang; mais ce fut une affaire de l'arracher à cette contemplation.

— C'est que je vas vous dire, nous avons tué notre cochon ce matin.

C'était là incontestablement un fait qui tenait une place importante dans ses préoccupations, et il semblait que tant que le cochon ne serait pas dans le saloir, on ne tirerait pas grand'chose de son propriétaire.

Cependant, pressé par Thierry, il voulut bien à la fin avoir l'air de comprendre.

— De l'eau-de-vie ! Ah ! oui, j'en tenons. Seulement je vas vous dire, nous avons tué notre cochon ce matin.

Il fallut que Thierry écoutât l'oraison funèbre de ce cochon.

— Une fameuse bête, allez !

Il y eut l'énumération des qualités de la fameuse bête, et elle fut longue. Thierry, qui n'était pas habitué aux manières des paysans et à leur stratégie prudente, s'exaspérait.

— C'est pour votre eau-de-vie que je suis venu.

— Je sais bien; seulement, je vas vous dire, ce

matin nous avons tué ce cochon; c'était une si bonne bête!...

Et le père Pointelle s'attendrit; un peu plus, il pleurait :

— Un si bon cochon !

A la fin, il voulut bien entendre parler d'eau-de-vie, et, allant chercher une clef dans sa maison, il conduisit Thierry à son cellier, qui se trouvait à l'autre bout de sa cour.

Il était plein de fûts ; de cet amas de barriques gerbées les unes sur les autres s'exhalait une odeur d'alcool qui grisa Thierry.

— Eh bien ! en voilà de l'eau-de-vie! s'écria-t-il.

— C'est que je vas vous dire, tout ça est vendu.

Et il fit l'énumération de ses fûts en nommant les personnes à qui ils étaient vendus.

— Alors si vous n'en avez plus... dit Thierry.

— J'en ai, sans en avoir.

Alors, tirant un foret de la poche de sa blouse et prenant sur une planche une petite tasse, il piqua un fût.

— Qu'est-ce que vous diriez de ça, monsieur Dubuquois? dit-il en présentant la tasse à Thierry.

Il y eut un moment de silence; Thierry, qui ne se savait pas connu, était surpris d'être appelé par son nom et, d'autre part, il était fort embarrassé de cette offre. Ce n'était pas pour boire de l'eau-de-vie pure qu'il était venu. Mais, demandant à en acheter, pouvait-il refuser de la goûter?

— Ça ne vous fera pas de mal, dit le père Pointelle.

Thierry hésita encore; mais l'air étonné du paysan en même temps que la tentation l'emporta : il prit la tasse et but une gorgée.

— Eh bien, qu'est-ce que vous dites de ça? demanda le paysan.

Thierry n'osa pas répondre franchement, ni laisser paraître sur son visage ce qu'il éprouvait, car ce qu'il avait à dire de ça, lui qui n'avait pas bu d'eau-de-vie depuis plus de deux ans et qui si souvent en avait rêvé avec de folles tentations, c'était que jamais rien ne lui avait paru aussi exquis.

— C'est bon, dit-il en se contenant.

— C'est bon, et ce n'est pas bon, car si vous dites que c'est bon, qu'est-ce que vous diriez de ça?

Et, ayant piqué un nouveau fût, il offrit une seconde tasse à Thierry.

— Goûtez, monsieur Dubuquois, goûtez-moi ça.

Cette fois Thierry n'était plus en état de résister; ayant pris la tasse, il la vida gloutonnement jusqu'à la dernière goutte.

— C'est autre chose, n'est-ce pas? dit le père Pointelle avec fierté.

— Excellente.

— Le malheur, c'est que ça ne m'appartient plus; seulement, j'ai quelque chose qui, sans être ça, s'en rapproche, et s'il ne vous en faut pas trop, on pourra peut-être s'arranger.

Il fallut bien goûter encore ce quelque chose; Thierry n'en demanda qu'une bouteille pour la déguster chez lui à loisir.

— En gloria, dit le paysan, vous verrez ça.

Enfin Thierry put emporter sa bouteille et reprendre le chemin d'Hannebault.

Mais il n'était plus dans le même état qu'en venant ; les trois tasses d'eau-de-vie de cidre s'ajoutant aux verres d'eau de mélisse qu'il avait bus dans sa chambre avaient mis un peu plus de confusion dans ses idées ; il ne pensait plus qu'à une chose : elle était vraiment exquise, cette eau-de-vie, et machinalement il se répétait :

— Exquise, exquise.

Il cherchait à retrouver son goût sur ses lèvres sèches, à analyser son parfum.

Ah ! certainement il avait pris là un singulier moyen de se dégoûter de l'alcool ; mais quoi, ce n'était pas sa faute.

— C'est la faute de la fatalité.

Il ne voulait pas la boire pure ; s'il avait pu y mêler sa poudre de quinquina, il ne l'eût pas trouvée exquise et ne serait pas, comme il l'était maintenant, tenté d'en boire quelques gorgées encore.

Elle l'aurait dégoûté ; au contraire, elle lui avait mis le feu dans les veines.

Les conditions étaient terriblement changées, et bien certainement il ne pourrait pas rentrer à Hannebault sans boire à même la bouteille.

Ce n'était pas sa faute ; il n'avait pas déjeuné et l'alcool qu'il buvait depuis le matin avait paralysé sa volonté.

Arrivé à cette conclusion et bien convaincu qu'il ne pourrait pas résister à l'impulsion irrésistible qui le dominait, il n'avait plus pensé qu'à trouver un endroit où il ne serait pas surpris. Cela n'était pas très difficile, car le chemin n'était guère fréquenté; mais comme des paysans, qui travaillaient dans les champs çà et là, pouvaient l'apercevoir ou le surprendre, il voulut gagner un bois où il serait à l'abri des regards curieux.

Il pressa le pas et ne tarda pas à arriver à ce bois qui était un taillis poussé dans un éboulis de rochers granitiques. Là il prit un petit sentier, et l'idée lui vint de gagner un amas de blocs où il serait si caché qu'on pourrait passer à côté de lui sans le voir.

Il avait perdu toute confiance dans sa volonté, et il se sentait redevenu l'homme d'autrefois : quand il aurait mis les lèvres à sa bouteille pourrait-il s'arrêter ?

Coupant à travers le taillis, il gagna cet amas de blocs couronnés de genévriers et de genêts poussés au hasard des crevasses qui retenaient un peu de terre végétale et d'humidité. Des feuilles sèches que le vent d'automne avait déjà arrachées aux bouleaux et aux hêtres étaient amoncelées çà et là ; il s'assit sur leur couche.

Autour de lui personne ; dans le bois, le silence ; au loin seulement la voix des charretiers qui labouraient ou le meuglement d'un bœuf.

Il prit sa bouteille et, retirant le bouchon avec ses dents, il put enfin boire, non une gorgée comme il s'était dit qu'il boirait, mais deux, mais trois.

Il se trouva sage et même il se félicita de ne pas continuer.

Puis, rebouchant sa bouteille et la posant près de lui, il resta assez longtemps plongé dans un état qui tenait autant de la béatitude que de l'hébétement.

Par moment, il faisait claquer sa langue.

Il sentait ses idées se troubler peu à peu, et sa raison lui échapper de plus en plus. Alors il eut un mouvement d'attendrissement sur lui-même et en même temps de mépris :

— Misérable, se dit-il, brute, lâche! Moi, moi, un Dubuquois!

Puis se frappant la poitrine d'un coup de poing :

— Et c'est justement parce que tu es un Dubuquois, imbécile, s'écria-t-il.

Et, se prenant la tête dans ses deux mains, il se mit à pleurer comme un enfant.

— C'est fini, fini, fini, murmurait-il.

Et il répétait ce mot, toujours le même.

— Fini, fini.

Puis avec un long soupir :

— Si elle avait voulu pourtant !

Ses yeux tombèrent sur sa bouteille, il la saisit à pleine main.

— Mais elle n'a pas voulu, dit-il.

Et, portant la bouteille à sa bouche, il se mit à boire, non plus gorgée par gorgée, mais à longs traits, ne s'arrêtant que pour respirer, et reprenant aussitôt.

Quand il reposa la bouteille sur les feuilles, il fallut qu'il cherchât, qu'il tâtât de ses mains tremblantes pour retrouver le bouchon; sa tête se balançait sur ses épaules.

Pendant assez longtemps il resta ainsi, balbutiant des mots inintelligibles, roulant des yeux égarés. Puis tout à coup il se laissa aller à la renverse sur les feuilles.

XVII

En ne voyant pas Thierry paraître à l'heure du déjeuner, sa mère et sa tante n'avaient pas été surprises.

— Certainement, il se passe quelque chose d'extraordinaire, dit madame Charles.

— Son agitation le montre bien, dit madame André.

Autrefois, avant son voyage en Amérique, il n'arrivait que trop souvent qu'il fût en retard pour le déjeuner ou le dîner ; alors sa mère et sa tante ne l'attendaient pas, elles n'avaient même pas l'air de s'apercevoir de son absence ; en tous cas, elles se gardaient d'en parler. Mais maintenant les conditions n'étaient plus les mêmes ; elles n'avaient pas peur de constater qu'il n'était pas là, elles n'avaient pas à trembler de son absence.

— Si nous l'attendions ? dit madame Charles.

— J'allais te le demander.

Et elles avaient commandé de ne servir que quand M. Thierry rentrerait.

En l'attendant, elles avaient parlé de lui, de leurs

espérances, de leur joie. Comment n'eussent-elles pas été heureuses ! Cette absence et cette agitation de Thierry n'étaient-elles pas la justification même de ces espérances ?

Alors elles eurent une pensée attendrie pour le vieux lamier.

— Ce pauvre père Grab ! dit madame André.

— Il faudra voir ce que nous pouvons faire pour le fils et les petits-fils, dit madame Charles.

— Le bonheur de Thierry nous rappellera ce que nous leur devons.

— Thierry n'est pas homme à l'oublier non plus.

Cependant le temps s'écoulait et Thierry ne rentrait pas.

— Peut-être vaut-il mieux déjeuner ? dit madame André.

— Cela le peinerait de nous avoir fait attendre.

Elles se mirent à table, et devant les domestiques il ne fut pas question de Thierry ; mais pour cela elles ne cessèrent pas de penser à lui ; à chaque instant madame André voyait sa sœur lever la tête et regarder par les fenêtres, comme à chaque instant aussi madame Charles surprenait sa sœur regardant au loin pour tâcher de l'apercevoir.

Mais il n'apparaissait point.

— Certainement, dit madame Charles quand les domestiques se furent retirés, ce retard ne signifie rien.

— Au moins rien d'inquiétant.

— C'était ce que je voulais dire.

Elles s'étaient mariées dans les conditions les plus

ordinaires et même les plus plates, sans que rien de romanesque eût jamais troublé leur tranquille jeunesse : les frères Dubuquois, qui avaient de leur chef une certaine fortune, ayant su que M. Rœmel était le père de deux filles à marier, les avaient demandées en mariage sans même les connaître ; et, de son côté, le père Rœmel, ayant recueilli sur le compte des frères Dubuquois des renseignements qui les montraient comme deux jeunes gens doués de capacités commerciales hors ligne, avait favorablement accueilli leurs demandes. Si bien qu'elles s'étaient trouvées mariées sans avoir vu leurs maris, pour ainsi dire, sans qu'on leur eût jamais murmuré un mot d'amour, sans qu'on leur eût jamais fait la cour autrement que d'une façon officielle. Mais justement pour cela il y avait en elles, malgré leur piété et leurs malheurs, un certain fonds de romanesque.

Aussi, pour expliquer cette absence, imaginaient-elles toutes sortes de choses extraordinaires qu'elles n'osaient même pas se communiquer.

La mort si terrible du père Grab, l'héroïsme de Thierry, son agitation, tout cela avait surexcité leur imagination d'autant plus impressionnable qu'elle était plus ignorante. D'autres, à leur place, moins naïves, n'auraient guère compris que Thierry, qui n'avait pas ses entrées dans la maison La Guillaumie, fût retenu près de Marianne par cela seul que du jour au lendemain il était devenu un héros. Mais cela n'était pas pour embarrasser leur simplicité d'honnêtes femmes ; au contraire. Héros ! cela tenait lieu de tout et expliquait tout... tout ce qu'elles rêvaient.

Cependant ces explications qui tout d'abord leur avaient paru excellentes perdaient de leur solidité à mesure que le temps s'écoulait sans ramener Thierry.

Elles ne parlaient pas de l'inquiétude qui commençait à les prendre, mais elles ne disaient plus rien de leurs espérances, le nom de Marianne n'était plus prononcé, et il n'était plus question de mariage.

Elles avaient commencé par se taire ; puis, comme à la longue ce silence devenait significatif, elles avaient parlé d'une affaire commerciale qui le matin s'était présentée à leur examen et à laquelle elles n'avaient pas donné de solution.

— Que ferons-nous pour les cotons de Montgomery ? demande madame Charles.

— C'est justement la question que j'allais te poser, répondit madame André.

Et il ne fut plus question entre elles que des cotons de Montgomery, de leur transport à Mobile, de leur prix, de leur qualité : jamais elles n'avaient étudié une affaire d'aussi près.

Malheureusement elle ne put pas toujours durer, et comme Thierry ne revenait pas, il arriva un moment où elles ne trouvèrent plus rien à dire ; le silence reprit, plus lourd cette fois, plus gênant pour toutes deux.

Dans le petit salon, où elles avaient passé après leur déjeuner, chacune d'elles s'était installée à une fenêtre, et elles ne quittaient pas des yeux le chemin d'Hannebault par où, croyaient-elles, devait revenir Thierry.

Plus ce silence se prolongeait, plus il devenait pénible ; enfin, à un certain moment, madame André se retourna vers sa sœur :

— Tu veux me cacher ton inquiétude, dit-elle.
— Mais...
— Je veux **bien te** cacher la mienne.
— Tu crois donc ?...
— J'ai peur.

Et alors elles s'avouèrent leurs craintes.

Le temps s'écoula.

Que faire ?

Elles montèrent chez lui, visitèrent son appartement, passèrent la revue dans son cabinet de photographie, comptèrent ses fusils au râtelier, allèrent au chenil voir si tous les chiens étaient là ; et de tout cela il résulta pour elles la conviction qu'il n'était sorti ni pour un petit voyage, ni pour faire de la photographie, ni pour chasser.

Donc leurs craintes n'étaient, par malheur, que trop fondées.

Autrefois, quand ces absences se produisaient, elles le faisaient chercher, et elles le cherchaient elles-mêmes pour le ramener ou le rapporter à la maison ; mais alors tout le monde connaissait ses accidents, tandis que maintenant, tout le monde le croyait guéri.

Que dirait-on ?

C'était plus de deux années perdues.

C'était tout mariage impossible pour jamais.

Les mains liées, elles ne pouvaient que rester là à se dévorer dans leur impatience et leur angoisse.

Où était-il ?

Si encore elles avaient pu chercher elles-mêmes ; mais où le chercher ? Était-il admissible qu'elles allassent de cabaret en cabaret regarder à travers la vitre s'il était là endormi sur une table ?

— Il aura été surpris, disait madame Charles ; il sera entré pour manger et une mauvaise boisson l'aura étourdi.

— Assurément.

Mais l'excuser ne le faisait pas revenir.

La journée se passa ; l'heure du dîner arriva ; elles n'osèrent même pas dire qu'on attendît le retour de Thierry pour servir ; elles se mirent à table, mais ce dîner fut pour elles ce que tant d'autres avaient été pendant si longtemps, — les plats passèrent sans qu'elles y touchassent.

Après ce dîner qui ne dura que quelques minutes, un petit fait insignifiant en soi, mais significatif pour elles, marqua clairement ce qu'elles pensaient et ce qu'elles craignaient sans oser se l'avouer et le dire tout haut.

Comme madame André était sortie un moment du salon, elle trouva en rentrant sa sœur qui avait ouvert la fenêtre, et qui, une lampe à la main, lisait un thermomètre appliqué contre le mur.

— Tu regardes ce qu'il fait de degrés, dit-elle d'une voix brisée.

— Oui, il me semble qu'il ne fait pas assez chaud.

— Dis que tu as peur qu'il soit tombé dans un chemin et que le froid l'y saisisse.

Madame Charles ne répondit pas.

Alors sa sœur à son tour voulut lire le thermomètre ; il marquait neuf degrés.

— Que penses-tu du temps ? demanda-t-elle.

— Oh ! certainement il ne pleuvra pas.

— En es-tu bien sûre ? Il me semble que les nuages menacent terriblement.

— Ne les regarde pas avec ton imagination affolée.

— Et nous, nous sommes là, devant le feu.

Elles recommencèrent à attendre, non plus devant les fenêtres, puisqu'elles ne pouvaient pas voir au dehors, mais auprès de la cheminée, chacune à son coin, ne disant rien, suivant du regard l'aiguille de la pendule, l'oreille aux écoutes, n'étant distraites que par le tic tac du balancier.

Comme elles restaient ainsi, une domestique entra dans le salon où elle n'avait que faire, apportant du bois dans le coffre qui d'ailleurs était plein ; c'était Sidonie, la vieille bonne alsacienne qui avait élevé Thierry et qui toujours l'avait soigné avec un cœur de mère lors de ses accidents. Elle se mit à tourner avec embarras.

— Que veux-tu ? demanda madame Charles.

— Alors M. Thierry n'est pas rentré ? demanda-t-elle au lieu de répondre.

— Tu vois bien.

— Je veux dire : vous savez où il est ?

Avec Sidonie il n'y avait pas à garder la réserve qu'on aurait eue avec une domestique ordinaire.

— Non, dit madame André, et c'est là ce qui nous tourmente.

— Je m'en doutais ; c'est pour cela que je viens dire

à ces dames de se coucher si elles veulent ; je veillerai dans l'entrée et j'ouvrirai sans bruit ; si M. Thierry a besoin de quelque chose, il me trouvera.

— Est-ce qu'à la cuisine et à l'office on en a encore pour longtemps?

— Non, on va monter tout de suite.

XVIII

Les domestiques couchés et Sidonie installée dans l'entrée, les deux sœurs agitèrent la question de savoir si elles devaient continuer à attendre Thierry ou si, au contraire, elles ne devaient pas se retirer chez elles.

— Il me semble, dit madame Charles, qu'il vaudrait mieux qu'il ne nous trouvât pas; il n'aura pas à être embarrassé devant nous, et demain, comme il pourra croire que nous ne savons rien, il n'aura pas à rougir.

Ces considérations les déterminèrent à ne pas l'attendre; il importait de ménager son amour-propre et sa dignité, car l'accident dont il avait été victime était sans aucun doute le fait d'une surprise. Pour avoir succombé aujourd'hui, cela ne voulait pas dire qu'il succomberait demain, — au contraire.

Mais avant de monter à leurs chambres elles allèrent donner leurs dernières instructions à Sidonie, qui travaillait à son tricot dans l'entrée, tout près de la porte.

— Tu ne m'avertiras que si tu as besoin de moi, dit madame André.

— Bien sûr.

Arrivées au haut de l'escalier, les deux sœurs s'embrassèrent comme tous les soirs, mais avec contrainte, en s'observant pour ne pas se livrer.

— J'espère que tu vas te coucher? dit madame Charles.

— Que ferais-je levée?

— Et puis on est toujours mieux au lit.

— A demain; couche-toi aussi, n'est-ce pas?

Cependant, malgré cette recommandation, elles ne se couchèrent ni l'une ni l'autre et restèrent aux aguets, entendant les moindres bruits, se levant à chaque instant de leur fauteuil pour aller écouter le murmure du vent dans les arbres, ou regarder si les nuages qui passaient sur la face de la lune n'allaient point se fondre en eau.

A un certain moment elles entendirent un bruit au rez-de-chaussée, et croyant que c'était Thierry qui rentrait, elles ouvrirent leurs portes toutes deux en même temps, pour juger à son pas dans quel état il revenait.

— Tu as entendu? demanda madame André à sa sœur.

— Oui.

Mais ce qu'elles avaient entendu, c'était un mouvement maladroit de Sidonie et non pas Thierry rentrant.

Il fallut bien reconnaître qu'elles s'étaient trompées; alors elles s'aperçurent qu'elles ne s'étaient ni l'une ni l'autre couchées.

— Tu ne t'es pas mise au lit?

— Ni toi?

— Oh! moi, je n'ai pas sommeil.

— Et moi donc?

Elles rentrèrent dans leurs chambres précipitamment pour n'en pas dire davantage.

Combien de fois, depuis trente ans, madame André avait-elle passé des nuits pareilles, sans dormir, le cœur aux écoutes, dans l'angoisse : pour son mari d'abord, puis pour son fils, ensuite pour son mari et pour son fils en même temps; tremblant pour l'un comme pour l'autre; indignée contre le père, mais, pour l'enfant, profondément apitoyée. Une nuit, le père n'était pas rentré, et le matin, au jour levant, on était venu lui annoncer avec précaution qu'elle ne devait pas s'effrayer... mais qu'un malheur était survenu, un accident. Elle avait couru, croyant qu'on le rapportait, comme cela était arrivé si souvent, blessé, sans doute. Elle l'avait trouvé mort, étendu sur deux planches. C'était ces planches qu'elle revoyait sans cesse, quand elle attendait son fils, et dont elle ne pouvait pas détacher son esprit; de sorte qu'un bruit pour elle était plus encore un effroi qu'une espérance. Lui! mais comment? Debout ou sur la planche? Que d'horribles cauchemars, lorsqu'elle s'endormait, abattue par la fatigue! Quels réveils!

Un peu après minuit, il lui sembla entendre le gravier de l'allée du jardin craquer. Elle écouta en retenant son cœur. Elle ne se trompait pas, c'était bien un bruit de pas.

Chaque fois qu'elle avait ainsi entendu des pas dans la nuit, elle avait eu une même angoisse : était-il seul ? Ou bien le rapportait-on ?

Il était seul, car il n'y avait point ce piétinement qui indique plusieurs personnes ; elle respira.

Sidonie, de son côté, l'avait entendu, et le bruit maintenant venait du vestibule.

Madame André ouvrit la porte de sa chambre et, comme quelques instants auparavant, sa sœur l'ouvrit aussi.

— Le voilà, dit madame Charles à voix étouffée.

— Il parle, il parle, dit madame André avec un élan de joie.

En effet, il parlait ; mais il n'y avait pas à se réjouir de la façon dont il adressait la parole à Sidonie, d'une voix empâtée et bégayante ; mais madame Charles se garda bien de faire cette observation.

— Pourquoi m'as-tu attendu ?

— Vous n'aviez pas de clef, il fallait bien vous ouvrir la porte.

— Il aurait voulu qu'on ne le vît pas rentrer, dit madame Charles, il a conscience de son accident.

— Où est ma mère ?

— Elle est couchée.

— Et ma tante ?

— Elle est couchée aussi.

— Ah !

Il y eut comme un soulagement dans cette exclamation.

— Comme nous avons bien fait de ne pas l'attendre ! dit madame Charles.

— Il ne faut pas qu'il puisse nous surprendre.

Elles rentrèrent dans leurs chambres, mais sans fermer les portes, qu'elles tinrent entre-bâillées, prêtes à les tirer s'il paraissait.

Mais il n'en était pas là ; elles entendirent un coup sourd suivi immédiatement de pas précipités, — comme s'il s'était heurté et cherchait à reprendre son aplomb.

— Appuyez-vous sur moi, dit Sidonie, et tenez bon la rampe.

— Ne parle pas si fort, dit-il.

Ce mot remua le cœur des deux femmes.

— Il pense à nous, le pauvre garçon, se dirent-elles tout bas.

Et doucement elles fermèrent leurs portes. Il était vivant ; il était rentré ; elles n'avaient plus qu'à remercier Dieu ; le lendemain elles aviseraient.

Ce fut une affaire pour Sidonie de monter Thierry au premier étage : le temps n'était plus où elle le portait dans ses bras quand il revenait en cet état et qu'il ne pouvait pas marcher ; elle avait vieilli, et lui avait grandi.

Elle l'aimait tendrement, autant qu'une nourrice peut aimer son nourrisson ; mais tandis que madame André et madame Charles étaient pour lui pleines de commisération attendrie, elle, au contraire, fâchée et même furieuse de le voir en cet état, le bousculait avec la rudesse d'une paysanne. Sa mère et sa tante le traitaient en malade, la vieille bonne en ivrogne.

— Voyons, s'il y a du bon sens! Tenez donc la rampe, monsieur Thierry, vous allez me faire tomber; voilà qui serait du propre.

Enfin ils arrivèrent au premier étage, et elle put l'amener jusque chez lui.

— Merci, Sidonie.

— Est-ce que vous croyez que je vas vous laisser vous coucher tout seul; vous ne sauriez seulement pas trouver votre lit. Voyons, restez là.

Elle l'assit dans un fauteuil.

— Je vas vous déshabiller.

Elle voulut lui retirer ses bottines hourdées de boue.

— S'il est possible de se mettre dans des états pareils? Où avez-vous marché?

— Je ne sais pas.

— Et vous croyez que je vas donner ces bottines à Pierre.

— Tu les feras.

— Oui, je les ferai et en cachette encore. Si ce n'est pas une honte! un homme comme vous!

Elle le souleva pour lui retirer son paletot.

— Dans votre position, rentrer avec un paletot qui a de la terre plein le dos!

— Tu le brosseras.

— Et, oui, je le brosserai; mais c'est-y raisonnable? vous verrez que vous vous ferez mourir.

— Ah! si je pouvais!

— Voilà t'y pas des bêtises. Mourir! Et votre mère.

et votre tante. Vous ne pensez donc pas à elles?

Elle lui retira son gilet en le secouant à deux mains.

— Ne me gronde pas, dit-il, je suis assez malheureux.

Et il se mit à pleurer.

— Voulez-vous bien vous taire, vous allez réveiller votre maman ; pensez donc à elle.

Elle alla prendre un mouchoir propre dans une commode, et doucement elle lui essuya les yeux.

— Allons, allons, couchons-nous, et ne pleurons pas.

Il était comme un enfant entre ses mains vigoureuses ; elle le déshabilla de la tête aux pieds, le lava, le peigna, lui passa une chemise de nuit, et le mit au lit.

— Maintenant il faut dormir, dit-elle en le bordant, et demain il n'y paraîtra plus ; Sidonie, c'est personne.

— Reste là.

— Je veux bien, mais il faut dormir; allons, monsieur, dormez et tout de suite.

— Ne me gronde pas, Sidonie.

— Je ne vous gronderai pas si vous dormez.

Elle s'assit sur une chaise et elle attendit.

Pendant assez longtemps il s'agita dans son lit répétant :

— Ne me gronde pas.

Puis il resta immobile et sa respiration se régularisa. Il dormait. Elle voulut alors sortir, non pour aller se coucher elle-même, mais pour nettoyer ces vêtements et ces chaussures qui en apprendraient trop aux domestiques. Elle souffla la bougie, et doucement elle sortit sur la pointe des pieds. Mais elle n'avait pas fait trois pas dans le corridor qu'elle s'entendit appeler.

— Sidonie, Sidonie.

Elle rentra vivement.

— Eh bien, qu'est-ce qu'il y a?

— Là, le feu, il me gagne. Jette de l'eau. Vas-tu me laisser brûler?

Elle ralluma la bougie, et instantanément l'hallucination se calma.

— Je vas rester avec vous, dit-elle.

— Oui, reste, et tiens-moi la main; j'ai peur.

XIX

Le lendemain matin, Thierry descendit à l'heure du déjeuner et trouva sa mère et sa tante qui l'attendaient.

— J'ai été retenu hier, dit-il, malgré moi, et je n'ai pas pu vous prévenir.

— Tu n'es plus un enfant qui doit compte de son temps à sa maman, dit madame André.

— Nous avons bien pensé que tu ne pouvais pas nous prévenir, dit madame Charles.

Elles évitaient de le regarder comme lui-même évitait de lever les yeux sur elles; cependant, à la dérobée, elles avaient pu remarquer qu'il était plus pâle que de coutume, avec le visage bouffi et ravagé, les lèvres violacées, les yeux noyés; ses mains tremblaient, sa voix était rauque, sa parole hésitante.

Il mangea peu, avec un dégoût évident pour les aliments et une inattention caractéristique, piquant dans son assiette sans rien prendre au bout de sa fourchette, portant son verre à sa bouche sans boire, marmottant à voix basse des mots inintelligibles, regardant dans le vague, absent de lui-même.

Qu'allait-il faire pendant toute la journée?

Pourrait-il travailler?

A quoi l'employer?

C'était ce qu'elles se demandaient chacune de son côté, sentant bien tout le danger de la situation.

Pouvaient-elles le laisser voir aux commis dans cet état?

Comme toujours, madame Charles prit l'initiative d'une proposition.

— J'ai besoin à Condé aujourd'hui, dit-elle, veux-tu me conduire?

— Volontiers.

C'était une journée gagnée.

Ils partirent après le déjeuner, Thierry conduisant d'une main mal assurée son phaéton; heureusement les chevaux étaient des bêtes bien dressées et tranquilles qui auraient obéi à un enfant.

Madame Charles s'appliqua à lui éviter de parler, menant la conversation elle-même de façon à le distraire sans le fatiguer, et surtout à faire l'apaisement dans son esprit troublé.

Lorsqu'ils furent arrivés à Condé, elle n'eut garde de le laisser seul: après avoir fait mettre les chevaux à l'écurie du *Bœuf couronné*, elle lui demanda son bras et elle fit toutes ses courses avec lui. A les voir passer dans les rues et monter les pentes raides de la ville haute, on eût pu croire que c'était lui qui la conduisait, tandis que c'était elle qui le soutenait d'un bras solide. Partout où ils allèrent, ce fut elle aussi qui accapara la conversation, ne lui laissant qu'à saluer, sans qu'il eût rien à dire.

Il n'y eut qu'un moment où il dut répondre lui-même, ce fut dans une rencontre qu'ils firent du président du tribunal, M. Bonhomme de la Fardouyère. Bien que madame Charles fût une Rœmel et qu'elle eût épousé un Dubuquois, c'est-à-dire bien qu'elle fût sans naissance et sans nom, le président avait pour elle la considération qu'il accordait toujours à la fortune, lorsqu'elle s'élevait au-dessus de l'ordinaire. En les apercevant sur la Courtine, il s'approcha en saluant avec les marques du plus profond respect.

— Madame, je dépose mes hommages à vos pieds; c'est vraiment une bonne fortune de vous voir dans nos murs.

Puis il serra la main de Thierry, qu'il était heureux de rencontrer, car il voulait justement aller lui faire visite pour lui demander d'être candidat aux élections pour le conseil général.

— Vous comprenez, mon cher monsieur, dans les circonstances critiques, je dirai plus : dans les circonstances graves que notre chère France traverse, des hommes comme nous doivent se sacrifier.

C'était l'habitude du président Bonhomme de la Fardouyère de dire à tout propos « un homme comme moi », et le plus grand honneur qu'il pût faire à quelqu'un était de dire « des hommes comme nous ».

Thierry cependant ne parut pas touché, et comme

il regardait le président d'un air vague, sans rien dire, sa tante lui vint en aide.

— Mon neveu s'est donné tout entier aux affaires de notre maison, répondit-elle, et il ne lui resterait pas de temps pour la politique.

— Cependant, madame...

— Elle m'ennuie, la politique, dit Thierry, que cette insistance agaçait et humiliait en le reportant à ce qu'il était la veille. « Un homme comme lui ! » Il était donc stupide, le président ?

— Elle vous ennuie ! s'écria le président, scandalisé. Ne dites pas cela, mon cher monsieur. Un homme comme vous n'a pas le droit de se désintéresser des affaires publiques ; si cela était, où irait la société, je vous le demande ?

Malheureusement Thierry n'était pas en disposition de traiter une question de cette importance ; d'ailleurs il ne s'était jamais préoccupé de savoir où pourrait aller la société s'il ne l'aidait pas à marcher.

— Une fortune comme la vôtre crée des obligations, continua le président, vous êtes Dubuquois fils.

— Certainement, dit madame Charles, et nous ne l'oublions pas, soyez-en convaincu, monsieur le président.

— Alors j'aurai l'honneur de vous voir au moment opportun. Madame, je dépose mes hommages à vos pieds. Je me rappelle très respectueusement au bon souvenir de Madame Votre Sœur.

Par la prononciation il mettait des capitales à Madame, à Votre et à Sœur.

Une femme moins fine que madame Charles eût sans doute mis cette ouverture à profit pour faire remarquer à Thierry combien on attendait de lui ; mais elle se garda de cette maladresse, qui eût eu pour résultat certain de redoubler la gêne et la confusion de Thierry. Au contraire, elle s'amusa à plaisanter l'importance du président et la noblesse avec laquelle il déposait ses hommages.

Madame Charles sut rendre le retour aussi agréable pour Thierry que l'avait été l'aller ; tout lui était prétexte à causerie, les accidents de la route et du paysage, les maisons devant lesquelles ils passaient, les gens qu'ils croisaient ou bien qu'ils dépassaient.

Comme ils approchaient d'Hannebault, Thierry montra un certain embarras que madame Charles connaissait bien, celui qu'il éprouvait quand il avait une confidence à faire ou une explication à donner.

Mais comme elle jugeait que ce n'était point le jour des confidences, ni celui des explications, elle ne l'aida pas et continua sa causerie.

Ce fut seulement en passant la grille du chalet qu'il se décida à parler :

— Ah ! si j'étais toujours avec toi ! dit-il avec un soupir.

Que ne pouvait-elle lui sauter au cou et lui dire comme elle était touchée de ce mot qui, dans sa concision et sa naïveté, exprimait tant de choses ! Mais cet élan de tendresse ne serait-il pas plus fâcheux que salutaire ? Combien de fois déjà s'était-il confessé et accusé ! Combien de fois avait-il promis, avait-il juré de ne plus se laisser entraîner ? Et cependant, malgré sa sincérité dans ces confessions et ces serments, il avait succombé de nouveau. Ne valait-il pas mieux le laisser à ses remords et paraître ne rien savoir ?

— Moi aussi j'ai grand plaisir à être avec toi, dit-elle simplement, et c'est une joie que d'avoir une journée comme celle que nous venons de passer.

Et elle descendit de voiture sans rien ajouter.

Mais ce mot ne fut pas perdu, et le soir, lorsque Thierry, après le dîner, se fut retiré chez lui fatigué et à moitié endormi, elle le rapporta à sa sœur en lui racontant leur journée.

— Le pauvre enfant ! s'écria madame André, les larmes aux yeux.

— Il me semble, continua madame Charles, que cette exclamation nous trace notre route.

— Comment cela ?

— En nous montrant ce que nous devons faire pour lui.

— Oh ! parle, parle.

— Ces jours derniers tu disais que notre projet de mariage n'avait plus le même caractère d'urgence.

— J'ai eu tort ; une fois encore j'ai péché par excès de confiance.

— C'est bien naturel.

— Ce qui vient d'arriver me donne une leçon.

— Et le mot de Thierry nous en donne une autre. Il est certain, n'est-ce pas, que ce mot signifie que si Thierry n'avait pas été seul il n'aurait pas succombé ? Il n'a parlé de moi que parce qu'il ne pouvait pas parler d'une autre, car ni moi, ni même toi, sa mère, qu'il aime avec tant de tendresse, pouvons être pour lui ce que sera une autre. Que cette autre soit près de lui, que cette autre veille sur lui, et il ne succombera pas. Il faut donc reprendre ce projet de mariage et en poursuivre l'exécution par tous les moyens.

— Sans doute, mais comment? M. l'abbé Colombe nous a bien dit que mademoiselle La Guillaumie avait admiré l'héroïsme de Thierry, mais cette admiration ne prouve pas que ses sentiments soient changés.

— Ce n'est pas sur les sentiments de la jeune fille que nous devons compter, bien que l'héroïsme de Thierry ait dû agir sur eux, c'est sur la situation de la famille. Tu sais que j'ai donné de l'argent hier à Riffaut, à valoir sur ses travaux de maçonnerie. Pour expliquer sa demande, Riffaut m'a raconté qu'il se trouvait pris au dépourvu, parce qu'une certaine somme, qui lui est due par M. La Guillaumie pour travaux à la pension, lui manquait.

— Ces travaux pour les classes de sciences dont le *Narrateur* a tant parlé?

— Justement. Il est probable que, comme toujours, ils ont de beaucoup dépassé les devis; de là l'embarras des La Guillaumie, qui ne sont pas riches. C'est sur ces embarras que je compte. Il me semble que c'est une bonne chance qui nous arrive, car Riffaut ne doit pas être le seul créancier. Ces La Guillaumie sont d'honnêtes gens; s'il ne payent pas c'est qu'ils ne peuvent pas payer.

— Évidemment.

— Il est donc admissible, n'est-ce pas, que si Marianne, qui est une fille dévouée, aimant tendrement ses parents, voyait ceux-ci pressés par les créanciers, elle envisagerait à un tout autre point de vue la dot que nous lui avons offerte?

— Sans doute.

— Eh bien, sachons au juste quelle est la situation des La Guillaumie; ce sera elle qui nous tracera notre route. Ces dettes d'une part, et d'autre part l'héroïsme de Thierry changent les choses du tout au tout.

XX

Elle était déplorable, la situation des La Guillaumie.

Cependant le journal avait paru, mais dans des conditions telles que cette situation, au lieu de s'améliorer, s'était aggravée.

Voyant qu'il lui était impossible de réunir le capital qu'il s'était tout d'abord fixé, La Guillaumie s'était décidé à paraître quand même, avec ce qu'il avait, sans attendre le 1er janvier; l'argent qui n'était pas venu avant viendrait sûrement après. Sa rédaction, son administration, son marchand de papier et son imprimeur l'attendaient; il n'avait qu'à marcher. Quand on verrait ce qu'il pouvait, les capitaux, qui en ce moment se faisaient prier, seraient plus faciles à trouver, si même ils n'arrivaient pas tout seuls. Combien de journaux n'ont-ils réuni leur capital définitif que pour payer leurs dettes ! Il n'avait qu'à ouvrir les yeux pour voir autour de lui des confrères qui avaient commencé sans un louis et qui avaient su très habilement mettre leur passif en actions. Il ferait comme eux et mieux qu'eux.

Bien entendu, La Guillaumie n'avait rien dit de cette combinaison à sa femme et à sa fille, se contentant de leur annoncer que le journal allait paraître prochainement. Tout d'abord elles n'avaient pas beaucoup cru à ce prochainement, ne comprenant pas pourquoi il devançait l'époque fixée. Mais quand elles avaient lu le premier numéro, il avait bien fallu qu'elles reconnussent leur tort.

C'était Marianne qui avait reçu le journal des mains du facteur. Sans penser que ce pouvait être la *France libre*, elle allait le jeter dans un coin ; mais ses yeux ayant lu machinalement le mot *libre* du titre, elle avait vivement déchiré la bande : *France libre :* rédacteur en chef : la Guillaumie. C'était vrai.

En courant, elle avait rejoint sa mère, toute surprise de la voir arriver ainsi.

— Qu'as-tu ?

— Le journal de mon père.

— Et nous ne voulions pas y croire ! dit madame La Guillaumie d'un ton de regret.

Justement parce qu'elles n'avaient pas cru à sa publication, elles s'imaginèrent que tous leurs tracas étaient finis. Plus d'inquiétudes, plus de créanciers, plus de hontes. Puisque le journal avait paru, l'argent promis allait arriver.

— Ah ! oui, le journal, disaient les entrepreneurs en hochant la tête lorsqu'elles leur parlaient de sa prochaine publication.

Eux non plus ne croyaient pas à sa publication, et parce qu'ils avaient été trompés une fois ils laissaient voir qu'ils craignaient d'être trompés encore.

— Vous dites janvier, c'est bon ; mais dire ce n'est pas signer un billet.

Maintenant elles ne disaient plus, elles montraient ce premier numéro précisément, qui était un fait matériel, puis le second, puis le troisième.

D'ailleurs Badoulleau avait parlé ; le *Narrateur* avait publié un premier-Hannebault écrit de la main même de son rédacteur en chef, et consacré à l'apparition de la *France libre*, qui était un événement. Badoulleau était trop curieux et trop bien informé pour ne pas connaître les tourments de madame La Guillaumie. Bien souvent il s'était entretenu de cette fâcheuse situation avec sa femme, en cherchant l'un et l'autre un moyen pour venir en aide à leurs amis, mais malheureusement sans rien trouver d'efficace. Ils auraient eu quelques milliers de francs, ils les auraient assurément offerts ; mais n'ayant même pas quelques sous, ils ne pouvaient que les plaindre, en se disant tous les deux avec une inquiétude attendrie :

— Qu'est-ce que ça deviendra, mon pauvre Auguste ?

— Ne m'en parle pas, ma bonne Sophie ; j'en ai encore rêvé cette nuit.

La publication de la *France libre* avait offert à Badoulleau ce moyen de venir en aide à ses amis, qu'il avait si souvent cherché en vain.

Ah ! ils avaient peur pour leur argent, les entrepreneurs ! Eh bien il allait leur inspirer une confiance si solide, qu'ils laisseraient madame La Guillaumie tranquille, jusqu'au jour du payement, dût-il traîner pendant des années encore.

Et il avait entonné le chant de la confiance : « La Guillaumie, l'un des écrivains les plus honorables de la presse parisienne, homme de talent, de devoir, d'honneur; la *France libre*, un de ces journaux venus au bon moment, qui sont une source de grosse fortune pour leurs heureux fondateurs. » Après le mari la femme : « Madame La Guillaumie, qui avait rendu des services si remarquables au pays, et dont tant de jeunes filles, tant de jeunes épouses, dans leurs familles ou dans leur ménage, pouvaient célébrer les qualités, les vertus, le savoir. » Le mot savoir lui avait fourni une transition toute naturelle pour glisser une tartine qui n'avait pas servi plus de trois fois déjà sur l'enseignement des filles, « une vraie révolution dans l'enseignement qui ne pouvait pas manquer de faire la fortune du pensionnat d'Hannebault ». Pouvait-il parler de l'enseignement des sciences sans nommer François Néel ? Assurément non. De même qu'en le nommant il ne pouvait pas non plus ne pas lui faire la politesse d'une épithète, il avait un moment hésité entre sympathique et éminent, et il s'était décidé pour cette dernière : « Cet enseignement des sciences dirigé par notre éminent chimiste M. François Néel, de la maison Dubuquois. »

Chose extraordinaire, cet article n'avait point inspiré aux entrepreneurs l'idée d'attendre, pour être payés de leurs créances, qu'on leur proposât de l'argent ; tout au contraire, il leur avait inspiré celle d'en demander.

— Certainement, madame La Guillaumie, vous ne vous aurions pas tourmentée relativement à notre petit compte, une brave et digne femme comme vous. Seulement, comme le journal de votre mari a paru et qu'on dit sur le *Narrateur* que c'est une fortune, nous avons pensé, ma femme et moi, — elle est de bon conseil, ma femme, — nous avons pensé que ça ne vous gênerait pas de me payer mon mémoire. Oh! pas aujourd'hui, mais samedi. C'est bien naturel, n'est-ce pas, puisque le journal a paru?

C'était aussi le sentiment de madame La Guillaumie, qu'on devait payer les entrepreneurs, puisque le journal avait paru; et c'était sa conviction qu'un jour ou l'autre, le lendemain peut-être, son mari lui enverrait l'argent nécessaire à ce payement. Il devait être débarrassé de ses embarras les plus lourds, maintenant que le journal marchait; et, s'il n'avait pas l'argent en caisse, son crédit devait lui permettre de se le procurer facilement.

Cependant, comme l'argent n'arrivait pas et que La Guillaumie n'en disait pas un mot, elle avait parlé de lui écrire; mais Marianne l'avait priée de n'en rien faire.

— Attendons encore un peu, c'est si terrible de demander de l'argent!

— Pas à son mari.

Marianne n'avait rien ajouté; mais au geste qui lui avait échappé madame La Guillaumie avait compris que, pour elle, demander de l'argent à un mari était plus grave encore que d'en demander à tout autre, et comme elle finissait toujours par subir l'influence de sa fille, elle n'avait pas écrit.

De nouveau elles avaient attendu, et maintenant c'était madame La Guillaumie qui guettait elle-même le facteur, convaincue à chaque distribution qu'il allait arriver les mains pleines. Le plus souvent il ne venait pas du tout, ou bien il apportait des lettres pour des élèves.

— Eh bien? demandait Marianne.

— Rien; il est absorbé par son journal.

— Oh! sans doute.

— Si j'écrivais?

— Tâchons d'attendre encore.

Et elles recommençaient à attendre.

Un jour cependant madame La Guillaumie avait aperçu dans les mains du facteur une lettre dont l'adresse était écrite par son mari. Enfin!

Comme le facteur la lui remettait tout simplement, une question lui avait échappé :

— Je n'ai rien à signer?

— Mais non, madame.

Et tout bas elle s'était dit que son mari était vraiment bien imprudent d'envoyer ainsi une lettre contenant des valeurs sans la charger.

Non moins anxieuse que sa mère, Marianne guettait aussi le facteur; au moment où celui-ci s'éloignait elle était survenue.

— Je l'ai, la voilà, s'écria madame La Guillaumie, sans même attendre que sa fille l'interrogeât.

— Vois-tu que nous avons bien fait de ne pas écrire, dit Marianne.

Madame La Guillaumie avait, pendant ce temps, ouvert l'enveloppe et déplié la lettre ; mais dans cette enveloppe il n'y avait rien autre chose qu'une petite feuille de papier pliée en deux sur laquelle étaient écrites huit ou dix lignes.

— Il n'y a rien, murmura-t-elle avec stupéfaction.
— Lis la lettre, dit Marianne.

Mais elle ne contenait rien, la lettre, de ce que Marianne imaginait : ni instructions pour toucher chez un banquier, ni annonce d'envoi de fonds pour un jour certain. Il n'était pas question d'argent, ni de créances. Il ne pouvait écrire que quelques mots à la hâte, n'ayant pas une minute à lui ; il envoyait ses remerciements à Badoulleau pour son article du *Narrateur*, en recommandant expressément qu'on les lui transmît, et avec deux mots affectueux pour la mère et pour la fille, c'était tout.

Elles restèrent sans paroles, n'osant même pas se regarder.

—Écris, dit Marianne ; décidément j'ai eu tort de te demander d'attendre.

La réponse de La Guillaumie arriva par le retour du courrier ; elle fut terrible pour les deux femmes : il avait fait paraître son journal sans que le capital qu'il voulait fût souscrit ; l'affaire marchait à merveille, mais il n'avait pas un sou à distraire de ses besoins de chaque jour, qui étaient grands. Ce n'était pas quand il luttait pour la fortune qu'il allait s'exposer à un échec en éparpillant ses ressources. Les entrepreneurs n'avaient qu'à attendre ; il y avait du temps encore avant le mois de février.

XXI

Les entrepreneurs s'étaient tant bien que mal résignés à ne toucher leur argent qu'en février; mais l'article du *Narrateur* leur avait inspiré d'autres espérances.

— Puisqu'il fait fortune, M. La Guillaumie, il peut bien nous payer.

— Il a dit qu'il payerait quand son journal paraîtrait ; le voilà, le journal.

De là les exigences de celui qui ne demandait pas son argent tout de suite, mais seulement pour samedi.

De là aussi les exigences des autres.

Mais quand ils avaient vu maintenir le terme de février malgré la publication du journal et malgré l'article du *Narrateur*, ils s'étaient inquiétés.

Ce n'est pas seulement de ceux dont il entend dire du mal que le paysan se défie, c'est encore de ceux dont il entend dire du bien. Si La Guillaumie dirigeait un journal qui était une fortune, pourquoi ne payait-il pas ses dettes? Était-ce par mauvais vouloir? Alors il n'y avait pas de ménagements à garder avec lui, il fallait le faire payer de force puisqu'il ne voulait pas s'exécuter de bonne volonté. Était-ce par impossibilité? Alors on s'était donc moqué d'eux en parlant de cette fortune. Il n'y aurait rien d'étonnant à cela. C'était peut-être un tour de Badoulleau, qui en avait assez joué à ses créanciers, pour vouloir essayer d'en jouer un nouveau à ceux de son ami La Guillaumie.

Ils sont les mêmes dans tous les pays, les créanciers : ils n'aiment pas qu'on leur joue des tours et qu'on les dupe. Ceux de madame La Guillaumie, voyant qu'on ne leur répondait que par des paroles vagues, s'étaient fâchés.

C'était, pour la plupart, de braves gens tranquilles et pacifiques qui n'avaient que de l'estime pour madame La Guillaumie ; quelques-uns même lui devaient de la reconnaissance, leurs filles ayant été élevées à la pension ; mais parmi eux s'en trouvait un, Riffaut, au caractère processif, qui n'avait qu'un mot à la bouche lorsqu'une affaire ne marchait pas comme il voulait :

— Je vas vous envoyer l'huissier.

Et, de fait, il l'envoyait comme il le disait, si bien qu'il avait toujours une collection de procès en train et une autre en préparation, car lorsqu'il n'avait pas encore dit à ses débiteurs : « Je vas vous envoyer l'huissier » depuis longtemps déjà il avait dit à ses amis ou ses confrères :

— Je ne tarderai pas à lui envoyer l'huissier, à celui-là.

Après être restée un certain temps dans la catégorie de la préparation, l'affaire La Guillaumie passa dans la catégorie de l'exécution le lendemain du jour où madame La Guillaumie dut communiquer à ses créanciers la réponse de son mari.

Justement ce jour-là les entrepreneurs se réunissaient, comme cela leur arrivait souvent, « pour manger la tête de veau » entre eux et sans leurs femmes; et pendant ce repas, largement arrosé, il ne fut question que de l'affaire La Guillaumie.

— Je vas lui envoyer l'huissier, dit Riffaut.

Deux de ceux qui devaient, au su de tout le monde, de la reconnaissance à madame La Guillaumie, voulurent le dissuader de cette idée; mais ils n'y réussirent qu'en faisant décider que le dimanche suivant, après vêpres, on irait tous ensemble essayer une dernière tentative, et que ce serait seulement en cas de non-payement que Riffaut pourrait envoyer l'huissier.

— Bon, dit Riffaut, je veux bien; mais moi aussi je pose ma condition : si dimanche on ne nous donne que des paroles, nous enverrons tous l'huissier.

Il fallut accéder à cela, et ceux qui penchaient pour la modération se soumirent d'autant plus volontiers qu'ils avaient la main forcée. Ce n'était pas leur faute; ils seraient vraiment trop simples de laisser les autres se faire payer et de n'avoir rien eux-mêmes.

Donc, le dimanche suivant, après vêpres, on les avait vus tous entrer à la pension, Riffaut marchant en tête.

Justement, ce jour-là, il y avait répétition du quatuor et, Marianne, François, l'abbé Commolet et Malaquin étaient réunis dans le salon, n'ayant pour auditeurs que madame La Guillaumie et Badoulleau.

L'abbé Commolet venait d'arriver, car, ces dimanches-là, il disait ses vêpres de bonne heure, et c'était sans s'arrêter pour se jouer à lui-même un passage dont il n'était pas sûr, qu'il parcourait à pas allongés, sa flûte sous le bras ou dans son parapluie, les deux lieues qui séparent Goulaine d'Hannebault. Plus il arriverait tôt, plus ils auraient de temps à eux, en toute liberté, sans bruit, sans distraction, pendant que les élèves étaient à la promenade, sous la direction de mademoiselle Eurydice.

A peine avait-il eu le temps de tirer sa flûte de son étui qu'il avait voulu commencer.

— Soufflez donc un peu, monsieur le curé, avait dit François qui, tant qu'on ne jouait pas, avait l'espérance de pouvoir échanger quelques mots avec Marianne, ou tout au moins de la regarder plus librement que quand il était obligé de suivre sa partie.

— Je soufflerai dans ma flûte, avait répondu l'abbé de ce gros rire bon enfant qui se contente de peu pour éclater ; rien ne me repose mieux.

Déjà il avait commencé à souffler dans sa flûte, quand tout à coup Marianne, qui faisait face aux fenêtres ouvrant sur la cour, vit des ombres s'interposer entre elle et le jour ; elle jeta un rapide coup d'œil de ce côté et reconnut les entrepreneurs précédés de Riffaut. Elle éprouva un tel saisissement qu'elle s'arrêta.

— Alors, nous n'y sommes pas encore? dit l'abbé Commolet.

Sans répondre, elle s'était tournée vers sa mère, qui ne voyait pas la fenêtre, et elle lui avait adressé un regard si expressif que madame La Guillaumie n'avait que trop bien compris ce qu'elle voulait dire. Depuis qu'elles vivaient dans la peur des créanciers, elles avaient acquis pour leur malheur une sensibilité nerveuse toujours en éveil; un bruit de pas les faisait trembler; une main posée sur la serrure ou un coup frappé à la porte leur arrêtait le cœur.

Quand madame La Guillaumie fut sortie, Marianne fut la première à proposer de recommencer. Ne fallait-il pas que la musique couvrît la voix des entrepreneurs et particulièrement celle de Riffaut, qui tout de suite montait à un diapason aigu.

Mais si attentive et si appliquée qu'elle voulût être, elle n'avait pas l'esprit à la musique. C'était à sa mère qu'elle pensait; c'était elle qu'elle voyait exposée aux insolences de Riffaut. Jamais ils n'étaient venus tous ensemble. Que signifiait cet assaut? Comme elle eût voulu être près d'elle! Assurément elle n'aurait pas pu en dire plus que sa mère; mais enfin elle eût été là, elles eussent été deux.

Dans de pareilles dispositions, la répétition marchait assez mal, et déjà plusieurs fois l'abbé Commolet avait laissé échapper des signes d'étonnement et de mécontentement.

Mais Marianne ne voulait pas arrêter, et par des *forte* plus ou moins à propos elle cherchait à étouffer les bruits de la pièce voisine

Si cela suffoquait le goût musical de l'abbé Commolet, qui ne la reconnaissait pas, cela stupéfiait François, qui se demandait ce qui pouvait causer en elle ce trouble et cet émoi. De sa place, il n'avait pas pu voir les entrepreneurs ; mais le regard effrayé que Marianne avait lancé à madame La Guillaumie ne lui avait pas échappé, et dans ce regard de la fille, dans la brusque sortie de la mère, dans la surexcitation qui maintenant entraînait Marianne, il y avait plus qu'il ne fallait pour l'inquiéter. Que se passait-il donc ? Ce n'était pas d'aujourd'hui que l'état de Marianne le tourmentait. Combien de fois lui avait-il dit son mot si souvent répété : « Qu'avez-vous, chère Marianne ? Pourquoi cette préoccupation ? Pourquoi ce regard mélancolique? A quoi pensez-vous ? Qui vous inquiète? Qui vous attriste ? » Combien de lettres lui avait-il écrites qu'il lui glissait chaque fois qu'il la voyait, et dans lesquelles il la suppliait de lui avouer franchement ce qu'elle n'avait jamais voulu lui dire. Mais jamais il ne l'avait vue dans l'état où elle était en ce moment. Et alors, sous le poids de cette pensée, lui aussi ne pensait guère à la musique qu'il jouait et, comme Marianne, il exaspérait l'abbé Commolet qui, lorsqu'il n'adressait pas ses coups de tête à l'un, les adressait à l'autre.

Cependant, si peu respectueuse du texte que fût Marianne, elle ne pouvait pas toujours jouer *forte*. Si, jusque-là, par un heureux hasard, la musique avait couvert les voix, il arriva un moment où ce furent les voix partant de la pièce voisine, ou plutôt la voix de Riffaut qui couvrit la musique.

— C'est de l'argent qu'il nous faut, non des belles paroles.

— Reprenons, dit vivement Marianne, espérant que tout le monde n'avait pas l'oreille aussi fine qu'elle.

— Où? demanda l'abbé Commolet, qui tout à la musique, n'avait en effet rien entendu.

— A l'*allegro*.

Et il fut impossible de rien entendre dans le salon de ce qui se disait dans le petit parloir.

Mais, après un court instant, il fallut jouer *piano*.

— Il y a assez longtemps que vous nous lanternez! criait Riffaut, exaspéré.

Heureusement, la musique reprenait de suite *crescendo*, et François, qui avait enfin compris la cause de l'émoi de Marianne, unissait son alto au piano pour faire tout le tapage qu'il pouvait. Chère Marianne bien-aimée, comme elle devait souffrir!

Cependant la voix de Riffaut domina encore les instruments.

— Je vas vous envoyer l'huissier! vociféra-t-elle.

Là-dessus on entendit un bruit de porte qui claquait, puis plus rien, et, au bout de quelques instants, madame La Guillaumie rentra dans le salon.

XXII

Ce n'était point l'habitude de l'abbé Commolet de se contenter d'à-peu-près ; cependant, ce jour-là, quand on fut arrivé au bout de la sonate, il ne proposa pas de recommencer.

— Je crois que ça ira, dit-il en remettant soigneusement sa flûte dans son étui ; nous avons bien accroché un peu, de ci, de là ; mais c'est affaire de mouvements. Je vous demande la permission de vous quitter ; je dois aller chez monsieur le doyen.

— Je sors avec vous, monsieur le curé, dit Malaquin.

— Moi aussi, dit Badoulleau.

Il ne vint pas à l'idée de François d'imiter ce mouvement de retraite, sa place était auprès de Marianne, auprès de madame La Guillaumie.

Cependant, quand l'abbé Commolet, Badoulleau et Malaquin furent sortis, il s'établit un silence pénible pour tous. Madame La Guillaumie et Marianne rougissaient de honte, tandis que François restait embarrassé, ne sachant comment aborder ce qu'il avait à dire ; c'était en fiancé de Marianne qu'il aurait voulu parler, en mari; mais il n'osait prendre cette attitude avant de l'avoir consultée.

— Je ne serais pas sincère, dit-il enfin, si je n'avouais pas que j'ai entendu quelques-unes des paroles des gens qui étaient là.

Il montra le parloir.

Madame La Guillaumie baissa les yeux avec confusion, tandis que Marianne le regardait tout inquiète.

— Ce n'est pas, continua-t-il, pour vous adresser de vaines paroles de consolation que je me permets d'aborder un sujet aussi pénible, c'est pour me mettre à votre disposition et vous aider à vous défendre contre ces menaces.

Marianne fit un geste pour l'interrompre, mais il poursuivit :

— Sans doute je suis de vos amis, le dernier venu dans cette maison, mais enfin la bienveillance que m'a témoignée M. La Guillaumie, la sympathie que vous me marquez chaque jour et que me marque aussi mademoiselle Marianne, me permettent de me ranger au nombre de vos amis. Ce ne serait pas se montrer digne de ce nom que de ne pas vous tendre la main.

Et il la leur tendit à la mère et à la fille en même temps.

A la façon dont Marianne le regarda et à son étreinte, il sentit qu'elle l'approuvait ; alors il continua plus librement :

— Bien que je vive tout à fait en dehors des bavardages du pays, je savais que vous aviez des ennuis pour ces constructions ; mais jamais il ne m'était venu à l'idée qu'ils pouvaient prendre un tel caractère ; votre honorabilité, celle de M. La Guillaumie, les sentiments d'estime et de respect que vous inspirez à tout le monde, votre situation, celle de M. La Guillaumie, tout me faisait croire à des embarras momentanés, et c'est cette raison, cette seule raison qui m'a imposé ma réserve. J'ai craint d'être indiscret en parlant de ce qu'on ne me disait pas. Et voilà comment je ne me suis pas encore mis à votre disposition.

Ces mots s'adressaient bien plus à la fille qu'à la mère ; cependant madame La Guillaumie ne pouvait pas ne pas en être émue ; après l'assaut qu'elle venait de subir, c'était un soulagement pour elle d'entendre une parole amie ; elle tendit la main à François.

— Merci, cher monsieur Néel, dit-elle, ma fille et moi nous sommes bien touchées de vos bonnes paroles.

— Ce serait mieux que des paroles que je voudrais vous apporter, que je devrais...

Un coup d'œil de Marianne l'arrêta.

— ... Mais je suis pris au dépourvu à un moment où moi aussi je me trouve dans une position embarrassée. Je vous demande pardon de vous parler de mes affaires alors que vous-mêmes traversez des circonstances aussi pénibles. Croyez bien que je ne le fais que pour me justifier.

— Vous n'avez pas à vous justifier, interrompit Marianne.

— Pas du tout, dit madame La Guillaumie.

— Au moins ai-je à vous expliquer pourquoi mes actes ne répondent pas à la situation que je parais occuper ; car il n'est pas vraisemblable qu'un homme qui gagne ce que je gagne n'ait pas quelques milliers de francs à apporter à ses amis. Ces quelques milliers de francs, je les avais il y a trois mois ; mais ma grand'mère me les a demandés pour les frais du procès qu'elle soutient, et je les lui ai envoyés. C'était le dernier effort, me disait-elle ; si je les lui refusais, c'était sa mort ; si je les lui donnais, c'était la vie pour elle, et pour moi la fortune. Je les ai donnés.

— Et vous avez bien fait, s'écria Marianne.

— C'est d'un bon fils.

— Bien que ce dernier effort ne paraisse pas devoir être le dernier, et bien que la fortune ne soit pas venue, comme le disait ma grand'mère je ne les avais pas regrettés... jusqu'à cette heure.

— Ne dites pas que vous les regrettez maintenant, interrompit vivement Marianne.

— Ce que je regrette, c'est de ne pas pouvoir vous débarrasser de ces gens et de leurs insolences en sortant d'ici ; s'ils avaient eu un homme devant eux, ils n'auraient point parlé ainsi.

— Eh bien, soyez cet homme, puisque vous voulez bien nous prêter votre concours, dit Marianne, et dans ces termes je suis sûre que mon père l'acceptera, quand nous lui aurons dit comment vous nous l'avez proposé, ce que nous ferons ce soir même. Comme vous je crois que les gens qui ont construit les classes seront moins durs lorsqu'ils parleront à un homme qu'ils n'espéreront plus intimider par la violence.

— Nous n'avons jamais nié notre dette, dit madame La Guillaumie, et notre différend ne porte que sur le mode, ou plutôt sur le terme de payement ; ils veulent recevoir leur argent tout de suite, et nous ne pouvons le donner qu'en février.

Et elle expliqua ce différend.

— Ainsi, dit François, c'est Badoulleau qui a fait tout le mal.

— En voulant faire le bien.

— Est-ce drôle, vraiment, de s'imaginer que tout se résout dans le monde par une note de journal, et de croire qu'on rend le plus grand service aux gens qu'on aime en imprimant leur nom accompagné d'une épithète ! Je parie qu'il était fier de lui, ce brave Badoulleau. Jamais il n'a pu admettre qu'il ne m'était pas très agréable d'être qualifié par *le Narrateur* de sympathique chimiste.

A ce moment on frappa à la porte. C'était une servante qui venait prévenir madame La Guillaumie que la mère d'une élève la demandait.

François se leva pour se retirer ; mais madame La Guillaumie le pria de rester : ils avaient à s'entendre sur la lettre à écrire à M. La Guillaumie ; elle abrégerait autant que possible la visite de la mère.

— Toute ma journée est à vous, dit François.

Aussitôt qu'en sortant madame La Guillaumie eut fermé la porte, Marianne mit ses deux mains dans celles de François.

— Merci, dit-elle.

— Ce n'est pas votre merci que je vous demande, chère Marianne, c'est votre pardon. Comment ne vous êtes-vous jamais fâchée contre moi quand je vous reprochais votre préoccupation et votre tristesse ?

— Me fâcher contre vous !

Et avec tout ce qu'il y avait de tendresse et d'amour dans son cœur, elle le regarda longuement.

— Mais aussi, reprit-il, pourquoi ne pas m'avoir tout dit, pourquoi ne pas m'avoir répondu franchement quand je vous interrogeais, plein d'inquiétude ?

— C'est vrai.

— M'avez-vous alors traité en fiancé, en mari ?

— Vous avez raison.

— Nous faisons donc deux êtres distincts, mademoiselle Marianne La Guillaumie et François Néel, et non pas Marianne et François Néel comme je l'espérais.

— Vous voyez bien que c'est à moi de demander pardon et non à vous.

— Non, chère bien-aimée, non ce n'est pas à vous de demander pardon, car je comprends trop le sentiment qui a fermé vos lèvres quand je vous questionnais, et qui a voilé votre regard quand je cherchais à lire en vous. Le coupable, c'est moi.

— Vous !

— Moi qui vous aime sans avoir aux mains le moyen d'assurer le bonheur à notre amour, moi qui ne suis qu'un pauvre diable.

— Que suis-je donc moi-même ?

— Une femme jeune, belle, supérieure par le cœur et par l'intelligence, douée de toutes ces qualités qui sont les vôtres, et l'égale des plus riches, puisqu'elle n'a qu'à vouloir pour être riche elle-même. Si vous aviez voulu...

— Si j'avais voulu je n'aurais pas été l'honnête fille dont vous parlez, et alors on n'eût pas pensé à vouloir de moi. Vous voyez donc que vous n'êtes pas le coupable que vous dites.

— Au moins suis-je coupable de vous laisser aux prises avec ces difficultés. Si j'avais été capable de vous aider, ne seriez-vous pas venue à moi franchement et ne m'auriez-vous pas tout dit ? Si je n'avais pas été, si je n'étais pas un pauvre diable, ne seriez-vous pas ma femme ?

— Ne faites-vous pas tout pour que je la sois ?

— Oh ! oui.

— Eh bien, alors, de quoi puis-je me plaindre ?

— De mon incapacité à réaliser nos espérances, de l'inutilité de mon travail, de l'inanité de mes recherches. Vous avez cru à de belles découvertes quand je vous ai parlé de mes rêves, et le temps s'écoule, les journées s'ajoutent aux journées sans que j'arrive à rien... qu'à me donner le sentiment désespérant de mon impuissance.

Elle lui mit la main sur les lèvres tendrement :

—Ne prononcez pas ce mot ; ce n'est pas quand on travaille comme vous travaillez qu'il faut désespérer : aujourd'hui vous manque, demain est à vous.

— Ah ! si je vous avais toujours pour me donner la foi !

La porte s'ouvrit. Madame La Guillaumie rentrait.

— Maintenant, dit-elle, nous allons écrire.

XXIII

Ce n'était pas pour fuir une maison qui menaçait ruine que l'abbé Commolet était si vite sorti du salon de madame La Guillaumie, ni pour échapper aux plaintes ou aux demandes de malheureux aux abois.

A peine dans la rue, il arrêta Badoulleau et Malaquin.

— Vous avez entendu? dit-il à voix basse.

— Hélas !

Il resta anéanti; mais presque aussitôt il reprit :

— N'y a-t-il donc rien à faire pour leur venir en aide?

— Je l'ai essayé, répondit Badoulleau, et j'ai publié dans le *Narrateur* un article qui était fait pour inspirer confiance aux entrepreneurs de ces constructions neuves, et leur montrer qu'ils ne risquaient rien à attendre. Vous l'avez lu, Malaquin : dites à M. le curé si c'était tapé.

— Parfaitement tapé, dit Malaquin.

— Eh bien, cela n'a pas produit le résultat que j'espérais; c'est extraordinaire. Ces animaux-là ne se sont montrés que plus exigeants; ils en sont arrivés à menacer cette pauvre madame La Guillaumie de l'huissier.

— Quelle catastrophe ! dit l'abbé Commolet.

— Et notez, poursuivit Badoulleau, que la position des La Guillaumie n'est pas du tout mauvaise ; ils ne sont pas riches, c'est vrai, mais ils ne sont pas ruinés. La Guillaumie est à la tête d'un journal qui marche admirablement.

C'était là une phrase toute faite que Badoulleau trouvait dans son répertoire et dont il se servait sans y attacher d'importance. « Journal qui marche admirablement, éminent chimiste, sympathique confrère, soins éclairés du docteur », cela rentrait dans la monnaie courante du journaliste.

— Vraiment ! dit l'abbé Commolet.

— Quant à la pension, elle donne des produits rémunérateurs que l'enseignement des sciences ne peut pas manquer de développer. J'ai expliqué tout cela dans mon article.

— Et les créanciers n'en ont pas été touchés ?

— Vous voyez.

— C'est extraordinaire !

— Sans doute l'article était excellent ; seulement, pour qu'il pût produire des résultats utiles, il aurait fallu que madame La Guillaumie pût payer un acompte ; alors ces gens auraient attendu autant qu'elle aurait voulu.

— Et elle n'a pas pu payer cet acompte ?

— Vous voyez.

— Il aurait dû être considérable ?

— Quelques mille francs auraient suffi.

— Comment n'a-t-elle pas réuni ces quelques mille francs ?

— C'est une femme discrète et réservée ; elle n'a osé les demander à personne, n'ayant pas de garanties à offrir, et, nous ses amis, qui connaissions à peu près la situation, mais sans la savoir aussi menaçante, nous ne nous sommes pas trouvés en état de faire les fonds qui lui étaient nécessaires.

— C'est terrible, terrible, répéta l'abbé Commolet, une si excellente personne ! Et maintenant que va-t-il se passer ?

— Vous savez, une fois que les huissiers sont entrés dans une maison, c'est la ruine.

— Assisterons-nous donc à cette ruine les bras croisés ?

— Je vais chercher une combinaison pour entraver les actes de procédure, et demain j'irai la lui proposer. Bonsoir, monsieur le curé.

Ils laissèrent l'abbé Commolet atterré.

— Cette bonne madame La Guillaumie ! Et cette pauvre mademoiselle Marianne! Une jeune fille si bien douée pour la musique ! Et elle a pu jouer quand elle savait sa mère aux prises avec ces créanciers. Quel courage !

Et tout en montant vers le presbytère, l'abbé Commolet se répétait :

— Est-ce possible?

Quand il entra dans le cabinet du doyen, il était encore si bouleversé que l'abbé Colombe, qui cependant ne remarquait guère ce qu'il voyait, fut frappé de son émotion.

— Qu'avez-vous donc, mon cher curé? demanda-t-il affectueusement.

L'abbé Commolet hésita un moment, il ne pouvait pas répondre qu'il n'avait rien; et, d'autre part, il ne savait trop s'il avait le droit de répéter ce qu'il venait d'entendre. Ce fut seulement en réfléchissant qu'avec un homme comme le doyen on ne commettait jamais une indiscrétion, qu'il se décida à confesser la cause de son trouble.

— Eh quoi, madame La Guillaumie!
— Oui, monsieur le doyen!
— Hélas, monsieur le curé!

Mais l'abbé Colombe n'était pas de ceux qui, aux malheurs d'autrui, se contentent de répondre par des hélas plus ou moins stériles.

— Est-il donc possible qu'on laisse ruiner cette bonne madame La Guillaumie sans rien faire pour lui venir en aide? s'écria-t-il.

— C'est ce que je me demande.

— Sans doute son mari a été bien imprudent de construire ces classes sans avoir l'argent pour les payer, mais c'était dans une bonne intention.

— Il ne faudrait qu'un acompte pour calmer les créanciers, et plus tard tout s'arrangerait, car la situation est bonne.

— Si j'avais l'argent nécessaire à cet acompte, je l'offrirais de grand cœur à madame La Guillaumie; mais vous savez, mon cher curé, que la fortune et moi nous avons toujours été brouillés.

— Je sais, monsieur le doyen, que votre main droite donne ce que reçoit votre main gauche; moi, j'ai bien une rente de deux cents francs qui me vient de mes parents, malheureusement je n'ai pas le capital.

L'abbé Colombe parut réfléchir, ne répondant rien, restant les yeux fixés à terre ; tout à coup il leva les deux bras au ciel :

— Je crois que nous pouvons la sauver ! s'écria-t-il.

— Comment cela ?

— En nous adressant à des personnes qui déjà ont si souvent sauvé tant de malheureux et qui ne me refusent jamais, que je leur demande un morceau de pain ou une somme importante, car il n'y a pas que ceux qui meurent de faim qui ont besoin d'être secourus, — à ces dames Dubuquois.

— Vous pensez ?...

— Je pense qu'elles seront heureuses de venir en aide à une personne aussi méritante que madame La Guillaumie.

— Ah ! monsieur le doyen, c'est la très sainte Vierge qui vous envoie cette inspiration.

— Ce que vous aviez à me dire est-il pressé ?

— Non.

— Eh bien, vous me l'expliquerez en chemin, car je veux aller tout de suite chez les dames Dubuquois.

— Je vous attendrai à la porte, et quand vous m'aurez dit ce que vous avez obtenu, je rentrerai plus tranquille à Goulaine.

Après les vêpres, madame André et madame Charles étaient rentrées chez elles, et elles se trouvaient dans le petit salon du rez-de-chaussée, occupées, comme tous les dimanches, à de pieuses lectures, lorsqu'on introduisit l'abbé Colombe.

— Vous, monsieur le doyen !

Elles étaient d'autant plus surprises qu'elles lui avaient parlé à la sortie des vêpres.

Sans précautions oratoires il expliqua ce qui l'amenait : madame La Guillaumie était menacée par les huissiers et elle pouvait être sauvée par un prêt de quelques milliers de francs. C'était ce prêt qu'il venait demander.

En sa qualité d'aînée, madame André allait, comme toujours, répondre la première, lorsque sa sœur lui coupa la parole :

— Nous sommes désolées, dit-elle, d'apprendre dans quelle fâcheuse situation se trouve madame La Guillaumie ; mais, à notre grand regret... nous ne pouvons rien pour lui venir en aide.

Le doyen fut abasourdi : il regarda madame Charles, il regarda madame André, cherchant à comprendre. Tout ce qu'il vit, ce fut un signe énergique que madame Charles adressait à sa sœur.

— Je m'aperçois que notre réponse vous étonne, continua-t-elle ; mais, en y réfléchissant, vous comprendrez qu'elle ne peut pas être autre. Vous savez dans quels termes nous sommes avec la famille La Guillaumie. Si nous consentions aujourd'hui au prêt dont madame La Guillaumie a besoin, et qu'elle ne nous demande pas, d'ailleurs, nous aurions l'air de vouloir acheter à prix d'argent un consentement qu'on nous a refusé. Cela n'est pas compatible avec notre dignité.

— Je n'avais pas pensé à cela, dit le doyen, accablé.

— Certes, nous désirions ce mariage, et même il est vrai que nous le désirons toujours ; mais ce n'est pas de pareils moyens que nous voulons employer pour le faire réussir.

— Il est vrai. Pardonnez-moi, balbutia le doyen. Cette considération ne s'était pas présentée à mon esprit, je suis un si pauvre homme.

— Le meilleur des hommes ! monsieur le doyen, et le plus digne des prêtres : votre démarche le prouve une fois de plus.

— Pauvre madame La Guillaumie !

— Sans doute cela est terrible ; mais enfin ce n'est point là une de ces pauvretés irréparables qui conduisent fatalement à la misère.

— Cependant, interrompit le doyen, qui généralement ne comprenait pas à demi-mot, les huissiers...

Madame Charles vit qu'il fallait appuyer quand même.

— Je voulais dire que mademoiselle Marianne peut, si elle le veut, sauver ses parents de la misère, et même leur apporter la fortune.

— Oui, certainement ; la dignité, je vous demande pardon, je n'avais pas pensé à cela, je suis un si pauvre homme !

Et il se leva pour rejoindre le curé de Goulaine.

La nuit était venue tout à fait, épaisse et sombre ; pour retrouver l'abbé Commolet dans le chemin où il l'avait laissé, il fallut que le doyen l'appelât,

— Eh bien, monsieur le doyen ? demanda le curé de Goulaine en accourant.

— Je n'ai rien obtenu, hélas !

— Est-ce possible !

— N'accusez pas ces bonnes dames Dubuquois ; si je pouvais vous dire la cause de leur refus vous verriez qu'elles ne sont pas dans leur tort : affaire de dignité.

— Je croyais que c'était affaire de charité.

— Croyez-moi, mon cher curé, nous sommes mal placés pour juger les choses du monde.

— Ce n'est point à ces choses que je pense, c'est à cette pauvre madame La Guillaumie. Que faire maintenant ?

XXIV

Le mot du curé de Goulaine : « Que faire pour madame La Guillaumie? » était celui qu'on se disait et qu'on se répétait le soir même chez Badoulleau.

C'était, en effet, l'habitude que tous les dimanches soir, pendant l'hiver, on se réunît chez Badoulleau pour jouer au nain jaune et aussi pour déguster quelques-uns des produits, pâtisseries ou liqueurs, que le *Narrateur* recevait en paiement de ses annonces : les gaufres de la Comète, le punch du Mont-Carmel, l'élixir des Oblats. C'était le grand jour, ou tout simplement le jour de madame Badoulleau, celui qui la préoccupait toute la semaine, et lui faisait faire des projets de toilette qu'elle ne réalisait pas d'ailleurs, ne pouvant jamais, au dernier moment, quitter son éternelle robe de chambre. « Les journées sont si courtes ! » Les habitués de ces réunions étaient les deux rédacteurs du *Narrateur*, Resuche, le secrétaire de la mairie, Lourdot, le greffier de la justice de paix et « leurs dames »; le pharmacien Brou, qui eût été le plus assidu et le plus enragé des joueurs, si son élève n'était pas venu trop souvent le déranger pour exécuter quelque ordonnance sérieuse; Malaquin, le père d'Escuran et sa fille, quand celle-ci était à Hannebault; quelquefois, mais rarement, madame La Guillaumie avec Marianne; enfin la plus régulière de toutes, une vieille fille un peu folle, folle de n'avoir pu se marier, mademoiselle Latte, qui avait la manie de vous assassiner de ses projets de mariage et aussi celle de tricher au jeu d'une façon éhontée. Comme on amenait les enfants, à côté de la réunion des parents il y avait celle des gamins et des gamines, les quatre Badoulleau, les cinq Malaquin, les trois Resuche, les deux Lourdot, qui faisaient un tapage infernal dans le magasin qu'on leur abandonnait pour y jouer et d'où ils ne pensaient qu'à s'échapper afin de s'introduire dans l'imprimerie pour composer et pour faire marcher les presses à bras, tirer un journal, ce qui était leur rêve : les Resuche et les Lourdot le rédigeaient, les Badoulleau l'imprimaient, la petite Brou était l'abonnée.

Ce soir-là on fut exact et tout le monde arriva de bonne heure; on avait hâte de parler de cette pauvre madame La Guillaumie, « dont le malheur était connu ». Puisque Malaquin et Badoulleau étaient à la pension lors de la démarche des entrepreneurs, ils devaient savoir au juste comment les choses s'étaient passées.

De chaque nouveau venu, c'étaient des questions sans fin.

— Qu'a dit Riffaut?

— Qu'a répondu cette pauvre madame La Guillaumie?

Ils répétaient ce qu'ils avaient entendu, et alors les commentaires allaient leur train.

Si la vieille mademoiselle Latte n'avait pas insisté à plusieurs reprises pour qu'on s'assît à la table de jeu, le nain jaune n'aurait pas commencé ce soir-là. Tout le monde prit donc sa place autour de la table, à l'exception du père d'Escoran, qui ne jouait jamais, car, bien qu'il fût impossible de perdre plus de cinq ou six sous dans ces soirées qui se prolongeaient quelquefois trois heures, il n'avait pas le moyen de risquer une pareille somme. Six sous de gain eussent été, il est vrai, une bonne aubaine pour lui; mais six sous de perte eussent été une ruine à laquelle il eût été folie de s'exposer.

Mais pour jouer on n'avait pas fait silence; au contraire, les conversations allaient de plus belle, et sans mademoiselle Latte les cartes bien souvent fussent restées en main sans tomber sur la table.

— Cette pauvre madame la Guillaumie !

— Mais comment aussi s'être embarqué dans ces constructions sans avoir d'argent pour les payer ?

— Quelle folie ?

— Ne ferons-nous rien pour lui venir en aide ?

— J'ai une idée, dit Badoulleau; nous en causerons le soir, Lourdot et moi, j'espère que nous trouverons un moyen de contrarier la procédure de Riffaut.

— Oh! Auguste, je t'en prie, dit madame Badoulleau, n'engage pas madame La Guillaumie dans des procès.

— Ce n'est pas moi qui l'engage dans un procès, c'est Riffaut, ma chère Sophie.

Quand mademoiselle Latte vit la conversation ainsi bien engagée, elle en profita pour faire ses affaires.

— Pas de cinq, dit-elle à mi-voix, pas de six; sept qui prend.

Et vivement elle empoigna la corbeille du nain jaune qu'elle vida sur ses genoux, n'aimant pas à laisser traîner sur la table les haricots rouges et blancs qui servaient de jetons, car elle avait la plus grande peur d'être volée.

Puis tout de suite elle entama une histoire :

— Voilà ce que c'est que d'épouser un homme à l'esprit aventureux.

— Mais j'en ai, du cinq et du six, s'écria madame Badoulleau, qui devait jouer avant mademoiselle Latte.

Celle-ci feignit de ne pas entendre.

— J'ai failli épouser un homme de ce caractère, continua-t-elle.

Malaquin, son voisin de droite, l'arrêta :

— Vous avez joué avant votre tour, dit-il.

Elle était devenue subitement sourde.

— Certainement, répondit-elle d'un air innocent, il m'aurait joué un mauvais tour. Aussi je l'ai refusé. C'était en 1847.

— Je vous dis que vous avez joué avant votre tour.

Personne ne put lui faire comprendre ce qu'elle ne voulait pas entendre, et de guerre lasse il fallut abandonner toute réclamation.

— Je plains madame La Guillaumie de toute mon âme, répétait-elle ; si j'ai commis une erreur, c'est que je pense trop à elle. N'est-ce pas malheureux vraiment que nous ne puissions rien pour elle, tous tant que nous sommes !

Ce mot était trop bien celui de la situation pour ne pas porter ; il y eut un moment de silence, et pour chacun comme un retour sur soi-même. Ce n'était plus aux embarras de madame La Guillaumie qu'on s'apitoyait, mais aux siens, à sa propre misère, aux luttes qu'on soutenait chaque jour contre les difficultés de la vie et dont tous étaient meurtris et endoloris.

Ordinairement madame Badoulleau se levait à chaque instant pour aller surveiller les enfants ; mais ce soir-là, l'affaire La Guillaumie avait fait oublier ceux-ci. Alors, profitant de la liberté qu'on leur laissait, et jugeant à la chaleur de la discussion qu'on ne les dérangerait pas, ils avaient tenté de réaliser leur désir de jouer au journal. Justement un carreau avait été cassé à une porte vitrée qui fermait par un verrou, et au lieu d'appeler le vitrier on l'avait remplacé par un morceau de papier. Casser une vitre pour tirer le verrou de cette porte était une chose grave dont aucun d'eux n'eût osé prendre la responsabilité ; mais crever un papier n'était rien. Ils l'avaient crevé, et ils s'étaient installés dans l'imprimerie, chacun jouant le rôle dont il avait pendant si longtemps rêvé.

Ce fut en n'entendant plus de bruit dans le magasin que madame Badoulleau pensa aux enfants, et comme elle avait en ce moment sa petite Rose endormie sur ses genoux, elle demanda à son mari d'aller voir ce qu'ils faisaient.

Tout surpris de ne pas les trouver dans le magasin, Badoulleau se demandait où ils pouvaient être passés, lorsqu'il entendit un bruit de voix étouffées venant de l'imprimerie.

Alors, voulant voir ce qu'ils faisaient là, au lieu d'ouvrir avec sa clef la porte de communication, il passa par la cour sur laquelle l'imprimerie prenait jour et, se collant contre une fenêtre, il regarda. A la lumière de quelques chandelles allumées çà et là, il vit la troupe entière à la besogne : ses trois fils, Jacques, Philippe et Michel, coiffés de chapeaux de papier, étaient debout devant les casses, composant gravement. Assis devant une table, les deux Lourdot écrivaient; auprès d'eux, un Resuche corrigeait des épreuves; à une autre table, les filles pliaient des feuilles maculées ; enfin, à un petit bureau placé auprès de la porte se tenait la petite Sophie, grave et importante, en conversation avec Malaquin l'aîné.

— Madame, disait Malaquin, je suis abonné, et je viens me plaindre de la façon dont se fait le service du journal.

— Monsieur, répliquait Sophie, les abonnés se plaignent toujours.

— Enfin, madame, mon journal me manque.

— Adressez-vous à la poste.

Badoulleau avait tout d'abord été fort mécontent de les voir installés dans son imprimerie, mais ils étaient si drôles avec leur gravité qu'il ne put pas s'empêcher de rire.

Cependant, n'osant pas les laisser seuls, il entra au risque de les déranger.

— Quand vous voudrez jouer à l'imprimerie, dit-il pour toute gronderie, vous me préviendrez : j'y jouerai avec vous ; je ferai le pressier.

Et il resta à jouer au pressier avec eux, jusqu'au moment où Lourdot vint le chercher pour discuter avec lui les moyens de procédure que madame La Guillaumie pourrait opposer aux huissiers

XXV

Le lendemain matin, à huit heures, le père d'Escoran se présentait à la pension et demandait à parler à madame La Guillaumie.

Au premier regard que celle-ci attacha sur lui, elle fut surprise de son attitude ; ce n'était point celle du pauvre bonhomme éteint et opprimé auquel elle était habituée ; sa toilette, toujours la même, n'était pas changée, mais dans son œil comme dans son air, dans son port de tête, il y avait quelque chose qui parlait de l'homme qu'il avait été autrefois, avant que la misère l'eût roulé et écrasé.

— J'ai appris, dit-il, les exigences de vos entrepreneurs, ainsi que l'embarras momentané qui vous empêche de les satisfaire ; j'en ai été profondément affligé ; mais ce n'est point pour vous apporter l'assurance d'une vaine sympathie que je vous fais cette visite matinale ; heureusement j'ai mieux que cela à vous offrir.

Il tira de sa poche une enveloppe, soigneusement et avec toutes sortes de précautions il l'ouvrit :

— Voici, dit-il, ce qui vous débarrassera de tous vos tracas.

Et il présenta à madame La Guillaumie un billet sur lequel on lisait : « *Lotteria di Verona.* »

— Comme vous voyez, dit-il, c'est un billet de loterie ; le tirage est imminent, je suis sûr de gagner. Obtenez un petit délai de ces gens, et ils seront intégralement payés. Si vous croyez qu'il serait à propos de leur offrir un léger acompte en leur demandant ce délai, je puis écrire à Berthe, qui sera heureuse de vous envoyer une somme prélevée sur les fonds que sa nouvelle position a dû lui mettre aux mains.

Ce fut avec émotion que madame La Guillaumie remercia le pauvre bonhomme ; c'est l'offre qui touche bien plus que ce qu'on offre. Ne donnait-il pas ce qu'il avait d'ailleurs et ce dont il vivait lui-même, — l'espérance ?

Encore tout attendrie, elle alla conter cette visite à sa fille.

— Comme ils sont heureux, dit Marianne, ceux qui ont cette foi. Mais il paraît que cela n'est pas de notre âge. Tiens, voici une lettre de Berthe que je viens de recevoir. Lis-la ; tu verras si elle pense à nous venir en aide.

Chère Marianne,

» Elle était bien triste, la bicoque où j'ai passé
» mes plus belles années de jeunesse; elle est autre-
» ment noire et inquiétante, l'arrière-boutique d'où
» je t'écris. A Hannebault, j'avais cette sorte de sé-
» curité que nous donnent un entourage familier,

» des habitudes continuées depuis l'enfance, un ciel
» qu'on connaît, des visages qui vous sourient, une
» amie qui vous aime ; j'avais beau crever de faim,
» traîner des loques, je ne me sentais pas perdue ; j'ac-
» courais chez toi si la désespérance était trop forte,
» ou bien j'embrassais mon père. A Grenelle, je bats
» la campagne aussitôt qu'une contrariété nouvelle
» vient s'ajouter à la vieille misère, et je passe mon
» existence à tendre le dos à la catastrophe, imagi-
» nant toujours une déception ou un malheur pour
» le lendemain. Pourtant j'ai voulu tout cela et je
» n'ai à me plaindre de personne.

» Ils sont parfaits, mes pauvres parents, bons et af-
» fectueux comme des gueux, mais je ne peux pas les
» lasser de mes tourments, ils ont déjà trop des leurs ;
» alors j'avale larmes, paroles, chagrins et soupirs ;
» je pleure Hannebault... en dedans. Je me croyais
» plus forte. Je te disais si superbement : il me faut
» la fortune et ce n'est pas en suivant le chemin
» où tout le monde passe que je la trouverai ; il me
» semblait attrayant de me jeter dans l'inconnu, et
» plus ma tentative paraissait risquée, plus elle me
» plaisait.

» Maintenant j'ai l'amour du bourgeois et j'envie
» les petits employés qui ont chaque jour six sous
» dans leur poche pour prendre l'omnibus qui les
» conduit à leur travail, car j'y vais aussi, à mon tra-
» vail. Je traverse Paris avec des bottines éculées
» pour être à midi à l'Ambigu, où j'arrive générale-
» ment, — le ciel n'est pas avec moi, — mouillée et
» crottée comme personne, peinant, barbotant le

» long du chemin, en me disant qu'il ne me faudrait
» que six sous pour monter dans ce malheureux
» omnibus qui me dépasse.

» Elles ne sont pas gaies, nos répétitions ; je veux
» dire les répétitions des autres, car pour moi je n'ai
» que quelques mots à dire et une chanson à chanter
» sur une estrade de café-concert qui occupe le fond
» de la scène. Oui, je monte sur une estrade de boui-
» bouis pour mon début au théâtre. Si ton père ne
» t'avait pas déjà conté cela, tu en pleurerais, n'est-ce
» pas ? Enfin je chante avec les jambes mouillées et
» les épaules aussi quelquefois, et je trouve que ma
» voix fait bien.

» Je n'ai que cela de bon à te dire. Malgré ma mi-
» sère, qui est aussi apparente que possible, on
» me traite en camarade, parce que j'ai du chic, une
» voix comme on n'en entend pas à l'Ambigu, et
» parce qu'on dit que je suis belle fille. Mais quelle
» camaraderie !

» Ce n'est pas dans mon amour-propre, ni dans
» mon orgueil que je souffre, je t'assure ; c'est dans
» ma dignité. Il y a des moments où mes larmes
» jaillissent et où je vais me fourrer dans un coin
» sombre pour cacher ma rage et ma honte.

» Le jeune premier, qui est la coqueluche de l'en-
» droit, m'a tout de suite honorée de son attention
» en me tutoyant et en m'embrassant. Mais comme
» cela n'a pas été de mon goût, il m'honore mainte-
» nant de son inimitié, qu'il me témoigne d'une façon
» originale en me disant publiquement toutes les or-
» dures qu'il sait ou qu'il invente. Cela fait rire mes

» camarades et je n'ai pas le droit de me fâcher. Me
» vois-tu obligée d'écouter d'un visage impassible,
» sans rougir et sans me sauver, ces propos qui scan-
» daliseraient une femme du ruisseau? — Faites
» semblant de ne pas l'entendre, m'a dit le régisseur,
» c'est le voyou des voyous. Il n'y a pas que lui, par
» malheur !

» C'est surtout dans ma mine pâle qu'on trouve un
» sujet inépuisable de plaisanteries et d'histoires à
» raconter. Et à cela je ne peux rien, car il n'est que
» trop vrai que j'ai mauvaise mine, ce qui n'est pas
» surprenant, car je mange peu et mal, et je me fa-
» tigue beaucoup, passant une partie de mes nuits
» à raccommoder mes nippes ou à les nettoyer. En
» fait de rafistolages, je suis arrivée à des miracles.
» Ce que tu as vu à Hannebault n'est rien, comparé à
» ce que j'obtiens maintenant. De plus, je travaille
» avec conscience à ce que je n'ose pas encore appe-
» ler mon art. Il y a ici un piano carré, une espèce d'é-
» pinette qui servait d'armoire à provisions quand il
» y avait des provisions, que je ne quitte que pour
» piocher ma vibration.

» Tu te demandes sans doute pourquoi, mainte-
» nant que je n'ignore plus les misères de cette car-
» rière, maintenant que je souffre d'une pauvreté
» mille fois plus cruelle que celle que j'ai connue à
» Hannebault, je ne renonce pas à mes ambitions
» pour revenir près de vous penaude, mais contente
» tout de même. Ce n'est pas, crois-le bien, que je
» n'ai pas eu le désir violent de revoir mon père, de
» te revoir, de renouer notre liaison et de me re-

» trouver au milieu d'amis qui savent que si je suis
» une fille pauvre, je n'en reste pas moins une brave
» fille. Mais quand on s'est résigné à une fugue
» comme celle que j'ai faite on a réfléchi. Ce n'est que
» poussé à bout qu'on quitte la maison paternelle, sa
» famille, ce qu'il y a d'honorable dans la vie, pour
» courir les aventures. Aussi la décision prise, on va
» droit devant soi ; le chemin est barré pour revenir
» en arrière, et cela non seulement parce que la
» crainte du ridicule nous attache, mais parce qu'on
» subit l'impulsion acquise et parce que l'esprit, ha-
» bitué à une direction, suit cette direction. J'ai rêvé
» le succès et la fortune, l'existence libre : Hanne-
» bault est fini pour moi.

» Tu le vois, je suis partie pour toujours. Cabotine
» ou artiste, rien ne peut plus me distraire de mon
» but. Mais, bien entendu, je ferai l'impossible pour
» être une artiste ; si je commence par le caboti-
» nage, je finirai par l'art.

» Ah ! quelle revanche et quelle consolation si je
» deviens une grande cantatrice ! si j'ai cet immense
» bonheur de pouvoir relever la tête et de forcer les
» gens qui me blâment et me méprisent aujourd'hui
» à me donner raison plus tard ! Tu n'imagines pas
» ce qu'une pareille espérance peut faire accepter de
» déboires. J'en abuserai de mes succès. Je serai
» fière et je serai dure envers ceux qui m'humilient,
» et qui, sans pitié pour une malheureuse qui ne
» cherche qu'à gagner son pain, me condamnent. On
» ne rira plus de moi quand j'aurai la célébrité, et
on ne cherchera plus les calomnies les plus flétris-

» santes pour expliquer mon départ : « Elle avait la
» vocation ! »

» Il est vrai que je peux rester une actrice mé-
» diocre. Alors je m'isolerai, je changerai mon nom
» de théâtre contre un autre inconnu; je partirai pour
» l'étranger; je mettrai une perruque rousse sur mes
» cheveux noirs ; je me cacherai comme une crimi-
» nelle. Si quelqu'un songe à moi et demande ce
» qu'est devenue Berthe d'Escoran, je veux que per-
» sonne ne puisse répondre. Morte, sans doute.

» Morte ! il y a des moments où je voudrais l'être.
» Que de soucis évités et quel débarras pour moi !
» Connais-tu ton bonheur, chère Marianne, et sens-
» tu par la comparaison combien tu es heureuse ? Je
» pense sans cesse à toi, et je te vois dans ta maison,
» honnête et tranquille près de ta mère, n'ayant qu'à
» te laisser vivre et espérer.

» Cela me raccommode un peu avec la Providence
» de penser que tu seras heureuse ; avec cette Pro-
» vidence que j'accuse si souvent, quand j'ai le temps
» de gémir sur moi-même. Tu le vois, je retombe
» encore à t'entretenir de moi, bien que je n'aie fait
» que cela tout le long de cette lettre. Mais c'est la
» seule fois, depuis que je t'ai quittée, que j'ai pu
» parler à cœur ouvert, et c'est peut-être la dernière.
» Si les choses tournent mal, je ne t'écrirai plus.
» J'ai la pudeur de ma situation, et je trouverais abo-
» minable de ternir ta jeunesse par mes misères et la
» triste expérience que je suis en train d'acquérir.
» Il ne te serait pas bon de me suivre dans la voie
» que je prends. Lorsque tu seras mariée, tu deman-

» deras à ton mari si j'ai raison, et tu verras qu'il
» m'approuvera. Je suis une de ces femmes dont on
» dit : « Elle a mal tourné. » Le mieux est donc de
» m'oublier.

» Pourtant, je ne veux pas que tu croies que je re-
» pousse le passé et que j'ai hâte de me dégager de
» certains liens. Au contraire, ce m'est un crève-cœur
» de rompre avec ce que j'ai tant aimé, avec toi si
» constamment indulgente et généreuse. Sois tran-
» quille, rien n'affaiblira ton souvenir. Que de fois,
» depuis que je suis à Paris, t'ai-je vue avec ton sou-
» rire franc et tes grands yeux surpris, telle que tu
» étais quand je t'ai dit que je quittais Hannebault.
» Cette charmante vision me sera toujours chère et
» toujours je l'appellerai à mon aide dans mes
» heures de lutte ou de détresse. C'est ce qui me fait
» te demander d'être avec moi d'aujourd'hui en huit.
» Si pitoyable que soit mon début, c'est mon entrée
» dans ma nouvelle carrière, j'ai besoin que tu me
» protèges de ta pensée. A dix heures, parle de moi
» avec ta mère, prononce mon nom ; j'ai la supers-
» tition que je recevrai l'écho des paroles que tu pro-
» nonceras sur l'amie perdue et qu'elles me porteront
» bonheur. »

XXVI

Comme madame La Guillaumie achevait la lecture de la lettre de Berthe, on frappa à la porte. C'était Badoulleau.

— Vous n'avez pas admis, n'est-ce pas, que je vous abandonnais hier, et que je me sauvais? dit-il.

— Comment aurais-je admis cela?

— Hier, je ne pouvais rien pour vous, car ce n'est rien pour une femme telle que vous que de vaines paroles, tandis qu'aujourd'hui je vous apporte le salut.

Il dit cela modestement, mais cependant avec la gravité d'un homme convaincu.

— Vraiment! s'écria madame La Guillaumie, toujours facile à l'espérance et ayant pleine foi, d'ailleurs, dans le dévouement de Badoulleau.

— Je n'avance jamais une chose sans en être sûr, dit-il.

Puis tout de suite il ajouta, en souriant :

— Il est vrai que, quand je suis sûr, bien souvent je recule. Mais, avec vous, ce n'est pas le cas. Sorti d'ici vraiment bouleversé, j'ai voulu vous venir en aide. Je me suis entendu avec Lourdot, et...

— Mon cher monsieur Badoulleau, combien je vous suis reconnaissante !

— ... Et, à nous deux, nous avons trouvé un moyen de procédure pour rouler vos adversaires.

— Ah ! c'est un moyen de procédure que vous avez trouvé ?

Et madame La Guillaumie tomba de haut. Sans raisonner et avec l'instinct de ceux qui sont en danger, elle s'était cramponnée à la perche que Badoulleau lui tendait, sans se demander si elle était solide et si les mains de celui qui la tenait étaient fermes. « Je vous apporte le salut... Je n'avance jamais une chose sans en être sûr. » Elle n'avait entendu que cela et n'avait pas regardé plus loin. Mais elle les connaissait, ces moyens de procédure avec lesquels on roule les créanciers. Combien souvent avait-elle vu Badoulleau, au temps où il luttait pour son propre compte, se rassurer en disant : « Je suis tranquille, j'ai un moyen infaillible pour rouler mes créanciers. » Et c'était lui qui pendant dix ans avait été roulé et piétiné par eux. Et c'était un de ces moyens qu'il venait lui offrir maintenant, tout heureux et tout fier de l'avoir combiné avec Lourdot. Sans doute c'était un homme d'affaires, le greffier de la justice de paix, et il avait la réputation d'être un malin dans un pays où l'on était en état d'apprécier ses mérites ; mais cela ne suffisait pas pour rassurer madame La Guillaumie qui avait l'effroi des procès.

A ce mot « moyen de procédure » Marianne avait regardé sa mère avec inquiétude, car elle aussi vivait dans la crainte de la procédure.

Elles restaient ainsi s'interrogeant du regard et se demandant comment répondre à Badoulleau sans le blesser, lorsque, par bonheur, François vint à leur secours.

En le voyant entrer, Marianne se crut sauvée, et madame La Guillaumie eut un soupir de délivrance.

— Voici monsieur Badoulleau, dit-elle en soulignant ses paroles par un coup d'œil expressif, qui veut nous venir en aide et qui nous offre un moyen de procédure pour rouler nos adversaires.

— Parfaitement, dit Badoulleau en se frottant les mains avec frénésie, ils vont faire un nez...

Mais Marianne l'interrompit pour lui expliquer que la veille M. Néel avait bien voulu leur proposer son concours.

— C'est donc avec lui que vous devez vous entendre, continua madame La Guillaumie.

— Cela sera facile, dit François, qui avait compris l'embarras des deux femmes, et qui pas plus qu'elles d'ailleurs n'était disposé à accepter les moyens de procédure avec lesquels on roule ses adversaires.

Là-dessus Badoulleau tendit la main à François et la lui serra avec effusion.

— Vous êtes un bon garçon, dit-il.

— Monsieur Néel est un brave cœur, dit madame La Guillaumie, et ce nous est un grand soulagement dans notre chagrin de trouver des dévouements comme les vôtres.

Marianne ne disait rien, mais elle regardait François avec des yeux qui n'avaient pas besoin du secours de la parole pour traduire ce qu'ils exprimaient.

Assurément elle était désespérée et épouvantée de ces menaces des créanciers, et cependant, au lieu de ne penser qu'aux chagrins dans lesquels ces menaces allaient les précipiter, sa mère et elle, à leur misère, à leur ruine, à leur honte, elle ne pouvait s'empêcher de se dire qu'elle allait voir François plus souvent. N'aurait-il pas maintenant des occasions pour venir à chaque instant, le matin, le soir, plusieurs fois par jour? Ils se verraient. Et ce ne seraient plus seulement quelques secondes de tête-à-tête de loin en loin, comme en ces derniers temps, quand ils pouvaient les voler. Il aurait mille raisons, et non plus seulement des prétextes qu'ils commençaient à ne plus trop savoir trouver. Et puis cela lui créerait des droits à l'amitié de sa mère, aussi bien qu'à la reconnaissance de son père. On l'aurait vu à l'œuvre; il aurait prouvé sa générosité, son habileté. On devrait quelque chose, on devrait beaucoup à ce défenseur dévoué, et quand il parlerait mariage on serait jusqu'à un certain point engagé envers lui. D'ailleurs, dans la position où ils allaient se trouver, son père n'aurait pas sans doute les exigences dont ils avaient eu si grand'peur jusqu'à ce jour; et quand même François ne réussirait pas dans ses recherches il serait cependant encore un assez beau parti pour qu'on fût heureux de l'accepter. Ils sont rares, les jeunes gens qui veulent bien épouser une fille dont les parents sont en relations suivies avec messieurs les huissiers.

C'était cela que ses yeux disaient, et si tendrement, si éloquemment, que François comprenait leur doux langage.

— Oui, je viendrai, répondait-il; oui, je vous défendrai; oui, vous serez ma femme, et plus vous serez malheureuse, plus je vous aimerai; mais peut-on être vraiment malheureuse quand on est aimée comme je vous aime?

Si Badoulleau ne les avait pas brusquement ramenés à la réalité, ils seraient restés ainsi les yeux dans les yeux, oubliant les entrepreneurs, les huissiers, les dettes et le papier timbré.

— L'avis de Lourdot et le mien, dit Badoulleau, est qu'il n'y a rien à faire avant que nos adversaires n'aient commencé les hostilités.

— Je regrette de n'être pas de votre avis, répondit François, mais je crois qu'avant tout nous devons empêcher les hostilités de commencer par une démarche auprès de Riffaut, que je vous demande de faire avec moi.

— Mais...

— Nous lui expliquerons la situation de madame La Guillaumie telle qu'elle est. Vous, qui connaissez les choses du journalisme mieux que moi, vous lui ferez comprendre comment, tout en ayant un excellent journal, M. La Guillaumie ne peut pas, en ce moment, distraire de son entreprise une assez grosse somme, et j'espère que par la persuasion aussi bien que par la fermeté, nous l'amènerons à renoncer à la mise à exécution de ses menaces.

Badoulleau tenait à son moyen de procédure qui devait rouler les entrepreneurs; cependant, à la fin, il se laissa convaincre.

— Au fait, si la conciliation échoue, il sera toujours temps d'employer le moyen de procédure.

Ils allèrent donc chez Riffaut.

Mais Riffaut était parti en voyage; il ne reviendrait que le mercredi.

Badoulleau voulait qu'ils attendissent ce retour, car Riffaut était la tête, et c'était lui qui menait les autres; mais François fit remarquer que le plus sage était de tâcher de profiter de cette absence de Riffaut pour gagner ces autres qui ne se laisseraient plus mener.

Ce fut donc à faire ces visites qu'ils employèrent les journées du lundi et du mardi; mais ils n'obtinrent pas grand'chose, car en paysans qu'ils étaient, les entrepreneurs ne voulurent jamais répondre ni oui, ni non.

— Il faut attendre Riffaut. Ce que fera Riffaut, nous le ferons.

— Faudra voir.

— Le temps ne presse pas.

Chacun eut son mot différent, mais chez tous la conclusion fut la même :

— Mercredi n'est pas loin.

Comme ils rentraient le mardi soir à la pension, au moment où le soleil allait se coucher, ils se trouvèrent à la porte avec l'abbé Commolet, qui arrivait à pas pressés, crotté jusqu'aux hanches, bien qu'il eût retroussé haut la queue de sa soutane. Plus que jamais il portait avec précaution son fameux parapluie.

— Quoi de nouveau? demanda le curé en les regardant avec inquiétude.

— Mais rien, répondit Badoulleau; cependant je crois que le temps va se mettre au froid.

— C'est de cette pauvre madame La Guillaumie que je veux parler, dit le curé en hésitant, relativement... aux huissiers.

— Rien n'est encore commencé.

— Dieu soit béni! s'écria l'abbé, j'arrive à temps.

Mais Badoulleau, sans prêter attention à cette exclamation, raconta leurs démarches de ces deux journées.

— Alors, demain est le grand jour? demanda l'abbé.

— C'est demain qu'il faudra aborder ce terrible Riffaut.

— Si on avait un acompte à lui proposer, cela faciliterait l'arrangement, n'est-ce pas? demanda le curé.

— Dites que cela l'assurerait, répondit Badoulleau.

Sans répondre, l'abbé Commolet fouilla dans son parapluie, et, avec soin, il en tira sa flûte enveloppée dans son étui; puis, ayant dénoué le cordon qui attachait cet étui, il en sortit un papier plié et ficelé qu'il tendit à Badoulleau.

— Qu'est-ce que c'est que ça?

— L'acompte. Quatre mille francs. J'avais une petite rente que j'ai pu vendre, et je suis heureux d'en mettre le capital à la disposition de cette bonne madame La Guillaumie. Vous lui direz que c'est l'aide d'un ami, qui se fera connaître plus tard... quand ses affaires seront arrangées. Comme cela elle ne pourra pas refuser. C'est la Providence qui m'a fait vous rencontrer; je n'aurais jamais osé lui proposer cette petite somme.

Et il fit un pas pour s'en aller; mais François le retint en lui prenant le bras :

— Non, monsieur le curé, vous ne vous en irez pas; vous remettrez vous-même cet argent à madame La Guillaumie; vous verrez qu'il ne lui viendra même pas à l'idée de refuser ce qui est offert par un brave homme comme vous.

XXVII

Ce fut par l'abbé Colombe que madame André et madame Charles apprirent comment madame La Guillaumie était sortie de ses embarras d'argent.

— M. le curé de Goulaine a fait cela !

— Oui, madame. Tout ce qu'il possédait, l'héritage de ses parents. Alors comme à cette somme M. François Néel en avait ajouté une autre, les entrepreneurs se sont trouvés recevoir près de la moitié de ce qui leur était dû, et naturellement il n'a plus été question de poursuites. C'est là un sujet de grande satisfaction pour ceux qui s'intéressent à cette bonne madame La Guillaumie.

Pour les deux sœurs, ce fut un sujet de grande humiliation.

— Quelle leçon, ma sœur ! dit madame Charles, lorsque le doyen fut parti.

Madame André ne répondit rien, car ce n'était pas elle qui avait eu l'idée de refuser le prêt que le doyen était venu leur demander, et il ne lui convenait pas de rejeter sur sa sœur la responsabilité de ce qui arrivait.

— C'est Dieu, continua madame Charles, qui, pour notre punition a inspiré cette action généreuse à ce pauvre curé de village. J'ai eu la conscience troublée par l'impatience. Je n'ai vu que ce mariage.

— Tu n'es pas seule responsable ; ma part est égale à la tienne.

— C'est moi qui ai refusé le doyen.

— J'aurais dû t'interrompre.

La responsabilité de leur faute qu'elles se partageaient ainsi n'était pas le seul tourment que leur eût causé la visite du doyen.

Pendant quelques jours, elles s'étaient habituées à l'idée que, sous la pression des huissiers, Marianne allait réfléchir. En voyant la misère et la ruine de ses parents, elle comprendrait qu'elle n'avait qu'un mot à dire, et, ce mot, elle le dirait sûrement. N'était-elle pas une bonne fille, pleine de cœur ? N'aimait-elle pas tendrement sa mère et son père ? Elle sentirait, si elle ne les avait pas encore compris, les avantages de ce mariage, et, aux nouvelles propositions qui lui seraient adressées en temps opportun par l'abbé Colombe, elle serait heureuse de répondre oui.

Mais voilà qu'il n'était plus question de ruine et de misère, et que tout ce beau plan s'évanouissait, ne leur laissant qu'un lourd remords.

— Qui sait ce que nous aurions obtenu si nous leur étions venues en aide ? dit madame Charles ; ils sont sauvés et ils ne le sont pas par nous. Comment reprendre ce mariage et par quel moyen maintenant ?

Ce fut la question qu'elles agitèrent, se répétant vingt fois le même mot :

— Comment ?

Et cependant plus que jamais il fallait marier Thierry, et le marier tout de suite.

Ce fut alors que madame André proposa de renoncer à Marianne et de se rabattre sur une des filles du marquis de la Hallouse, à laquelle elles avaient pensé déjà bien des fois.

Ce marquis de la Hallouse, le représentant d'une des bonnes familles du pays, riche autrefois, mais tombé dans la gêne et même presque dans la misère, était le père de trois garçons et de neuf filles. Tandis que les garçons étaient l'un à Saumur, les deux autres au séminaire, les filles habitaient avec leur père un vieux château délabré, entouré d'une ferme que le marquis faisait valoir lui-même, et dont les terres, épuisées et ruinées par un système de culture qui leur prenait toujours sans jamais leur rien rendre, étaient un continuel sujet de plaisanteries pour les paysans de la contrée. Élevées par leur père ou plutôt près de leur père, ces filles n'avaient eu d'autre éducation que celle qu'avait pu leur donner le curé de leur village, qu'elles avaient désespéré par leur indocilité et leur inattention. Aucune en effet n'avait de dispositions pour l'étude ; toutes en avaient, au contraire, de remarquables pour la chasse, l'équitation, la natation, la danse, les exercices qui demandent de la force, et permettent de se dépenser. Deux seulement, sur les neuf, étaient mariées, non les aînées, mais la seconde et la quatrième, qui, plus audacieuses ou plus chanceuses que leurs sœurs, avaient trouvé des maris dont elles avaient eu la résignation de se contenter faute de mieux. Quant aux autres, elles attendaient, l'aînée ayant vingt-huit ans, la dernière en ayant quinze. Et en attendant elles se faisaient promener par leur père à tous les marchés et à toutes les foires où il allait vendre ses bestiaux ou ses grains. Comme il n'avait plus qu'une voiture à quatre places, c'était trois par trois qu'il les emmenait; on était de la première, de la seconde ou de la troisième série. Pendant que M. le marquis était à la halle aux grains ou au marché aux veaux, on voyait les trois demoiselles de la Hallouse se promener dans les rues, de front ou à la file. Ne sachant que faire, bien souvent elles restaient des heures entières devant les étalages des magasins, n'ayant que trop rarement assez d'argent en poche pour oser entrer, ou bien, lasses d'attendre, elles rentraient à l'auberge et allaient de ci de là dans la cour au milieu des charrettes dételées jusqu'au moment où leur père se décidait à revenir. Alors on remontait en voiture, et l'on repartait en causant des rencontres qu'on avait faites, des toilettes qu'on avait vues, se demandant tout bas si l'on n'avait pas été remarquée par un futur mari valant mieux que les deux beaux-frères, qu'on méprisait dans la famille, l'un n'étant qu'un garde général, l'autre qu'un simple employé dans les haras, ayant tous deux la particule, il est vrai, et un titre, mais sans autre fortune que leur traitement plus que modeste.

Malgré ces exhibitions, ou peut-être même à cause

de ces exhibitions, les futurs maris ne s'étaient pas présentés, et les sept filles du marquis de Hallouse continuaient à se promener inutilement, attendant toujours et cherchant.

Dans le nombre il y en avait deux qui étaient vraiment fort jolies et qui, à l'air déluré et à la santé exubérante de leurs sœurs, joignaient quelque chose de plus doux et de plus féminin.

C'était par là qu'elles avaient attiré l'attention, et jusqu'à un certain point, gagné la sympathie de madame André et de madame Charles, quand celles-ci les avaient vues dans les grandes cérémonies qu'on célébrait à l'église, et auxquelles elles ne manquaient jamais d'assister, sinon toutes ensemble, au moins par séries.

Certainement celles-là seraient heureuses d'être choisies par Thierry, sans qu'on eût à craindre qu'aucune d'elles répondît par un refus.

Mais quand madame André prononça le nom de la Hallouse, en faisant remarquer que pour marier Thierry tout de suite il fallait se résigner à de durs sacrifices, madame Charles se récria.

— Nous en avons fait de grands déjà en acceptant mademoiselle La Guillaumie ; mais au moins en échange nous trouvions à ces sacrifices des compensations certaines : la douceur, la droiture, la pureté, la bonne éducation, la simplicité dans les goûts, la modestie dans le caractère de la jeune fille, la régularité de vie bourgeoise chez les parents. Ces qualités ne sont pas, je crois, celles des demoiselles de la Hallouse ; ce n'est pas à courir les marchés et les foires qu'on acquiert la bonne éducation et la modestie. Quant au père, ce n'est pas un modèle de régularité, lui qui s'est ruiné et qui a ruiné sa famille.

— M. La Guillaumie ne me paraît pas avoir enrichi la sienne.

— Cela est vrai; mais enrichir les siens est une chose, les ruiner en est une autre. Et puis il n'y a pas que le père qui est effrayant : il y a les beaux-frères, qui tous deux mènent l'existence joyeuse, bien que n'ayant aucune fortune. Vois-tu à quoi Thierry, le riche héritier de la maison Dubuquois, serait exposé dans ce milieu et comme on tâcherait de s'emparer de lui? Qu'on lui fasse faire de grosses dépenses, c'est déjà quelque chose, mais enfin avec sa fortune ce ne serait pas un mal irréparable. Tandis qu'il y en aurait un à ce qu'on l'associât à cette existence joyeuse. Que deviendrait-il en pareille compagnie?

Madame André baissa la tête sans répondre.

— Ce n'est pas pour cela que nous voulons le marier, continua madame Charles, et s'il ne doit pas trouver une direction dans le mariage, nous n'avons qu'à le garder avec nous, sans penser à le marier. C'est parce que mademoiselle La Guillaumie me paraît capable d'exercer heureusement cette direction que je tiens tant à elle.

— Et moi aussi je tiens à elle; mais cela ne fait pas que nous puissions réaliser notre désir. Ce n'est que faute de mieux que j'ai pensé aux filles de M. de la Hallouse, sous le coup de l'effroi qui me serre le cœur quand je vois Thierry seul dans la vie, sans femme, sans enfants.

Le malheur qui l'avait si souvent frappée avait habitué madame André à la résignation ; cependant en face de cette impuissance à assurer le bonheur de son fils, il lui échappa un cri de révolte :

— Et avec notre fortune nous ne pouvons rien sur cette jeune fille, dit-elle, n'est-ce pas misérable ?

— Eh bien, oui, s'écria madame Charles après un moment de réflexion, nous pourrons quelque chose. Ton cri me montre ce que nous avons à faire.

— Tu as une idée ?

— Tout n'est pas fini ; notre fortune servira à quelque chose.

— Que veux-tu.

— Si M. La Guillaumie n'a pas pu payer les dettes de sa femme, qui sont les siennes, puisque c'est lui qui a commandé ces constructions, c'est que son journal n'est pas dans cette situation prospère que disait le *Narrateur*. Si la femme a des besoins d'argent à Hannebault, le mari doit en avoir d'autres à Paris, et de plus grands, dont quelques amis ne peuvent pas le débarrasser, comme cela s'est fait ici. Eh bien, c'est à nous de tirer parti de ces besoins, et de telle sorte qu'il ne puisse s'acquitter envers nous qu'en donnant sa fille à Thierry. Mais comme c'est là notre dernière ressource, je crois que nous ne devons la risquer qu'en nous entourant de toutes les précautions. C'est pour cela que je te propose d'écrire au général et de l'appeler en conseil de famille.

XXVIII

Quand le général Rœmel reçut la lettre de ses sœurs, il était à Paris, employant les derniers mois qui lui restaient, avant d'être envoyé en province, à réunir les notes et les documents nécessaires à un ouvrage de critique militaire auquel il travaillait depuis plusieurs années déjà.

Au moment où on lui remit cette lettre, il déjeunait pour s'en aller à la Bibliothèque nationale où il travaillait tous les jours de dix heures du matin à quatre heures du soir, plus exact, plus appliqué qu'un jeune homme qui n'a que le travail pour faire sa vie.

En reconnaissant l'écriture, il eut un sourire de contentement, car il aimait tendrement ses sœurs et, dans son existence solitaire, c'était pour lui une joie réelle de recevoir de leurs nouvelles. Repoussant son assiette, il déchira vivement l'enveloppe et, se posant les coudes sur la table, il se mit à lire.

Mais aux premiers mots, son sourire s'effaça.

— Que j'aille à Hannébault, murmura-t-il ; parce

que je suis à Paris, elles s'imaginent que je n'ai rien à faire.

Il continua sa lecture, mais tout de suite il l'interrompit de nouveau.

— Thierry! Ah! l'animal.

S'il n'avait que des sentiments de tendre affection pour ses sœurs, ceux qu'il éprouvait pour Thierry n'étaient pas du tout de même nature.

— L'animal!

C'était le mot qui lui venait toujours aux lèvres lorsqu'il pensait à son neveu. Malgré lui, il avait reporté sur le fils la colère et le mépris que le père lui avait inspirés pendant tant d'années. Et c'était précisément l'affection qu'il avait pour ses sœurs qui rendait cette colère et ce mépris beaucoup plus vifs.

— Les malheureuses femmes! disait-il toujours en pensant à elles.

Et alors sa colère et son mépris pour Thierry s'exaspéraient. Il avait beau se dire que Thierry était le fils de son père, cela ne parvenait point à le rendre ni indulgent ni juste.

— L'animal!

Elles étaient rares, les heures où il s'apitoyait sur lui, et où l'animal devenait le « pauvre bougre ».

Encore n'était-ce que lorsqu'il ne le voyait point, car aussitôt qu'il se trouvait devant lui, c'était la sévérité qui reprenait le dessus. Il avait beau s'efforcer à l'indulgence et à la pitié, ses résolutions ne tenaient pas. Thierry paraissait, indulgence et pitié s'évanouissaient; il ne voyait plus en lui que le bourreau de ces deux malheureuses femmes, et il le traitait en conséquence.

Combien de fois lui avait-il reproché son vice et sa lâcheté, terrible dans son indignation !

— Tu veux donc faire mourir ta mère et ta tante, animal ! Tu veux donc nous déshonorer tous ?

Bien qu'il fût ordinairement calme et doux, le général Rœmel, avec quelque chose de tendre dans le regard et la voix, un abord ouvert et des manières polies, il y avait des moments où l'on retrouvait en lui le soldat qui, plus d'une fois, avait su entraîner ses hommes en faisant passer en eux la flamme qui était en lui. Dans ces scènes de reproches, c'étaient les assauts de cette énergie que Thierry avait à subir, et ils l'anéantissaient si complètement que, devenu homme, il était toujours resté enfant devant son oncle, ne répliquant rien, accablé, atterré.

Une seule fois il avait osé, sinon se défendre, au moins répondre. Comme le général, dans son indignation, lui disait :

— Si tu étais mon fils, sais-tu ce que je ferais ? Eh bien, je te mettrais un revolver à la main et je te dirais : « Fais-toi sauter la cervelle. »

Thierry, au lieu de baisser la tête, l'avait relevée, soutenant le regard de son oncle :

— Donnez-le-moi, ce revolver, dit-il, et si vous me promettez de consoler ma mère et ma tante, je vous jure que ma main ne tremblera pas.

La réponse avait été faite d'un ton si ferme, que la colère du général était tombée : il était sincère, le pauvre bougre, et pendant un certain temps il avait eu pour lui plus de compassion que de sévérité.

C'était alors qu'il avait fait son voyage en Amérique, et que, frappé des résultats obtenus dans quelques hôpitaux d'ivrognes, il avait eu l'idée d'essayer ce traitement sur Thierry; si ce traitement ne réussissait point, au moins les malheureuses femmes auraient-elles deux années de tranquillité.

Les lettres qu'il avait reçues de ses sœurs depuis le retour de Thierry à Hannebault, en lui faisant croire à la guérison, avaient singulièrement adouci ses sentiments à l'égard du pauvre bougre.

Ivrogne, Thierry n'était que le bourreau de deux femmes qu'il aimait; guéri, il devenait son neveu. N'était-il pas le fils de sa sœur et en fin de compte son héritier?

C'était dans ces dispositions qu'il se trouvait au moment où il avait reçu la lettre qui le priait de venir à Hannebault pour y tenir un conseil de famille qui devait assurer le bonheur de Thierry; et tout de suite cette seule demande avait changé ses dispositions.

Il n'était donc pas guéri, Thierry, qu'il fallait un conseil de famille pour s'occuper de son bonheur?

Que diable voulaient-elles qu'il fît? Il avait tout essayé; rien n'avait réussi. Il ne pouvait pas, cependant, recommencer l'offre du revolver, car si Thierry se tuait, sa pauvre mère assurément ne se consolerait pas, et même, peut-être, ne survivrait pas à son fils.

Son bonheur! de quel bonheur voulaient-elles

parler ? Elles n'avaient pas l'idée de le marier, bien sûr ! Elles étaient trop sages, trop raisonnables pour former un pareil projet. Ce serait de la folie.

Il avait pensé un instant à répondre en demandant ce qu'elles attendaient de lui et pourquoi elles l'appelaient à Hannebault, mais il ne s'était point arrêté à ce moyen de gagner du temps. Si ses sœurs invoquaient son aide, c'est qu'elles avaient besoin de lui ; dès ors il ne devait point leur marchander son concours, pas plus qu'il ne devait le faire valoir. Il savait ce qu'il était pour ses sœurs, la confiance et la foi qu'elles avaient en lui, si grandes et si absolues que lorsqu'elles avaient dit : « Mon frère ! » c'était pour elles presque l'équivalent de : « Mon Dieu ! »

Il irait à Hannebault, si désagréable que lui fût en ce moment un voyage qui le distrayait de ses recherches ; en partant tout de suite, c'était l'affaire d'un jour et d'une nuit en chemin de fer ; il pourrait être de retour le lendemain.

Au lieu d'aller à la Bibliothèque, il se fit conduire à la gare d'où il envoya une dépêche à ses sœurs pour les prévenir de son arrivée et demander qu'on vînt au-devant de lui.

Ce fut Thierry qu'il trouva, l'attendant.

— Nous avons été bien heureux en recevant votre dépêche.

— Ah !

— C'est une bonne surprise que vous nous faites, surtout en cette saison.

Ses sœurs s'étaient donc cachées de Thierry pour

lui écrire. Alors toute idée de mariage devait être écartée, car il n'était guère vraisemblable d'admettre qu'elles voulaient marier Thierry sans que celui-ci eût été consulté.

Cela rassura le général, car, en chemin de fer, examinant de nouveau les raisons pour lesquelles on pouvait l'appeler à ce conseil de famille, il était revenu à cette idée de mariage, et cela lui avait paru le dernier degré de l'extravagance. C'était pour lui un soulagement de penser qu'il n'aurait pas de lutte à soutenir avec ses sœurs pour empêcher cette folie.

Mais alors que voulaient-elles de lui, et pourquoi le faisaient-elles venir ?

Assurer le bonheur de Thierry !

Quel bonheur !

Était-ce de sa fortune, de sa santé qu'il s'agissait ?

Sa fortune, il n'y avait pas à s'en inquiéter, il ne serait que trop riche.

Sa santé ?

Alors il voulut l'examiner ; mais il faisait nuit sombre, et dans le coupé qui les menait à Hannebault, c'est à peine s'il voyait le blanc des yeux de Thierry.

Cela ne suffisait pas pour juger son état.

Il le fit causer, ou tout au moins il essaya de le faire causer, ce qui n'était pas facile, car si Thierry, ne se livrait guère avec sa mère et sa tante, il se livrait bien moins encore avec son oncle, qu'il craignait.

Quand ils arrivèrent à Hannebault, il n'avait rien appris, et il en était encore à sa même question :

— Que diable me veulent-elles ?

Il avait cru qu'il pourrait tout de suite s'entretenir avec ses sœurs et repartir le soir même ; mais au premier mot qu'il dit de ses intentions, il les vit tellement affligées et inquiètes, qu'il n'insista pas.

— Allons, ne vous fâchez pas ; je ne partirai que demain.

Et, son parti pris de ce retard, il voulut leur faire oublier le chagrin qu'il leur avait causé.

— Dînons, dit-il; ce soir, nous traiterons l'affaire qui m'amène et pour laquelle je veux vous consulter.

Puis, se mettant à rire ;

— Rassure-toi, Thierry, il ne s'agit pas de mon mariage, et tu ne seras pas privé de mon héritage.

Assis à table entre ses deux sœurs, il fut tout au plaisir de s'entretenir avec elles, de les entendre parler, de les regarder, et, s'il n'avait pas vu en face de lui les verres de Thierry toujours vides, il aurait sans doute oublié qu'après ce dîner, pour lui joyeux, allait se tenir un conseil de famille dans lequel devait se décider le bonheur du « pauvre bougre ».

Après le dîner, Thierry ne resta que peu de temps dans le salon, et discrètement il se retira.

— Eh bien, maintenant, demanda le général, quand la porte fut fermée, dites-moi, je vous prie, pourquoi vous me faites venir.

— Pour que tu nous aides à marier Thierry, répondit madame Charles.

Marier Thierry ! s'écria-t-il.

Madame André, qu'il regardait, fit un signe affirmatif.

— Vous êtes folles

XXIX

A la suite de l'exclamation du général, il y eut un moment de silence. Il s'était levé, et il marchait dans le salon de ci de là, tandis que ses sœurs, assises l'une à côté de l'autre, restaient devant la cheminée, n'osant pas se regarder, osant encore bien moins regarder leur frère.

Tout d'abord, il avait été au fond du salon, et c'était là qu'il marchait, mais à chaque tour il se rapprochait un peu d'elles en les examinant à la dérobée, et dans son regard la commisération remplaçait peu à peu la colère.

Tout à coup il s'arrêta près d'elles et leur tendant la main :

— Pardonnez-moi, dit-il, je n'aurais pas dû parler ainsi à des femmes comme vous. Vous savez que je ne suis pas maître de mon premier mouvement. Expliquons-nous. Que voulez-vous? Marier Thierry. Vous me l'avez dit. Je ne comprends pas.

— Cependant cela est bien simple, répondit madame Charles.

— Simple! Enfin explique.

— Thierry nous est revenu d'Amérique guéri, comme tu le sais, et un tout autre homme; il s'est mis au travail, et si bien qu'il pourrait prendre la direction de la maison.

— J'espère que vous ne ferez pas cette sottise.

Puis, revenant sur ce cri qui lui avait échappé :

— Ce n'est pas avec une expérience de quelques semaines que Thierry peut être en état de diriger la maison.

— Il n'en est pas question, rassure-toi, dit madame André.

Comme la plus grosse part de l'héritage que le général tenait du père Rœmel était engagée dans les établissements d'Hannebault, son observation pouvait avoir l'air d'être dictée par son intérêt personnel ; il ne voulut point qu'il en fût ainsi.

— Ce n'est pas pour moi que je m'inquiète, dit-il, c'est pour l'honneur de la maison, c'est pour Thierry. Vous savez bien que, pour l'usage que je fais de la fortune, j'en aurai toujours assez.

Puis, s'adressant à madame Charles :

— Continue.

— Pour que Thierry ne soit pas exposé à des rechutes... toujours possibles, nous croyons qu'il doit se marier, afin d'avoir près de lui une femme qui le retienne si un jour il vient à faiblir.

— Et cette femme ?

— C'est une jeune fille d'ici fort jolie, intelligente, instruite, bien élevée, mais sans aucune fortune, mademoiselle La Guillaumie. Thierry l'aime.

— Et elle n'aime pas Thierry, interrompit-il. Alors que puis-je à cela?

— C'est-à-dire, poursuivit madame Charles, que la famille, croyant que Thierry est encore l'homme qu'il était avant son départ pour l'Amérique, redoute ce mariage.

— Ce sont de braves gens.

— Justement; et voilà pourquoi nous tenons à ce que mademoiselle La Guillaumie soit la femme de Thierry. Tu vois que c'est une famille honorable : une jeune fille sans dot, des parents pauvres qui ne se laissent pas tenter par la fortune, cela offre des garanties.

— Et c'est pour vaincre ces scrupules que vous m'appelez?

— Mon fils aime cette jeune personne, dit madame André, et comme elle réunit toutes les qualités qui peuvent le rendre heureux nous croyons devoir tout faire pour que ce mariage réussisse. Voilà pourquoi nous t'avons appelé, pour que tu nous aides à sauver Thierry, comptant sur ton affection pour nous, sur ton amitié pour lui.

Comme il les regardait sans répondre, ses yeux allant de l'une à l'autre, madame Charles continua :

— Tandis que madame La Guillaumie est maîtresse de pension ici, le père vient de fonder un journal à Paris : « *la France libre* », qui n'est pas dans une très bonne situation financière. Ce que nous attendons de toi, c'est que tu te mettes en relations avec M. La Guillaumie, ce qui est facile en prenant des actions dans son affaire, et alors de cette association d'intérêts, il en résultera tout naturellement une autre plus intime.

Et elle expliqua comment elle entendait cette association.

— Ah ! vraiment ! dit le général.

De nouveau il se mit à arpenter le salon à pas saccadés, en mordant sa moustache grisonnante.

Brusquement, il s'arrêta devant sa sœur aînée.

Depuis plus de trente ans, dit-il, depuis ton mariage, il ne s'est pas écoulé un jour qui, pour toi, n'ait eu sa souffrance, son humiliation et son effroi. Ta vie a été un martyre et si cruel, que toi forte et belle, fille d'un père et d'une mère robustes, tu es devenue la pauvre femme débile et nerveuse, qui est là, tremblante devant moi, incapable d'affronter une discussion d'un cœur ferme, même avec un frère dont tu connais la tendresse.

— Eugène ! dit madame Charles.

Il ne se laissa pas interrompre.

— Est-ce pour me charger d'une commission que vous m'avez fait venir? dit-il, ou bien est-ce pour que nous tenions entre nous un conseil de famille ? Si vous voulez que je sois simplement votre commissionnaire, je le serai ; si vous voulez que nous tenions conseil, écoutez-moi. Je dis que l'existence de cette pauvre femme, — il montrait madame André avec un geste de pitié désolée, — a été un martyre, et je ne comprends pas que, elle qui sait mieux que personne ce que sont les souffrances et les humiliations d'une femme mariée à un ivrogne, veuille imposer à une autre le supplice qui l'a torturée.

— Thierry n'est pas un ivrogne ; si tu pensais qu'il ne pouvait pas guérir, tu ne devais pas nous conseiller de l'envoyer en Amérique.

— Pour combien de temps est-il guéri ? Toute la question est là. Vous sentez vous-mêmes combien sa guérison est fragile, puisque vous voulez le marier, « afin qu'il ait près de lui une femme qui le retienne si un jour il vient à faiblir ». N'est-ce pas cela même que vous me disiez tout à l'heure ?

— C'est un devoir pour moi de marier Thierry, alors que je suis convaincue que le mariage peut le sauver, un devoir que m'imposent ma religion et ma maternité.

— Et moi je vous dis que c'est un crime sur les conséquences duquel la maternité chez toi, — il s'adressa à madame André, — et chez toi, — il se tourna vers madame Charles, — la tendresse d'une femme qui n'a d'autre enfant à aimer que le neveu qu'elle a élevé, vous aveugle en troublant votre conscience, mais que je vois, moi, et que je dois vous montrer, si pénible que soit le rôle que vous m'obligez à prendre. Ce n'est pas seulement pour que Thierry ait une femme, n'est-ce pas, que vous voulez le marier, c'est aussi pour qu'il ait des enfants.

— Sans doute, répondit madame Charles, il est bon qu'il ait la responsabilité de la famille.

— Eh bien, savez-vous ce que sont les enfants d'ivrogne ? Il faut que je vous le dise, puisque l'exemple, qui devrait vous ouvrir les yeux, ne vous frappe pas, puisque Thierry, fils d'ivrogne et fatalement condamné à l'ivrognerie par l'hérédité, ne vous fait pas reculer à la pensée de ce que seront ses enfants. Quand les descendants d'ivrognes ne sont pas ivrognes eux-mêmes, ils sont épileptiques, sourds-muets, scrofuleux. Les uns naissent imbéciles ou idiots ; les autres, qui tout d'abord semblent avoir échappé à la dégénérescence héréditaire, s'arrêtent à un certain âge et ne sont plus capables de rien ni intellectuellement ni physiquement. Ce que j'avance là, je le sais pour l'avoir appris dans les ouvrages qui traitent de l'alcoolisme, et les statistiques que j'ai retenues sont effroyables. Un ivrogne a quatre fils : le premier est ivrogne, le second est épileptique, les deux derniers sont idiots, un autre a seize enfants ; quinze ne dépassent pas l'âge de trois ans, le dernier est scrofuleux. Un autre se marie deux fois. De sa première femme il a seize enfants : quinze meurent avant un an, le survivant est épileptique ; de sa seconde, il a huit enfants : sept meurent de convulsions, le survivant est scrofuleux. Voulez-vous que je continue ? Je le peux, car ces exemples terribles ne sont pas sortis de ma mémoire.

— Ne dis pas cela, Eugène, s'écria madame Charles.

— Ce n'est pas moi qui parle, c'est la science.

— Ta science se trompe ; elle nous blesse autant dans nos sentiments que dans nos croyances : tu sais que nous sommes des femmes pieuses.

— Et c'est là ce qui me stupéfie. Que des égoïstes, des méchants, des gens qui ne pensent qu'à eux forment un pareil projet, cela est tout naturel ; mais que vous, d'honnêtes femmes, pieuses, bonnes, au cœur haut, à l'esprit ouvert, vous ne pensiez pas à l'existence effroyable de la femme et de la mère qui aura Thierry pour mari et pour père de ses enfants, voilà ce qui pour moi est incompréhensible. L'amour de la famille atrophie-t-il donc le sens moral ? N'y a-t-il de conscience que chez les indifférents ?

Ce fut madame André qui répondit tristement, mais cependant avec fermeté :

— Eugène, tu nous connais peu, si tu nous crois capables de vouloir faire le malheur d'une jeune fille en la mariant à Thierry. Si nous avions la certitude que la science est infaillible, il ne se marierait jamais, au moins par notre fait. Mais ce que tu dis nous ne le croyons pas, car pour nous, femmes pieuses, il est impossible d'admettre que les enfants qui naîtront de Thierry soient fatalement condamnés à l'ivrognerie, à toutes les maladies, à la mort, comme tu le dis et comme ta science l'enseigne. Car cela, ce serait douter de la justice de Dieu. Comment veux-tu que nous, qui croyons à cette justice et à cette bonté infinie, nous admettions que des enfants qui ne sont pas nés encore, soient déjà condamnés ?

Le général connaissait trop bien la foi de ses sœurs pour dire un mot qui pût la blesser.

— Je vous ai fait entendre, dit-il après un moment de silence, les raisons qui, selon moi, s'opposent au mariage de Thierry. C'était mon devoir et je l'ai rempli, si douloureux qu'il ait été. Restons-en là. Vous pèserez ces raisons dans le calme de la nuit, et demain vous me direz si vous persistez dans votre projet. Si oui, je ferai auprès de M. La Guillaumie les démarches que vous me demanderez. Je blâme ce mariage, mais je ne veux pas prendre la responsabilité de l'empêcher, si toi, sa mère, tu ne te sens assez forte pour prendre celle d'en poursuivre la réalisation. Je ne veux pas que vous m'accusiez d'avoir empêché le bonheur de Thierry. A demain donc.

XXX

Le général était un matineux, il se leva d'autant plus tôt, le lendemain, qu'il avait plus mal dormi la nuit, pensant à Thierry et au projet de ses sœurs, s'interrogeant dans sa conscience pour savoir s'il n'avait pas eu tort de leur promettre son concours. N'était-il pas absurde à lui de s'associer à une chose qu'il blâmait ? Marier Thierry, lui acheter une femme, le beau rôle !

Quand il descendit de sa chambre, il faisait à peine petit jour, et dans l'aube pâle, les fenêtres des trois corps de fabrique jetaient des lueurs rouges, les hautes cheminées déroulaient de gros tourbillons de fumée noire, les métiers ronflaient, et, du côté des écuries, on entendait le meuglement des bœufs qu'on attelait aux voitures qui allaient partir.

Il hésita un moment sur ce qu'il pouvait faire, car personne encore n'était levé dans la maison : ni ses sœurs ni Thierry. Comme il restait indécis, regardant le brouillard qui flottait au-dessus du cours de la rivière, une cloche tinta ; la messe sonnait à l'église.

Cette sonnerie lui donna l'idée d'aller voir l'abbé Colombe et de l'interroger sur cette jeune fille que Thierry aimait; c'était aussi un matineux que le doyen, il n'y avait pas à craindre de le déranger. En faisant la part de la bienveillance et de la prudente réserve du doyen, il verrait bien si cette jeune fille était vraiment la merveille que disaient ses sœurs. Et de tout cœur il souhaitait qu'il en fût ainsi, car si elle était cette merveille, elle ne se laisserait assurément pas tenter par la fortune qu'on lui montrait et le mariage manquerait comme une fois déjà il avait manqué ; alors même que le père, gagné par l'argent, accepterait Thierry pour gendre, la fille bien certainement ne voudrait pas de lui pour mari, et le temps est loin où l'on marie les filles malgré elles.

Il se mit en route.

Comme il marchait assez doucement pour ne pas arriver trop tôt, il entendit un bruit de pas précipités derrière lui, comme ceux de quelqu'un qui aurait voulu le rejoindre.

Il se retourna, et dans la vapeur il vit venir un homme aux larges épaules, vêtu de gris, coiffé d'un bonnet de loutre, et portant très ostensiblement collé sur sa poitrine un gros livre de messe, — Strengbach.

— Ah! c'est vous, monsieur Strengbach, dit le général.

Strengbach s'était arrêté les pieds sur la même ligne, la pointe en dehors, les jarrets rapprochés, et bombant la poitrine, effaçant les épaules, il leva la main à la hauteur de la tête.

— Salut, mon général.

Mais voyant que le général l'examinait, vivement il rapprocha sa main de son bonnet de loutre en montrant la paume.

— Vous avez fait partie du 18ᵉ corps pendant la guerre ? demanda le général.

— Oui, mon général ; j'étais dans les chasseurs *tes* Vosges.

— Alors vous avez connu le lieutenant Bernard ?

— Quel Bernard ?

— Bernard de Remiremont.

— Non.

— C'est étonnant.

Strengbach changea de conversation :

— Je me rends à la *drès* sainte messe, dit-il, c'est mon *hapitude te dous* les matins.

Comme le général continuait à l'examiner, il poursuivit :

— De loin, j'ai cru reconnaître mon général et alors j'ai *bressé* le *bas*.

Le général n'avait jamais aimé Strengbach, blessé par son obséquiosité, inquiété par ce qu'il y avait de louche en lui. Il l'avait toujours tenu à distance, mais bien entendu sans que celui-ci parût s'en apercevoir, redoublant au contraire d'obséquiosité, se faisant aussi petit, aussi humble, aussi prévenant que possible.

— Alors c'est pour m'accompagner que vous avez pressé le pas ? dit le général.

— *Bour fous endredenir*, mon général.

— Ah ! dit le général en le regardant de haut.

— Quand j'ai *abris* hier soir que *fous* étiez arrivé, continua Strengbach en marchant près du général de façon à bien se faire entendre tout en ne parlant qu'à mi-voix, j'ai eu la *bensée te fous vaire temanter* un *endredien* ; mais *j'ai eu beur* d'effrayer ces *ponnes tames...*

— Peur d'effrayer mes sœurs ! Que se passe-t-il donc ?

— Oh ! rien *te* grave, au moins *immétiadement*, mais c'est la situation générale qui est grave.

Et Strengbach expliqua à sa manière cette situation qui, selon lui, avait empiré d'une façon dangereuse depuis la laïcisation des écoles, votée par « ces canailles d'ouvriers ». N'avaient-ils pas l'infamie de rendre ces « *ponnes tames* » responsables des renvois qu'il avait fallu faire ! Et puis il y avait les meneurs qui prêchaient le désordre et le pillage. Jamais on n'avait vu des temps pareils.

— Enfin, mon général, moi qui *fous barle* et qui ne suis *bas beureux bourtant*, j'ai *beur*.

— Peur de quoi ?

— Je ne sais *bas*, au juste, *beur te dout* ; les esprits sont *drop* montés ; c'est la révolte, mon général. *Bour* la *tominer*, il *vaudrait* une main de *ver*, et ces *tames berdent dout* ; elles sont *drop bonnes* ; ces canailles comptent sur leur *ponté* qu'ils appellent *te* la faiblesse, et je suis *baralysé*. Je serais *plus vort* si j'étais seul. D'autre *bart*, je suis comme un officier qui a des femmes *tans* la *vorteresse* qu'il *téfend :* la *resbonsabilité* lui enlève son énergie. *Fous* me *tirez* que

M. Thierry a *bris* une grande *bart* dans la *tirection tes* affaires ; et ça été une grande joie *bour* moi ; mais M. Thierry est aussi *drop bon :* c'est le fils de sa mère.

— Enfin, demanda le général impatienté, que craignez-vous ?

— Je ne sais *bas*, mais j'ai *beur te* quelque mauvais coup ; ces gens-là veulent se venger, et quand les canailles veulent se venger, elles sont *cabaples te dout*.

— Se venger de quoi ?

— *Tes pontés te matame Antré et te matame* Charles.

— Eh bien, que voulez-vous que je fasse à cela ?

— Je ne sais *bas*, mais je *fous bréviens* ; je ne veux *bas*, si un malheur arrive, que *fous tiziez :* Strengbach, en qui j'avais confiance, ne m'a pas *brévenu*.

— Avez-vous peur qu'on mette le feu aux usines ?

— Je **ne** sais *bas*, ces canailles sont *cabaples te dout*.

Le général n'en put pas tirer autre chose : Strengbach avait peur, et il avertissait « son général ».

— Mais alors, selon vous, que faudrait-il faire pour améliorer cette situation ? demanda M. Rœmel.

— Je ne sais *bas*, car si ces *tames vont tes* concessions, les ouvriers croiront qu'elles ont *beur* et on ne *bourra blus* les mener.

Ils avaient traversé la ville dont quelques boutiques étaient déjà ouvertes, éclairées dans leurs profondeurs sombres par une chandelle ou une lampe fumeuse.

— Excusez-moi *te fous* quitter, dit Strengbach, je craindrais d'être en *redard bour* la messe.

— Est-ce M. le curé qui dit cette messe ? demanda le général.

— Non, c'est M. l'abbé *Tastu*, le second vicaire.

Et tandis que Strengbach montait la grande rue rapidement, le général le suivait sans se presser, se demandant ce que signifiait cette singulière communication et à quoi elle pouvait tendre. Peur, Strengbach ! Cela ne s'expliquait pas. Il semblait que c'était lui qui devait faire peur aux autres. Sans doute il voulait se faire valoir, en tâchant de prouver qu'on ne pouvait pas se passer de sa main de fer.

Le général ne s'était pas trompé en pensant qu'il trouverait le doyen levé ; en effet, il était depuis plus d'une heure dans son cabinet ; sans feu, éclairé par une chandelle, et enveloppé dans un vieux camail pour se préserver du froid.

— Monsieur le général Rœmel, à pareille heure ?

— Je n'ai pas voulu venir à Hannebault sans vous faire ma visite.

Au lieu de répondre le doyen avait couru à la porte.

— Eulalie, apportez une lampe et venez faire le feu, vite.

Ce fut seulement quand le feu commença à flamber, que le général, débarrassé de la présence de la gouvernante, put parler de mademoiselle La Guillaumie.

— Si je la connais ! Un vase de perfection !

Et l'abbé Colombe expliqua ce qu'il entendait par un vase de perfection.

Elle avait l'innocence, la modestie, la piété, l'humilité. Personne comme elle ne savait orner de fleurs l'autel de la sainte Vierge pour l'office du mois de Marie.

— Et est-elle jolie ? demanda le général.

Cette question déconcerta le doyen, en même temps qu'elle le mit mal à l'aise.

— Jolie ! Je ne sais pas. C'est une qualité qui m'échappe ; mais si vous le désirez, je m'informerai auprès de différentes personnes, et je vous ferai part de leur opinion.

— Je vous remercie, c'est inutile, répondit le général, qui ne put s'empêcher de sourire en se représentant l'abbé Colombe faisant une enquête auprès de différentes personnes pour savoir si mademoiselle La Guillaumie était ou n'était pas jolie, et n'ayant même pas la pensée de la regarder lui-même pour s'en assurer.

De l'éloge que fit le doyen, il résulta pour le général la conviction que si mademoiselle La Guillaumie, « ce vase de perfection », ne s'était point laissé séduire une première fois par la grande fortune de Thierry et par l'offre de la dot de cinq cent mille francs, elle ne céderait pas maintenant, quand même son père voudrait ce mariage. Ou bien c'était une honnête fille, qui mettait au-dessus de tout le respect de soi, ou bien elle aimait, et sa passion la rendait insensible à tout ce qui n'était pas son amour. Dans l'un comme l'autre cas elle ne voudrait jamais de Thierry — ce qui était l'essentiel.

Aussi le général rentra-t-il au chalet beaucoup plus tranquille qu'il ne l'était le matin en sortant.

Il devait partir après le premier déjeuner ; jusqu'au moment où l'on se leva de table il ne fut pas question de mariage entre lui et ses sœurs, ce qui d'ailleurs était impossible, Thierry assistant à ce déjeuner.

Ce fut seulement quand la voiture qui devait le conduire à la station vint se ranger devant le perron, qu'il put poser à madame André la question décisive :

— Que dois-je faire ?

— Tout pour gagner M. La Guillaumie à ce mariage.

FIN DE LA DEUXIÈME PARTIE

TROISIÈME PARTIE

I

S'imposer à La Guillaumie et surtout lui imposer la fortune des Dubuquois était une tâche qui déplaisait autant au général Rœmel qu'elle l'embarrassait.

Non seulement ce rôle de tentateur auprès d'un honnête homme qui avait montré de la délicatesse et de la fierté lui répugnait fort, mais encore il ne voyait pas du tout comment le remplir.

Pouvait-il de but en blanc aller trouver La Guillaumie et lui offrir de l'argent que celui-ci ne demandait pas? Cela serait absurde et le moyen le plus certain à coup sûr de faire manquer le mariage de Thierry. Si, comme il l'espérait, ce mariage ne se réalisait pas, au moins ne voulait-il pas que ce fût par son fait. Puisque, par tendresse pour ses sœurs, par pitié pour les angoisses de cette malheureuse mère si cruellement éprouvée, et aussi par faiblesse, il avait accepté de se charger de cette étrange négociation, son devoir était de s'en occuper consciencieusement, et il s'acquitterait de ce devoir. Ce ne serait pas sa faute si sa pauvre sœur avait le chagrin de voir son projet échouer misérablement devant le refus persistant d'une brave fille; il aurait fait le possible.

Mais il fallait entamer cette affaire, et c'était là justement le point délicat, ses sœurs ayant négligé de lui indiquer comment l'aborder.

— M. La Guillaumie est embarrassé; nous mettons des fonds à sa disposition; une fois qu'il aura puisé dans notre caisse, il sera à nous. C'est bien simple.

Pas si simple que ça, au moins pour commencer.

Les livres qu'il avait publiés l'avaient mis en relations avec quelques journalistes; il lui sembla que le mieux était de voir ceux qu'il pouvait interroger, et de tâcher d'apprendre d'eux quelle était au juste la situation de La Guillaumie; il aviserait d'après ce qu'on lui dirait.

— Un toqué, La Guillaumie.

— Une pauvre tête!

— Un enthousiaste! aussi jeune à cinquante ans qu'un garçon de vingt, qui ne sait rien de la vie et s'imagine de bonne foi que le monde l'attend pour tourner. L'esclave de son idée ou de sa billevesée, et leur sacrifiant tout, sans rien vouloir entendre. C'est ainsi que, n'ayant pas de capital, il a fondé son journal, convaincu qu'avant le sien il n'y avait pas de journaux et qu'il n'aurait pas plus tôt ouvert la bouche, que tout le monde l'écouterait. Il avait tant de choses à dire, et si neuves, et si hardies et si originales, et si utiles, non seulement en politique, mais aussi en littérature, en science, en bon sens, en tout! Et c'est une si grande force que celle que donne la foi en soi, qu'il a trouvé des gens pour l'écouter. Si son journal n'a pas éclipsé tous ceux qui existaient, il s'est cependant fait une place dans la mêlée; on le lit, on le cite, on le discute, il compte.

— Alors il va, ce journal? demanda le général, espérant déjà qu'il pourrait en rester là de sa négociation, devenue impossible si La Guillaumie n'avait pas besoin d'argent.

— Eh! non, il ne va pas, car un journal qui commence ne marche qu'à coups d'argent, et La Guillaumie, avec cette superbe confiance qui le caractérise, n'avait même pas de quoi payer son premier numéro quand il l'a fait paraître. Il serait mort déjà si les huissiers ne s'entendaient pour laisser vivre les créanciers, qui sont pour eux la poule aux œufs d'or. On poursuit La Guillaumie, mais au besoin on lui indique le moyen de traîner la procédure en longueur et même de la faire annuler, de façon à recommencer les frais. Ce qu'il n'a pas pu réussir, avant de publier son journal, réunir un capital, il tâche de le faire maintenant; il a mis son affaire en actions; malheureusement les actionnaires, malgré les avantages extraordinaires qu'on leur offre, ne paraissent pas disposés à vider leurs bas de laine dans la caisse de la *France libre*.

Décidément ses sœurs étaient bien informées: La

Guillaumie avait besoin d'argent et celui qui lui en apporterait serait le bienvenu.

Cependant le général ne voulut pas s'en aller porter tout simplement son argent ou plutôt celui de ses sœurs au bureau du journal. Il y avait quelque chose de si naïf dans le fait de se présenter en gogo à la caisse de la *France libre* qu'il eût été mal à l'aise devant les employés et qu'il n'eût pas pu s'empêcher de rougir. Et puis ce n'était pas cela que ses sœurs voulaient ; à l'association d'intérêts il fallait qu'il s'en joignît une plus intime, comme elles l'avaient dit.

Après avoir cherché et réfléchi, il arrêta un plan qui, lui semblait-il, devait amener ce résultat.

Il avait acheté un numéro de la *France libre* et il avait vu que les bureaux de l'administration et de la rédaction se trouvaient passage des Panoramas, galerie Montmartre.

Quand La Guillaumie avait rêvé qu'il aurait un journal à lui, il avait rêvé aussi des bureaux superbes qu'il louait sur le boulevard des Italiens ou sur la place de l'Opéra, de façon à prendre grandement possession de Paris, et il avait même engagé des négociations à ce sujet. Mais l'argent sur lequel il avait compté venant à lui manquer, il avait abandonné ce beau rêve et il s'était contenté de deux modestes boutiques de la galerie Montmartre dans lesquelles il s'était installé tant bien que mal. Certes, cela ne ressemblait en rien au bel appartement du boulevard, au balcon duquel on eût lu en lettres d'or : « *La France libre, directeur La Guillaumie* » ;

mais enfin cela coûtait moins cher, et cette considération avait son importance. Comment ne serait-on pas frappé de son esprit d'ordre et d'économie? Comment ne comprendrait-on pas qu'on pouvait avoir confiance en un homme qui consentait à s'enterrer galerie Montmartre?

Cependant ce n'était pas précisément la confiance que les bureaux de la *France libre* avaient inspirée au général Rœmel lorsqu'il avait poussé la porte d'entrée de la boutique où était installé le journal. Il avait peu fréquenté les bureaux de journaux, mais ceux où il avait jugé convenable d'aller déposer une carte après un article méritant un remerciement, ne ressemblaient guère à ceux de la *France libre*. Il s'était trouvé dans un long couloir étroit, fermé d'un côté par une cloison à grillage, et de l'autre par une cloison pleine montant du plancher au plafond; deux portes donnaient sur ce couloir, au-dessus de l'une on lisait : « *Administration* », au-dessus de l'autre, qui était entre-bâillée : « *Rédaction* ». Comme il n'y avait personne pour lui répondre, il s'était penché à un guichet ouvert dans le grillage qui mettait l'administration en cage, et il avait demandé s'il pouvait être admis auprès de M. La Guillaumie.

— Il est à déjeuner; il rentrera tout à l'heure.

Il y avait une vieille banquette recouverte de cuir noir au fond du couloir; le général s'était assis dessus, décidé à attendre; et, pour passer le temps, il s'était occupé à lire une grande affiche jaune placardée contre la cloison.

Elle annonçait la mise en actions de la *France*

libre et les mots en vedette qui sautaient aux yeux étaient bien faits réellement pour tenter les actionnaires.

SOCIÉTÉ ANONYME DE LA « FRANCE LIBRE »

Capital : 1,000,000 de francs.

Parts de fondateurs

Avantages. — Garanties.

Les avantages que pouvait donner cette affaire n'avaient pas d'intérêt pour le général, mais il n'en était pas de même des garanties qu'elle offrait ; il s'était donc levé pour lire de près cette partie de l'affiche. C'était simplement une comparaison entre la *France libre* et les journaux qui, ayant remboursé leurs actions plusieurs fois, donnaient des dividendes considérables. Comment la *France libre*, avec ses éléments de succès tout à fait exceptionnels, ne ferait-elle pas mieux que ces journaux ? Une action, c'était la fortune de la famille, la dot d'un enfant, l'assurance contre la misère ou la ruine.

La porte, en s'ouvrant, avait interrompu le général dans sa lecture ; il s'était retourné, croyant que c'était La Guillaumie qui arrivait ; mais bien qu'il ne le connût pas, il avait vu au premier coup d'œil que celui qui venait d'entrer ne pouvait pas être le rédacteur en chef de la *France libre*.

C'était un jeune homme de vingt-trois à vingt-quatre ans, à l'air affairé, portant sous son bras une grosse serviette noire qui paraissait bourrée de livres ou de papiers.

Il se pencha au guichet :

— C'est encore moi, dit-il avec un sourire aimable.

Et, posant sa serviette sur la table du guichet, il en tira une liasse de papiers.

— Ça, dit-il en se parlant à lui-même autant qu'il s'adressait à la personne placée derrière le guichet, c'est une signification du jugement par défaut dans l'affaire Letru, ça c'est une assignation en référé; ça c'est un commandement requête Filhol; ça c'est une dénonciation de saisie-arrêt...

— Est-ce que vous allez continuer longtemps comme ça! dit en riant celui qui était de l'autre côté du guichet.

— Mais oui; seulement si ça vous ennuie, je vous donne tout en bloc; tenez, prenez le tas.

Et il remit sa liasse dans la main qu'on lui tendait en ajoutant :

— Dites à M. La Guillaumie que demain la remise à quinzaine qu'il désire lui sera accordée, seulement qu'il n'oublie pas d'avoir quelqu'un à l'audience pour la demander. Nous ne voulons pas l'égorger, que diable !

— Pas d'un seul coup ; vous avez trop d'intérêt à faire durer la danse.

Et le clerc d'huissier sortit.

— Décidément j'arrive dans un mauvais moment, se dit le général en se rasseyant sur sa banquette.

Comment un homme qui est dans une pareille situation n'accepterait-il pas mon offre ?

Comme il réfléchissait à cela, un bruit de voix lui arriva par la porte entre-bâillée, celle de la rédaction.

— S'il ne me donne pas un acompte ce soir, je le lâche; j'en ai assez à la fin; je n'ai pas encore touché un sou.

— Ce n'est pas la peine de le demander, tu sais bien qu'il ne peut pas te le donner.

— Eh bien, qu'il me donne au moins un permis pour Nice; j'en tirerai cinquante francs.

La porte du passage s'ouvrit, c'était La Guillaumie.

II

A la façon dont La Guillaumie était entré délibérément, vivement, en maître, le général avait deviné qu'il avait devant lui le rédacteur en chef de la *France libre*, et se levant, il s'était présenté lui-même :

— Monsieur La Guillaumie, je suppose?
— Oui, monsieur.
— Je suis le général Rœmel; j'ai l'honneur de vous demander quelques instants d'entretien.

Depuis que les créanciers le tourmentaient, La Guillaumie voyait un ennemi dans tous ceux qui l'abordaient, et quand on venait à lui, son premier mouvement était de se mettre sur la défensive. Ce personnage à tournure militaire, assis sur cette banquette, d'où on le guettait si souvent, ne lui avait rien dit de bon tout d'abord. Un souscripteur? Était-ce possible! Le mandataire de quelque créancier? Cela était bien probable. Et son front s'était froncé. Encore une lutte à soutenir, des paroles inutiles à enfiler, du mauvais sang à se faire, quand il avait un article important à écrire, qui précisément demandait le calme et la liberté de l'esprit. Comment s'étonner qu'il allât souvent au delà de ce qu'il voulait dire, ainsi qu'on le lui reprochait justement ? Peut-on peser et envisager toutes les conséquences d'un mot quand on écrit dans la fièvre ?

Le nom du général l'avait rasséréné.

— Je suis à vous, général.

Et, le précédant, La Guillaumie lui avait ouvert la porte de la rédaction, où, autour d'une grande table en bois blanc couverte de journaux, deux rédacteurs travaillaient, un tout jeune encore imberbe et un très vieux, voûté et cassé par l'âge; puis, traversant cette pièce qui prenait jour sur le passage, ils étaient entrés dans une arrière-boutique qui était le cabinet de La Guillaumie.

Si La Guillaumie n'avait point sacrifié au luxe dans l'aménagement et l'ameublement de ses bureaux, ce n'avait point été pour se réserver les raffinements refusés à sa rédaction et à son administration. Il était plus que simple, ce cabinet : une table en bois blanc comme celle des rédacteurs ; trois chaises de paille, deux pour les visiteurs, une pour La Guillaumie qui avait fait l'économie du fauteuil traditionnel; aux murs, quelques planches servant de rayons pour les livres, et c'était tout. Quand les huissiers s'étaient présentés pour saisir, ils avaient reculé. A quoi bon ? Il n'y avait pas de quoi payer les frais. C'était là que, du matin au soir, La Guillaumie travaillait : le jour à la lueur d'un réflecteur solaire qui lui envoyait la lumière verte du puits dans lequel il était posé; la nuit, éclairé par deux bougies qu'on achetait livre après livre. Arrivé le premier, il partait le dernier, fermant lui-même la porte à une heure avancée de la nuit, car il faisait son journal presque entièrement, le bulletin, l'article de fond, la polémique, l'entrefilet, toute la politique étrangère, et une grande partie des correspondances, ne laissant à ses rédacteurs que les remplissages de la deuxième et de la troisième page qu'il remaniait même bien souvent. Ce n'était pas pour faire écrire les autres qu'il avait voulu un journal, mais bien pour écrire lui-même. Et il écrivait, étant de ces rédacteurs en chef qui croient volontiers que le numéro qui ne contient pas un article d'eux est vide. Pour lui, ce n'était pas un article qu'il lui fallait, c'était quatre, cinq, six articles qu'il entassait les uns par-dessus les autres et dans lesquels il disait tout ce qu'il avait amassé depuis trente ans, — cela même qui l'avait obligé à fonder *la France libre* et qui réellement faisait le succès du journal, une sorte de rage de sincérité.

Ce n'était pas sans surprise que le général remarquait cette simplicité de logement et d'ameublement, ce trou noir, ces tables tachées d'encre, ces pauvres chaises, et une certaine sympathie lui venait au cœur pour l'homme qui se contentait de cela, alors qu'avec un peu d'audace il lui eût assurément été facile de trouver des dupes ou des compères qui l'auraient mis à même d'éblouir les naïfs. C'était quelque chose que d'avoir le courage d'entreprendre la lutte dans de pareilles conditions et de la soutenir sans lâcher pied. Puisqu'il n'avait pas fait le sacrifice de son honnêteté, il y avait des chances, semblait-il, pour qu'il ne fît pas maintenant le sacrifice de sa fille, si cruelle que fût sa situation.

Cependant le général se raidit contre cette sympathie, car s'il était de son devoir de gagner La Guillaumie aux combinaisons de ses sœurs, ce serait aller au delà de ce qu'il devait que de mettre en jeu ses sentiments; on lui avait demandé de tenter La Guillaumie par l'argent, il n'avait qu'à parler argent.

Ce qu'il fit.

— Je pense que mon nom vous est connu, dit-il en prenant la chaise que La Guillaumie lui offrait.

— Parfaitement, général, et à plus d'un titre; je connais le colonel qui s'est illustré à la bataille de Bapaume.

— Ah!

Et le général salua.

— Je connais aussi, continua La Guillaumie, l'écrivain à qui on doit l'*Histoire critique de la campagne de* 1870-71 *dans les départements du Nord*, le frère de mesdames Dubuquois, enfin l'homme de goût qui possède quelques-unes des meilleures toiles de mon ami Glorient.

— Ah! vous connaissez Glorient!

— Il a passé les dernières vacances chez moi à Hannebault, et j'ai eu l'honneur de dîner avec lui chez mesdames Dubuquois.

Le général se dit que ses sœurs auraient bien dû lui parler de ce dîner; cela lui aurait fourni une introduction. Il est vrai que les malheureuses femmes avaient bien autre chose en tête.

— C'est justement des intérêts d'Hannebault que j'ai à vous entretenir, dit le général, et comme vous êtes jusqu'à un certain point du pays que vous connaissez mieux que personne assurément dans le journalisme parisien, avec ses besoins et ses ressources, c'est ce qui m'a donné l'idée de m'adresser à *la France libre*.

Ce qui intéressait Hannebault, c'était la direction à donner au tracé de l'embranchement qui devait relier Condé aux grandes lignes. Condé demandait que ce tracé fût direct; Hannebault, au contraire, voulait qu'il fît un coude, afin qu'une station fût établie sur son territoire même. Le temps était loin où les deux villes ne voulaient pas de chemin de fer, « parce que ça ferait renchérir la vie », et aussi parce que ceux qui pouvaient élever la voix étant de riches propriétaires ou des éleveurs, c'est-à-dire des gens qui avaient tous chevaux et voitures, ne tenaient nullement à ce qu'on établît une station à leur porte; ils pouvaient très bien se rendre à celles que les pays voisins étaient assez naïfs pour demander en offrant des subventions et des terrains, et leurs produits « étant de la marchandise qui marche », bœufs ou chevaux, pouvaient s'y transporter tout aussi facilement et sans frais. « Sans frais! » c'était le mot du pays. Mais les conditions avaient changé : la vie avait renchéri, comme si des stations avaient existé dans la contrée même. On avait créé des établissements industriels à Hannebault, militaires à Condé. Les gens à voitures n'étaient plus seuls à faire entendre leur voix, et l'on réclamait à cor et à cri un chemin de fer qui aurait été construit depuis longtemps déjà si la rivalité de Condé et d'Hannebault n'avait éternisé les discussions de tracé.

— Je n'ai pas à vous expliquer la situation, dit M. Rœmel, vous la connaissez comme moi ; je n'ai qu'à vous demander votre concours. L'intérêt général de notre ville vous touche comme il nous touche nous-mêmes, mes sœurs, mon neveu et moi. Mais à côté de cet intérêt général, nous industriels, nous en avons un particulier, qui nous oblige à presser la solution de la question, car chaque jour de retard se traduit pour nos transports de coton, de houille et de produits manufacturés en une grosse dépense. Nous sommes donc décidés à faire des sacrifices, qui en réalité seront des économies, pour hâter cette solution, et si nous ne voulons pas fonder un journal pour s'occuper de cette question, nous sommes disposés, mes sœurs, mon neveu et moi, à accorder une subvention au journal qui sera prêt à prendre en main la défense de nos intérêts. Vous êtes presque du pays, votre journal se fonde : voulez-vous nous donner votre concours, voulez-vous accepter le nôtre? J'ajoute que mon neveu serait venu exprès à Paris pour s'associer à ma démarche, si en ce moment il n'était retenu à Hannebault par des affaires importantes. Après une jeunesse difficile, il s'est mis au travail, et il semble qu'il veuille maintenant rattraper le temps perdu ; son voyage en Amérique en a fait un tout autre homme : il a compris qu'avec sa fortune il avait une place à prendre dans le monde et il ne pense plus qu'au travail.

La subvention que la maison Dubuquois était disposée à accorder à *la France libre,* consistait : 1° en une somme de vingt mille francs que le général offrait de verser en payement d'un certain nombre de parts de fondateur, et 2° en l'achat de mille numéros par jour, qui seraient envoyés à toutes les personnes, qui, à Paris et dans l'arrondissement de Condé, pouvaient s'intéresser au tracé du chemin de fer.

Malgré sa robuste foi dans sa bonne chance et dans la justice du sort, La Guillaumie eut un éblouissement. Deux minutes avant la visite du général, il se voyait perdu, et maintenant voilà qu'il était sauvé, car, le général, ce n'était que le commencement de la série heureuse ; les autres allaient suivre. Il savait bien qu'on y viendrait à *la France libre.* Où étaient-ils ceux qui le raillaient ou le blâmaient ?

Aussitôt que le général fut parti, La Guillaumie, au lieu de continuer son article commencé, courut chez le directeur d'une compagnie d'affichage. Il voulait un affichage splendide de *la France libre*, à Paris, et dans toute la France. Il fallait que sur tous les murs, à la porte de toutes les mairies, de tous les bureaux de poste, on lût : *la France libre,* directeur La Guillaumie. Si les vingt mille francs du général y passaient, ils seraient bien employés.

III

Depuis longtemps déjà Marianne voulait avouer son amour à sa mère, et elle eût fait cet aveu au retour même du Champ-d'Oisel, si elle n'avait pas craint que sa mère ne pût garder son secret.

D'opposition, elle était certaine à l'avance de n'en pas rencontrer, sa mère l'aimait trop pour avoir la pensée même de lui résister, et d'autre part elle était trop sensée pour n'être pas heureuse de voir sa fille devenir la femme de François Néel ; ce n'était pas elle qui visait un grand mariage se réalisant par hasard et sans qu'on sût comment ; sage et avisée comme elle l'était, elle comprendrait que c'était un beau mariage pour une fille sans dot et sans patrimoine d'épouser François quand même il resterait à jamais le chimiste de la maison Dubuquois.

Mais pour son secret, elle n'avait pas les mêmes raisons d'être rassurée : combien de fois avait-elle entendu sa mère lui promettre de ne rien dire à son père, et l'avait-elle vue le lendemain toute malheureuse d'être obligée d'avouer qu'elle avait été entraînée ! « Je n'ai pas pu faire autrement. »

Cependant ce n'était pas sans un sentiment d'embarras qu'elle se décidait à cette confession, qui eût été bien plus facile, si elle l'avait faite en revenant du Champ-d'Oisel, toute frissonnante encore de l'aveu qu'elle venait d'entendre. Alors elle n'aurait eu qu'à répéter cet aveu. Tandis que maintenant elle devait non seulement expliquer pourquoi elle avait si longtemps tardé à parler, mais encore il fallait qu'elle reconnût qu'elle s'était cachée de sa mère et qu'ils l'avaient tous les deux trompée.

Dans leur vie si remplie, la mère et la fille n'avaient à elles que les heures de la soirée, quand, après le coucher des élèves, madame La Guillaumie, débarrassée aussi bien des petites filles que de mademoiselle Eurydice et des autres sous-maîtresses qui couchaient au dortoir, pouvait s'installer dans sa chambre sans craindre qu'on vînt la déranger à chaque instant. C'était Marianne qui montait la première aussitôt après le souper, pendant que sa mère passait une dernière inspection dans la pension, depuis le réfectoire et la cuisine, jusqu'aux classes; elle allumait le feu attisé à l'avance dans la cheminée, et elle attendait en lisant. Enfin, les bruits s'éteignaient dans les escaliers, le silence se faisait dans toute la maison, quelques instants auparavant si tapageuse, et sa mère arrivait. C'était leur bon moment, celui de l'intimité, celui où elles pouvaient causer librement, à cœur ouvert. Que d'heures elles avaient ainsi passées au coin de ce feu, à s'inquiéter quand l'argent qui devait payer les entrepreneurs n'arrivait pas, et qui cependant s'achevaient sans trop d'angoisse, parce qu'elles trouvaient à leurs tourments un adoucissement dans leur affection et leur tendresse.

Ce fut une de ces soirées que Marianne choisit pour sa confidence. Plus promptement encore que de coutume, elle monta à la chambre de sa mère, et tandis qu'au dehors des rafales de neige frappaient les vitres, elle attendit en se préparant, le cœur ému, mais l'esprit ferme :

— Qu'il fait froid ! dit madame La Guillaumie en entrant et en fermant vivement la porte ; heureusement, tu nous as fait bon feu.

Et, après s'être débarrassée du fichu de laine qui lui couvrait la tête et les épaules, elle s'assit au coin de la cheminée, dans son fauteuil, en face de sa fille dont elle n'était séparée que par une petite table sur laquelle était posée la lampe.

Comme Marianne ne disait rien, elle la regarda, et elle fut surprise de la gravité de son visage et de son air préoccupé.

— Tu ne dis rien ? demanda-t-elle.

— C'est que j'ai à te parler.

— Tu me fais peur. Qu'as-tu ? Sais-tu quelque chose de ton père ?

— Ce n'est pas de mon père qu'il s'agit, c'est de M. Néel.

Madame La Guillaumie respira ; dès lors qu'il s'agissait de M. Néel, elle était rassurée, tandis qu'avec son mari, elle craignait toujours quelque catastrophe : les créanciers, la faillite, quelque acte de désespoir.

— Eh bien ! qu'a-t-il, M. Néel ? demanda-t-elle.

Marianne tourna son regard vers le feu, mais sans baisser les yeux.

— M. Néel m'aime.

— Il te l'a dit ? s'écria madame La Guillaumie.

— Le jour où j'ai accompagné mon père et M. Glorient au Champ-d'Oisel.

Comme c'était là le point délicat de son aveu, Marianne avait hâte de le laisser derrière elle.

— Nous nous sommes promis de nous épouser.

— Et c'est aujourd'hui que tu me le dis ! Ah ! Marianne !

Ce reproche était si juste, cette plainte était faite d'un ton si peiné que Marianne, se levant vivement, vint à sa mère et l'embrassa.

— Pardonne-moi, dit-elle.

Et tout de suite assise sur un tabouret auprès de sa mère, tout contre elle, lui tenant les mains, la regardant, elle expliqua pourquoi elle avait gardé le silence depuis le mois de septembre et pourquoi elle parlait maintenant.

— C'est donc parce que tu aimais Néel que tu as refusé Thierry ?

— Alors même que je n'aurais pas aimé François, je n'aurais pas accepté M. Thierry Dubuquois.

— Et je n'ai rien vu, rien deviné, dit madame La Guillaumie ; j'avais tant de confiance en ta sincérité et en ta franchise !

— Seras-tu malheureuse de me voir la femme de François ? Il te dira ses espérances, il t'expliquera ses recherches qui un jour ou l'autre, demain peut-être, doivent lui donner la fortune.

— Demain ! Toi aussi tu mets ta vie dans demain.

— Non dans mon demain à moi, mais dans celui de François.

— Comme M. d'Escoran met le sien dans la loterie ; ton père, le sien dans *la France libre ;* Malaquin, le sien dans le ministère de son ami ; Berthe, le sien dans le théâtre ; Badoulleau, le sien dans le hasard.

— Et quand même François ne réussirait pas... tout de suite, la position qu'il occupe présentement n'est-elle pas assez belle pour une fille comme moi ?

— Ce n'est pas à moi qu'il faut dire cela, c'est à ton père qui, avec ses idées ambitieuses, ne sera malheureusement que trop disposé à voir dans M. Néel un simple employé.

— Voilà la justification de mon silence ; si j'avais laissé François demander ma main, mon père la lui aurait refusée, c'est toi qui le dis ; mais maintenant les circonstances ne sont plus ce qu'elles étaient, et il me semble que mon père, revenu de ses grandes ambitions, doit être heureux de trouver un gendre tel que François.

Mais madame La Guillaumie, qui connaissait son mari, ne fut pas convaincue qu'il était revenu de ses grandes ambitions, et que, comme le disait Marianne, il dût être heureux de trouver un gendre tel que François Néel. Un employé ! C'était pour lui si peu de chose qu'un employé !

Ce fut ce qu'elle expliqua à Marianne avec l'autorité d'une longue expérience.

— Je comprends, dit-elle, puisque vous vous aimez, que vous désiriez hâter votre mariage. Mais je crois qu'il serait imprudent que M. Néel adressât sa demande à ton père en ce moment. Il peut y avoir de graves inconvénients à brusquer les choses ; tandis que je ne vois que des avantages à attendre. Si M. Néel réalise demain ou prochainement les découvertes qu'il poursuit, il n'est plus un employé ; il parle du haut de sa fortune, et il est certainement écouté. D'un autre côté, si *la France libre* ne réussit pas, comme cela est à craindre, ton père est obligé de se montrer moins exigeant.

IV

Plus de prétextes à inventer pour se voir. Plus d'alarmes quand ils étaient réunis. Plus de regards furtifs. Plus de paroles chuchotées. Plus de lettres glissées en cachette.

Ce fut le beau temps de leurs amours.

Maintenant, François venait librement tous les deux jours, et dans le salon, au rez-de-chaussée, il trouvait Marianne qui l'attendait, l'oreille si bien aux écoutes que lorsqu'il mettait la main sur le bouton de la porte, cette porte s'ouvrait devant lui.

— Je ne suis pas en retard.

— Est-ce pour vous adresser un reproche que je suis derrière cette porte?

Jusqu'au moment où madame La Guillaumie venait les rejoindre, ils avaient quelques instants à eux; mais, comme ces visites avaient la musique pour but avoué, ils étaient obligés de se mettre au piano, de façon à ce qu'on les entendît dans la maison. Bien qu'ils fussent seuls dans le salon et qu'ils n'eussent pas à craindre d'être dérangés, il y avait autour d'eux des oreilles qui les surveillaient, et tout particulièrement celles de mademoiselle Eurydice qui, toujours aux aguets, racontait le lendemain, d'après les bruits qu'elle avait entendus, tout ce qui s'était passé dans la maison. — Vous avez très bien joué hier soir la 19ᵉ sonate de Haydn. — M. Néel est parti à dix heures cinq minutes. — Est-ce que la serrure était brouillée que vous avez été si longtemps à ouvrir la porte? — Comme on ne pouvait pas dire à mademoiselle Eurydice et autres curieuses à quel titre François venait maintenant le soir, il fallait bien que la musique expliquât ces visites, et par conséquent il fallait qu'ils se missent au piano, surtout pendant que madame La Guillaumie faisait sa dernière tournée dans la maison. Ils pouvaient se regarder, François pouvait se pencher sur Marianne et l'embrasser dans le cou, mais malgré tout, ils devaient jouer et même ne pas trop mal jouer.

C'était seulement quand madame La Guillaumie les rejoignait qu'ils trouvaient la liberté de s'entretenir, mais non pas en tête-à-tête, hélas!

Cependant c'était un si grand bonheur pour eux que d'être ensemble, de se regarder, d'entendre la musique de leur voix, que pendant toute la journée ils ne pensaient qu'aux heures de la soirée qui les réuniraient.

Un jour François arriva plus tôt que de coutume, si bien qu'au lieu de trouver Marianne derrière la porte il la surprit en train d'allumer la lampe.

Depuis longtemps elle ne l'interrogeait plus sur ses expériences, de peur qu'il n'eût qu'une mauvaise réponse à lui donner, et elle attendait qu'il racontât ce qu'il avait à lui dire; mais ce soir-là, en le voyant arriver ainsi, et aussi en remarquant un certain trouble en lui, elle ne put retenir ses questions.

— Il y a quelque chose? dit-elle sans préciser.

— J'ai été à Condé aujourd'hui, répondit-il, et en traversant Bézu et Crevilliers, comme en parcourant les rues de la ville, j'ai vu partout des affiches de *la France libre;* en rentrant ici j'en ai trouvé d'autres, et Badoulleau vient de me dire que cet affichage s'était fait dans tout le pays. S'il en est ainsi, la situation de M. La Guillaumie n'est pas ce que nous pensions.

— Alors vous voyez que vous avez bien fait de ne pas aller à Paris.

Quand madame La Guillaumie entra dans le salon et qu'on lui parla de ces affiches, elle fut stupéfaite, car bien que son mari ne lui racontât pas ses luttes avec les huissiers, elle avait compris à quelques mots de ses lettres qu'il était aux abois.

Telle était la position de François qu'il ne pouvait pas désirer le succès de *la France libre*, puisque c'était la ruine de La Guillaumie qui devait faire son mariage.

Ne voulant pas rester dans l'incertitude, il écrivit à un de ses camarades, clerc d'avoué à Paris, de tâcher de savoir quelle était au juste la situation financière de *la France libre.*

La réponse ne se fit pas attendre : elle était déplorable, cette situation; au Palais comme au tribunal de commerce, le nom de La Guillaumie retentissait à chaque instant; l'affichage avait été un dernier effort.

comme en font souvent ceux qui vont mourir et qui ne veulent pas mourir.

Il n'avait donc qu'à attendre, et en attendant il n'avait qu'à poursuivre ses recherches ; Marianne ne lui échapperait pas. Si une heureuse découverte ne la lui donnait pas, ce serait par la ruine du père qu'il l'obtiendrait.

Mais cette dernière considération, devenue en quelque sorte une certitude, ne ralentissait pas ses recherches. Jamais, au contraire, il n'avait autant travaillé, et toutes les heures de liberté qu'il ne consacrait pas à Marianne, il les passait dans son laboratoire en compagnie de son chef de cuisine aux couleurs, et de Fiquet, l'adversaire politique du père Grab, les deux ouvriers les plus intelligents qu'il avait pu trouver dans son personnel, essayant des combinaisons nouvelles sans se lasser ni se décourager jamais. Que de fois Strengbach était-il venu le surprendre, arrivant sur leur dos, après avoir laissé ses sabots à la porte.

— *Doujours* les matières azoïques, disait-il avec son rire formidable.

— Ou autre chose, répondait François.

Et Strengbach s'en allait sans se fâcher, ce qui lui permettait de revenir le lendemain ou les jours suivants pour recommencer le même examen et les mêmes questions. Si bien que quand François voulait faire quelque nouvel essai qu'il tenait à cacher, il était obligé de s'enfermer chez lui.

Le temps s'écoulait et *la France libre* paraissait toujours sans que rien dans les lettres que madame

La Guillaumie recevait de son mari lui apprit sa situation vraie.

« J'ai à lutter contre de terribles difficultés, disait quelquefois La Guillaumie, mais j'en sortirai. »

Et c'était tout.

Si sa femme le pressait de questions, ou il ne répondait pas, ou il parlait d'autre chose.

Interrogé par François, le clerc d'avoué répondait toujours la même chose :

« Les poursuites suivent leur petit train train ; aux anciennes s'en ajoutent de nouvelles. »

Un matin, madame La Guillaumie reçut une dépêche télégraphique de son mari :

« Arriverai ce soir, attendez-moi. »

Depuis quinze ans, c'était la première fois que La Guillaumie venait à Hannebault en dehors des vacances. Quelle pouvait être la cause de ce voyage ?

Incapable de répondre à cette question, madame La Guillaumie, sa dépêche à la main, alla trouver Marianne pour tenir conseil avec elle.

Elle était émue et tremblante ; Marianne fut bouleversée.

— Quel malheur nous menace ? s'écria-t-elle.

— C'est ton pauvre père, sans doute, qui est menacé ?

— S'il l'est, comment vient-il à nous, qui ne sommes rien et ne pouvons rien ?

— Nous pouvons le consoler, s'il est malheureux.

— Oh ! de tout cœur ; mais crois-tu que ce soient des consolations qu'il vienne nous demander ?

C'était le soir, à six heures, qu'il devait arriver ;

elles passèrent la plus grande partie de la journée à tourner et à retourner la même question :

— Pourquoi vient-il ? Que veut-il ?

Mais dans toutes les hypothèses qu'elles imaginaient et qu'elles discutaient, elles ne trouvaient rien de satisfaisant.

V

Un peu avant six heures, madame La Guillaumie et Marianne arrivaient devant le café du *Progrès*, où s'arrête l'omnibus du chemin de fer, et elles attendaient.

Le soleil venait de se coucher, et le vent du soir soufflait âpre et froid, prenant en glace les flaques d'eau qui avaient dégelé pendant la journée ; dans les boutiques, les lumières étaient déjà allumées, et la façade du café du *Progrès* jetait des nappes de clarté sur la chaussée.

Si l'omnibus avait eu un bureau qui n'eût été qu'un simple bureau, madame La Guillaumie et Marianne seraient entrées pour s'abriter du froid, qui était piquant ; mais elles n'osaient pousser cette porte de derrière laquelle partaient des bruits de voix mêlés à des carambolages de billes de billard.

Elles se promenaient donc de long et en large sur le trottoir, quand le père Bultel, ouvrant la porte, les aperçut.

— Bonsoir, madame La Guillaumie ; vous attendez quelqu'un par l'omnibus, entrez donc.

Elles voulurent refuser en disant que ce n'était pas la peine, mais il insista :

Il était d'autant plus difficile de ne pas céder que le père Bultel, qui leur faisait un grand honneur en les invitant à entrer, lui qui n'adressait jamais la parole à personne sans qu'on eût commencé par le saluer, restait là devant elles, en manches de chemise, malgré le froid.

Elles le suivirent donc et il leur avança des tabourets devant une table inoccupée.

Bien qu'à six heures du soir les habitants d'Hannebault ne se trouvent pas ordinairement au café, la grande salle n'était cependant pas tout à fait vide : dans le fond, des voyageurs de commerce jouaient au billard, et au milieu de la fumée, on apercevait quelques habitués qui tapaient gravement des dominos sur les tables de marbre, tandis qu'auprès du comptoir Toussaint et la belle Apolline, toute chargée de bijoux, étaient assis côte à côte, lisant ou plutôt étudiant le même journal.

Ils étaient si absorbés dans ce travail que Toussaint, bien qu'il fît face à la porte, n'avait pas vu madame La Guillaumie et Marianne entrer ; mais, à un certain moment, ayant levé les yeux, il les aperçut, et alors il vint à elles vivement pour les saluer.

— Ah ! elles attendaient M. La Guillaumie ! Très curieux, vraiment ! Comment avait-il pu quitter Paris pour venir à la campagne par ce temps de chien ? Très bien fait, son journal ! Tous les habitués du *Progrès* le lisaient ; c'était un succès.

Il fut interrompu dans ses compliments par la porte qui s'ouvrit; c'était le major Coupe-Toujours qui entrait furieux d'avoir été retardé à l'heure de l'absinthe par un malade.

Cependant Toussaint l'arrêta.

— Vous savez, Major, que je les tiens, s'écria-t-il d'un air triomphant.

— Quoi donc?

— Les mots du logogriphe.

— Pas possible!

— Coryphée, cor et Orphée.

— Comment Orphée?

Alors Toussaint se mit à déclamer, en s'adressant à madame La Guillaumie et à Marianne autant qu'au Major :

> Avec huit pieds je chante à l'Opéra.
> Otez-m'en cinq, je sonne à l'Opéra.
> Rendez-m'en trois, je suis un opéra,
> Et c'est à moi que l'on doit l'Opéra.

— C'est ma foi vrai, s'écria le Major, coryphée, cor et Orphée. Mesdames, vous voyez devant vous un garçon qui, il y a six mois, ne se doutait pas de ce que c'était qu'un logogriphe, et qui, maintenant, grâce aux leçons de mademoiselle Apolline, dont il est le plus brillant élève, les devine tous. C'est ça.

— J'ai aussi trouvé le mot de la charade, dit Toussaint en se rengorgeant. Je piochais le mot carré quand ces dames sont entrées; elles attendent M. La Guillaumie.

— Ah! vraiment, il vient à Hannebault, ce brave

La Guillaumie, dit le Major; enchanté de le voir pour le féliciter du succès de son journal; c'est ça.

Pour le Major, il n'y avait qu'une manière d'approuver les gens ou les choses : « C'était ça »; comme il n'y en avait qu'une de les blâmer : « Ce n'était pas ça ». La *France libre*, c'était ça, et aussi le talent de Toussaint pour deviner les logogriphes, les charades, les mots carrés.

Madame La Guillaumie et Marianne n'eurent pas longtemps à attendre ; bientôt un bruit de ferraille sonna sur le pavé, c'était l'omnibus qui arrivait.

Elles sortirent aussitôt, et quand La Guillaumie descendit de voiture, il les trouva, la mère à droite, la fille à gauche de la portière.

— Ah! vous êtes venues au-devant de moi, dit-il, vous êtes très gentilles.

C'était l'habitude de La Guillaumie de s'approprier les mots de ses amis, de sorte que par les mots mêmes qu'il répétait on pouvait savoir quel était son grand ami du moment. « Vous êtes très gentilles », cela signifiait pour madame La Guillaumie et Marianne que l'intimité avec Glorient continuait.

Mais il n'y avait pas que sa femme et sa fille qui l'attendaient à la descente de l'omnibus : Toussaint et le Major avaient voulu aussi lui serrer la main.

— Monsieur La Guillaumie, enchanté, dit Toussaint.

— Vous savez, dit le Major, votre journal, c'est ça. Vous nous aurez notre chemin de fer ; c'est à vous que le pays le devra. Vous allez prendre une absinthe?

— Je vous remercie.

— Un vermouth? dit Toussaint.

La Guillaumie eut la plus grande peine à se débarrasser d'eux ; non seulement il avait à se défendre contre le Major et Toussaint, mais encore il avait à se défendre contre lui-même : il lui était doux d'entendre dire que son journal « c'était ça », et dans son pays encore, ce qui doublait le plaisir. S'il avait annoncé son arrivée et chargé Badoulleau de la préparer, on lui eût fait une entrée triomphale.

Madame La Guillaumie, qui le connaissait et qui savait combien il était sensible aux félicitations, d'où qu'elles vinssent, fut surprise de son refus. — Il était donc bien troublé, bien préoccupé, qu'il n'avait pas accepté l'invitation du Major !

Il lui avait tendu le bras, et Marianne marchait de l'autre côté. Par ce vent froid, il n'y avait personne dans la rue, ni devant les portes qui étaient fermées.

— Comment vas-tu? demanda madame La Guillaumie.

— Mais bien, très bien.

— Et ton journal? demanda madame La Guillaumie, qui tremblait en posant cette question.

— Le journal? Un triomphe, le plus beau succès qu'on puisse rêver ; la fortune et l'influence.

Madame La Guillaumie et Marianne poussèrent en même temps un long soupir de soulagement.

Si le journal était un triomphe et une fortune, elles s'étaient trompées dans leurs craintes ; il ne pouvait donc pas être question de vendre la pension, et rien de ce qu'elles avaient imaginé dans leur affolement n'était possible.

Alors quelle était la cause de ce voyage ?

— Mais quelle lutte, continua La Guillaumie, pour en arriver là et quels efforts encore, quels sacrifices devons-nous tous faire pour que cette fortune ne s'évanouisse pas entre nos mains !

« Quels efforts, quels sacrifices devons-nous tous faire ! » Ces quelques mots leur serrèrent le cœur. Elles s'étaient trop vite rassurées.

Madame La Guillaumie avait commandé que le dîner fût prêt pour l'arrivée de son mari ; il fallut se mettre à table, et devant la domestique qui faisait le service, il était impossible de continuer la conversation.

Ce n'était point son habitude de combler sa femme et sa fille de compliments ni de propos gracieux ; bien au contraire, il se plaignait toujours, ne se montrant jamais satisfait ni d'elles ni de rien. Mais, ce soir-là, il trouva tout parfait. Jamais elles ne l'avaient vu de si belle humeur, ou tout au moins elles ne l'avaient jamais vu si appliqué à paraître aimable.

Il commença par le feu.

— Comme c'est bon de se chauffer au bois après s'être grillé ou empesté pendant des mois devant du coke ou du charbon.

Puis ce fut le tour du dîner.

— Le pot-au-feu ! Quelle bonne surprise ! Ta soupe est excellente. Voilà qui vous remet du Liebig et de la gélatine.

Elles se regardaient à la dérobée, se demandant ce que présageaient ces gracieusetés.

Après le dîner arriva le tour de Marianne.

— Sais-tu que tu as embelli, fillette, depuis les vacances ? Ton teint s'est éclairci ; tes yeux ont pris un éclat qu'ils n'avaient pas ; décidément tu es une très belle fille, ce que j'ai toujours prévu que tu deviendrais, d'ailleurs.

Cela n'était pas pour les rassurer ni l'une ni l'autre.

Il avait donc des choses bien terribles à leur apprendre, qu'il se donnait tant de peine pour les préparer, car aux plis de son front, aux contractions douloureuses de son visage, il était évident qu'il se trouvait sous le poids d'une préoccupation grave?

VI

Marianne était trop inquiète pour garder sa liberté d'esprit; cependant, puisqu'il ne pouvait pas être question en ce moment de ce qui l'angoissait, elle voulut se mêler à la conversation et demanda des nouvelles de Berthe.

—Grand succès pour la chanteuse, mais plus grand succès encore pour la femme. Sa beauté a fait sensation; on a parlé d'elle dans les journaux mondains; tous les soirs on a vu des gardénias à l'Ambigu, ce qui prouve bien qu'on s'occupait d'elle. Malheureusement, le drame dans lequel elle a débuté, ne valant pas grand'chose, n'a pas tenu longtemps l'affiche. Je ne sais pas ce que Berthe est devenue. En tous cas, il est certain qu'elle n'a pas paru sur un autre théâtre, à Paris, au moins. J'ai été trop absorbé en ces derniers temps pour pouvoir la suivre. Il y a tant de dangers pour une femme, au théâtre, que malgré son talent et sa beauté, la pauvre Berthe peut avoir sombré. Ce qui prouve bien que pour une honnête fille il n'y a qu'une chose dans la vie un bon mariage.

Et il développa ce thème exactement comme s'il avait eu un article à écrire sur la condition des jeunes filles à la fin du dix-neuvième siècle. Ce n'était pas seulement au ridicule qu'une fille s'exposait en ne se mariant pas, c'était encore à toutes sortes de misères. Qu'était-elle dans le monde? Une isolée, une déclassée; elle traînait une existence chagrine qu'elle finissait dans l'abandon.

Cela n'était que trop significatif pour Marianne; certainement c'était un mariage que son père voulait lui proposer. Comment n'avait-elle pas prévu cela, au lieu de chercher mille choses plus ou moins invraisemblables?

Enfin le dîner s'acheva, et ils montèrent tous les trois à la chambre de madame La Guillaumie.

Comme Marianne allait s'asseoir au coin du feu faisant face à son père, il l'appela près de lui.

— Venez ici, mademoiselle, dit-il, asseyez-vous sur les genoux de votre père, et dites-lui si vous êtes une bonne fille, prête à tout pour lui prouver que vous l'aimez tendrement.

— Tout ce que je pourrai, je le ferai, répondit-elle d'une voix grave.

— Sois tranquille, je ne veux pas te demander l'impossible, mais seulement le raisonnable : tu sais que je ne suis pas un père barbare.

Elle s'était levée et elle se tenait devant son père pâle et frémissante, mais au fond du cœur pleine de fermeté.

— Je n'ai rien à retirer de ce que je vous ai dit, commença La Guillaumie, *la France libre* est un triomphe, le plus beau succès qu'on ait obtenu dans le journalisme depuis dix ans. C'est une fortune pour nous, une grosse et belle fortune; seulement, pour qu'il en soit ainsi, il faut qu'elle dure, et elle ne peut durer que par toi, fillette.

Il fit une pause, attendant que Marianne lui demandât ce qu'elle avait à faire pour cela; mais elle ne prononça pas un mot, gardant son attitude grave.

Ce fut seulement quand il vit qu'elle ne lui venait pas en aide qu'il continua :

— Vous vous demandez comment une affaire qui est un triomphe et une fortune peut disparaître du jour au lendemain et devenir une ruine, et je vois que vous ne le comprenez ni l'une ni l'autre. C'est cependant bien simple, très simple. J'ai épuisé toutes mes ressources, usé toutes mes influences pour amener *la France libre* où elle est arrivée. Mais si grand que soit le succès que j'ai obtenu, j'en suis encore à la période des sacrifices, non à celle des produits. Si je ne continue pas ces sacrifices pendant quelque temps, c'est la mort.

Il avait commencé à parler doucement, sur le ton de la causerie affectueuse. A ce mot : « C'est la mort », il se leva, et il se mit à marcher par la chambre, tandis que sa fille et sa femme, restées devant la cheminée, le regardaient sans rien dire.

— La lutte que j'ai soutenue, continua-t-il, vous n'en auriez aucune idée quand je passerais la nuit à vous l'expliquer. Courant le matin les études des huissiers, des agréés, des avoués, allant du tribunal civil au tribunal de commerce, arrangeant des rendezvous avec les créanciers, discutant, les priant, me fâchant, et, au milieu de cette fièvre qui aurait dévoré plusieurs hommes, revenant toujours au journal que j'ai fait à peu près seul tous les jours, sans manquer d'écrire, non un article, ce qui est déjà joli, mais trois, mais quatre articles, et aussi les notes et les entrefilets; ce qui ne m'empêchait pas de relire tout le journal. Voilà quelle a été ma vie de tous les jours et de toutes les nuits depuis plus de quatre mois. Je dis cela non pour m'en vanter, mais pour que vous compreniez comment je ne suis pas venu à votre aide quand vous vous débattiez de votre côté contre les créanciers, et comment je n'ai pas toujours été maître de vous répondre quand vous attendiez une lettre de moi. Enfin je le dis encore afin que vous sachiez ce que j'ai fait pour vous, car si ambitieux que je puisse être, je n'aurais certes pas accepté une pareille tâche si j'avais été seul, et jamais, pour le triomphe de mon orgueil ou de mon ambition, je ne me serais imposé le travail que j'ai accompli pendant ces quatre mois, jamais, entendez-vous bien, jamais!

Il jeta ces mots avec une énergie qui disait quels avaient été les fatigues, les soins, les labeurs, les fièvres, les humiliations, les efforts de cette lutte de quatre mois.

Puis, après quelques tours dans la chambre, il reprit :

— Mais précisément je n'étais pas seul, je ne suis pas seul; je vous ai : une femme, une fille. A mon âge, que me faudrait-il pour vivre heureux si je n'avais qu'à penser à moi? Peu de chose vraiment. La continuation de ce que j'ai eu jusqu'à ce jour. Et avec mes relations et mon expérience, cela ne serait pas difficile à obtenir, ou plutôt à conserver. Mais vous?

— Nous travaillons, dit madame La Guillaumie, timidement.

— Et voilà justement ce qui me tourmente, c'est que vous travailliez. Vous imaginez-vous que depuis vingt ans je n'ai pas souffert dans mon amour-propre, dans ma dignité, dans mes sentiments de père de famille que vous soyez obligées de travailler? Est-ce une existence heureuse celle que nous avons menée, vous à Hannebault, moi à Paris? En dehors de ce que cela a de pénible, n'y a-t-il pas dans cette vie en partie double quelque chose de ridicule pour vous et d'humiliant pour moi? J'ai voulu que vous ne travailliez plus, et j'ai fondé mon journal. J'ai voulu que vous ayez la fortune, et j'ai lutté. Quand le découragement me prenait, et plus d'une fois il m'a accablé dans ces heures où la fatigue physique abat les plus courageux, j'ai pensé à vous, et la force m'est revenue.

Si Marianne n'avait pas été anxieuse d'apprendre le danger qui la menaçait, et le mariage que son père voulait lui proposer, elle eût été plus remuée qu'elle ne l'était réellement par ces paroles; mais ce n'était pas à son père seul qu'elle pensait, c'était aussi à François.

La Guillaumie poursuivit :

— Malgré mes efforts, *la France libre* aurait succomblé depuis plusieurs mois déjà s'il ne m'était pas venu un secours inespéré qui m'a permis de vivre et de lutter encore. Un jour j'ai trouvé dans mon bureau le général Rœmel, le frère de mesdames Dubuquois, qui venait me proposer de prendre pour vingt mille francs d'actions du journal, à condition que je soutiendrais le tracé du chemin de fer par Hannebault. Ne soyez pas surprises que j'aie accepté le concours du général après avoir refusé celui de plusieurs personnes qui, en mettant des fonds dans mon affaire, voulaient m'imposer certaines conditions. Les circonstances n'étaient pas les mêmes. Le général ne me demandait pas de défendre une cause qui n'était pas conforme à mes idées. Tout au contraire il me demandait de soutenir un projet que je croyais utile à notre pays et que j'avais déjà soutenu d'ailleurs avant sa demande. J'aurais été plus que naïf de repousser ce concours, qui en réalité est un renfort, précisément parce que je livrais une bataille dans laquelle ses intérêts et ceux de ses sœurs étaient engagés. C'est donc grâce aux vingt mille francs du général que *la France libre* a vécu. Puis après ces vingt mille francs, il en a versé d'autres; puis après ces autres-là, d'autres encore, car c'est en jetant sans compter l'argent dans ses fondations qu'on édifie un journal nouveau. Mais le général n'est pas décidé à continuer ses versements, et *la France libre* va mourir, si tu ne me sauves pas en acceptant pour mari... Thierry Dubuquois.

— Que j'épouse cet homme ! s'écria Marianne, et c'est toi qui me le demandes, toi mon père !

— Pourquoi moi, ton père, ne te demanderais-je pas d'épouser M. Thierry Dubuquois ? dit-il.

Elle sentit que ce n'était pas en se laissant entraîner qu'elle se défendrait d'une manière utile; il lui fallait tout son calme au contraire, tout son sang-froid, toute sa raison.

— Pourquoi je suis... étonnée que tu parles de ce mariage? dit-elle; mais parce que au mois de septembre nous avons tous été d'accord pour le repousser.

— Dis qu'au mois de septembre je me suis rendu aux raisons que tu m'opposais.

— Les raisons qui étaient bonnes en septembre et qui t'ont touché sont bonnes aujourd'hui.

— Les circonstances ne sont plus ce qu'elles étaient.

— M. Thierry Dubuquois est aujourd'hui ce qu'il était au mois de septembre, ce qu'il a toujours été, ce qu'était son père.

— Laissons cela de côté pour le moment, nous y reviendrons tout à l'heure et je te prouverai que tu te trompes. Ne nous occupons que des circonstances. Quand tu as, en septembre, refusé ce mariage, tu t'es surtout appuyée sur notre position qui n'exigeait pas que, pour faire notre bonheur, tu prisses M. Thierry Dubuquois pour mari. Et je me suis rendu à cet argument parce qu'alors, en effet, mes espérances me permettaient de croire qu'au lieu de te demander quelque chose, je pourrais bientôt te donner moi-même beaucoup, et te mettre en état de choisir le mari idéal que toute jeune fille rêve.

Mais ces espérances ne sont qu'en voie de réalisation; pour qu'elles aboutissent il me faut ton concours, et voilà pourquoi je le demande, moi, ton père, faisant appel à la tendresse d'une fille que j'ai toujours vue affectueuse et dévouée.

— Ce à quoi tu t'es rendu, s'écria-t-elle, incapable de se contenir, c'est à la voix de l'honneur, qui t'empêchait de sacrifier ta probité et ta dignité à un mariage qui n'était qu'un marché. Il me semble que sur ce point les circonstances sont les mêmes, et que ce qui était un marché alors en serait un encore aujourd'hui.

— Où les circonstances ne sont plus les mêmes, c'est dans notre position. En septembre, je n'avais pas besoin de te demander un sacrifice. Aujourd'hui, ce besoin est tel, que si tu me refuses ce sacrifice, c'est la ruine, et ce qui est plus grave que la ruine, c'est le déshonneur, car je suis à la dernière extrémité, et dans quelques jours, demain peut-être, une faillite sera déclarée. C'est miracle qu'elle ne l'ait pas été encore, mais je suis aux abois et n'ai plus qu'à me laisser exécuter si tu ne me sauves pas.

Il se fit un silence; madame La Guillaumie lançait des regards éplorés à Marianne; La Guillaumie examinait sa fille; Marianne restait immobile, les yeux attachés sur le feu.

— Il y a des gens, continua La Guillaumie, pour lesquels la faillite n'est rien; mais il y en a d'autres pour lesquels elle est une honte à laquelle ils ne survivent pas. Je suis de ceux-là. Jamais je ne ferai faillite.

Une fois encore, il laissa un silence s'établir, et ce ne fut qu'au bout de quelques secondes qu'il poursuivit :

— Cependant je ne t'aurais pas demandé de me sauver si M. Thierry Dubuquois était aujourd'hui le même homme qu'autrefois. Tu es ma fille, et, Dieu merci ! j'ai assez souci de ton bonheur pour ne pas te marier à un ivrogne. Mais si M. Thierry Dubuquois s'est laissé entraîner à des excès regrettables dans sa jeunesse, ce qui a existé autrefois n'existe plus aujourd'hui. Il en est de l'ivrognerie, comme de tant d'autres maladies : elle est guérissable...

— En septembre aussi on disait que M. Dubuquois était guéri, et cependant tu n'as pas insisté pour ce mariage.

— On disait...

— C'était M. le doyen qui le disait.

— Aujourd'hui c'est son oncle, et, mieux encore, c'est l'expérience. S'il n'était pas guéri et bien guéri, il aurait éprouvé des rechutes. Depuis son retour d'Amérique et qu'il vit ici sous les yeux de tout le monde, y a-t-il quelqu'un qui l'ait vu ivre ? Avez-vous entendu dire qu'il s'était enivré, non fréquemment, mais une seule fois, une seule ?

— Non, répondit madame La Guillaumie.

— C'est ta mère elle-même qui le dit, et tu as foi en son témoignage, je pense ?

— Nous n'avons pas suivi M. Dubuquois jour par jour.

— N'épiloguons pas. Si M. Dubuquois s'était enivré, vous le sauriez, comme tout le monde le saurait à Hannebault. Que ne sait-on pas ! Que ne répète-t-on pas, surtout quand il s'agit de quelqu'un qu'on envie ! L'abbé Colombe dit qu'il est guéri ; le général Rœmel le dit aussi ; la voix publique le dit également. Le mari que je te demande d'accepter n'est donc pas un ivrogne, je dis plus : c'est un homme intelligent ; il l'a prouvé par la direction qu'il a su imprimer aux affaires de la maison depuis son retour. Enfin, ce qui ne gâte rien, c'est un homme de cœur ; ce qu'il a fait pour son vieil ouvrier mourant de la rage en est une preuve éclatante. Trouvez-en des jeunes gens dans la position de Thierry qui ont le courage d'embrasser un misérable enragé ! Tu conviendras que ce n'est pas pour son plaisir qu'on fait cela ; c'est par esprit de devoir, et l'esprit de devoir porté à ce point, c'est de l'héroïsme. Je ne suis donc pas un père dénaturé quand je te demande de prendre cet homme pour ton mari. Je suis dans une position désespérée ; je me noie ; c'est à peine si je peux encore soutenir ma tête au-dessus du gouffre qui m'entraîne ; tu acceptes ce mari, et aussitôt la maison Dubuquois étend au-dessus de moi sa puissante main qui me sauve du déshonneur et de la mort. Voilà ce que je viens te demander.

Elle n'avait pas bronché et elle continuait à regarder le feu, sourde aux appels que sa mère lui adressait.

Après un court moment d'attente, il reprit :

— Est-il un mauvais père celui qui, dans de pareilles conditions, fait appel à la générosité et au dévouement de sa fille ? A-t-il tort de compter sur elle? Tu nous répondras tout à l'heure. Je ne t'ai rien caché. Je n'ai rien exagéré. Je suis perdu. Tu n'as qu'un mot à dire pour me sauver. Et ce mot ne doit pas faire ton malheur; s'il en était ainsi, si M. Dubuquois était le mari que nous imaginions au mois de septembre, je ne te le demanderais pas. Mais au contraire, il doit te donner dans le monde une situation enviée, une des plus belles de l'industrie française, et il nous en donne aussi à ta mère et à moi une splendide, au lieu de la ruine et de la misère qui nous attendent. Une fille est en droit de compter sur le dévouement de ses parents; des parents sont-ils en droit de compter sur le dévouement de leur fille? Voilà la question dans toute sa sincérité. A toi de la décider. J'attends.

Jamais Marianne n'avait éprouvé émotion aussi poignante. Elle était bouleversée, et malgré ses efforts pour garder son calme, affolée. Cette voix de son père lui étranglait le cœur. Cet appel au nom des sentiments de la famille, du dévouement filial, de la tendresse l'anéantissait. Assurément son père n'avait point gâté son enfance et jamais il n'avait eu pour elle ces caresses, ces cajoleries, ces élans que tant de pères ont pour leurs filles et qui touchent si profondément, si délicieusement une âme sensible. D'autre part cependant il n'avait jamais été méchant pour elle. S'il l'avait souvent rabrouée et humiliée, c'était parce qu'il ne trouvait pas en elle les qualités qu'il lui aurait voulues et que dans son orgueil il avait rêvées. Enfin il était son père, et pour elle ce mot disait tout.

Oui, un père était en droit de compter sur le dévouement de sa fille, comme une fille était en droit de compter sur celui de ses parents; entre eux il devait y avoir une réciprocité parfaite. Au moins était-ce ce qu'elle avait toujours pensé et ce qu'elle avait toujours senti.

Et voilà qu'au moment où son père faisait appel à son dévouement, il fallait qu'elle lui répondît par un refus, le plus cruel, le plus accablant qui dût s'abattre sur lui.

Voilà que, quand il venait à elle, agitant sa main désespérée, à demi noyé, comme il disait lui-même, il fallait qu'elle ne prît pas cette main et qu'impassible elle assistât à ce naufrage.

La première fois qu'elle avait refusé de devenir la femme de Thierry, elle avait pu se contenter de se défendre en disant que ce mariage ne lui convenait pas, mais maintenant était-il possible qu'elle opposât aux prières désespérées de son père de simples raisons de convenances? Quand il parlait de la ruine, du déshonneur, de la mort, était-il possible qu'elle se contentât de répondre : « Ce mariage ne me plaît pas? »

Cela ne serait ni juste ni sincère, car, quelle que fût l'horreur que lui inspirait ce mariage, elle l'eût accepté si elle n'avait pas aimé François.

C'était François qui inspirait son refus, c'était pour lui et pour lui seul qu'elle ne cédait pas; il fallait donc, coûte que coûte, qu'elle parlât de lui. Il n'y avait plus de ménagements à garder, plus de prudence, plus d'adresse à employer; l'heure de la bataille décisive avait sonné.

D'ailleurs, voulût-elle la retarder encore que sa mère, bien certainement, ne le lui permettrait pas; elle parlerait, elle dirait l'amour de François, leur projet de mariage, leurs promesses.

Mieux valait donc qu'elle parlât elle-même.

— Je t'aurais déjà répondu depuis longtemps, s'il ne s'agissait que de moi, dit-elle.

Mais elle prononça ces derniers mots d'une voix si basse, qu'il ne les entendit pas.

— Tu dis?... demanda-t-il.

Elle se raidit contre cette faiblesse, indigne de son amour; ce n'était pas seulement pour elle qu'elle combattait, et c'était aussi pour François.

— Je dis, reprit-elle d'une voix affermie, que s'il ne s'agissait que de moi, je me résignerais par devoir filial à devenir la femme de M. Dubuquois, mais je n'ai pas le droit de sacrifier celui qui m'aime et que j'aime...

— Tu aimes ?...

— M. Néel, et nous nous sommes promis de nous épouser.

— Un employé! s'écria La Guillaumie.

— Que suis-je donc? répliqua-t-elle.

— Ma fille ! Et c'est parce que tu es ma fille que tu devrais savoir que je ne consentirais pas à ton mariage avec un employé. Et c'est aussi parce que tu savais cela que tu t'es cachée de moi.

Le reproche était trop juste, au moins sur ce point, pour que Marianne pût répondre et se défendre; elle ne pouvait qu'expliquer pourquoi elle avait gardé le silence.

— Nous attendions pour te demander ton consentement, dit-elle, que François eût réalisé une grande découverte qu'il poursuit et qui doit lui donner une belle fortune.

— Je ne suis pas un père qui ne comprend rien, continua La Guillaumie, ni la vie, ni les choses humaines ; j'admets que, dans la solitude qui est la vôtre ici, tu te sois laissé toucher par ce jeune homme. Il faisait de la musique avec toi, il te voyait souvent, il te parlait de ses grands projets. Tu as cru qu'un mariage entre vous était possible.

— Nous nous sommes aimés.

— Voyant en lui un mari, tu as cru que tu l'aimais ; mais maintenant tu dois sentir l'absurdité de cette rêverie de jeune fille.

— Cet amour n'est pas une rêverie, c'est un sentiment profond qui domine ma vie ; je suis à celui que j'aime et ne serai jamais qu'à lui.

— Et moi je te dis, s'écria La Guillaumie avec emportement, que tu ne seras jamais à lui. Ne me fais pas te le répéter et dans l'état où je suis ne me pousse pas hors de moi-même par des paroles imprudentes autant qu'inutiles. Tu as cru, tu as imaginé, tu as rêvé. Maintenant tu es en face de la réalité. D'un côté une amourette sans conséquence, sans passé comme sans avenir ; de l'autre, un mariage splendide, le plus beau que tu puisses désirer, qui te donne la fortune, l'influence, la puissance, et te fait une des femmes les plus brillantes de France, la plus enviée. D'un côté un jeune homme qui ne t'est rien, que tu ne connaissais pas il y a deux ans, que le hasard t'a fait rencontrer, et qui se consolera d'autant plus facilement de ton refus qu'il trouvera en lui-même que tu as eu bien raison de préférer à ce qu'il pouvait t'offrir, la grande position que te donne M. Dubuquois. Enfin, d'un autre côté, un homme qui t'aime, que tu aimes, le mari de ta mère, celui qui, depuis ton enfance, ne t'a donné que des marques de tendresse et d'affection, ton père, que tu réduis au déshonneur et à la mort si tu repousses le mariage qu'il te demande. Voilà la situation dans toute sa franchise et dans toute son horreur. Voilà ce que tu dois envisager, ce qu'il faut que tu pèses dans ton cœur de fille et dans ta conscience. Que dois-tu à celui qui ne t'est rien et qui se consolera facilement, comme tous les amoureux se consolent en aimant ailleurs ? Que dois-tu à ton père, qui est tout pour toi, dont la vie sera brisée, déshonorée, et qui vous entraînera dans son désastre, ta mère et toi, si tu n'es qu'une fillette sentimentale au lieu d'être une fille à l'âme vaillante ? Je ne veux pas médire de l'amour, mais envisage d'un esprit avisé, en regardant autour de toi, quelle place insignifiante il tient dans le monde. A vingt ans, on s'imagine qu'il est tout. Combien faut-il de temps pour reconnaître que ce n'est pas lui qui fait les heureux ménages, pas plus qu'il n'assure le bonheur de la vie et l'avenir des enfants ? Où vois-tu un mari et une femme qui s'aiment d'amour ? Dans les romans peut-être, et encore les romanciers qui cherchent le succès en flattant leur public se gardent-ils bien de montrer l'amour dans le mariage ; cela serait ridicule.

Il se tut et sans se rasseoir, il se mit à marcher par la chambre, tandis que madame La Guillaumie tenait ses yeux suppliants fixés sur sa fille, qui évitait de la regarder.

— C'est avec stupéfaction que j'ai entendu ce que tu viens de me dire, répondit enfin Marianne. Sans doute, tu sais la vie et le monde dont tu parles, tandis que moi je les ignore. Mais ce qui se passe dans la vie et dans le monde n'est rien pour moi. J'aime François, et je n'admets pas que je puisse être heureuse sans lui, comme je suis certaine qu'il ne peut pas être heureux sans moi. Nous nous aimons, et pour nous le présent, l'avenir, tout tient dans notre amour. Tu dis qu'il n'est rien pour moi. Je l'aime. Tu dis que je ne lui dois rien. Je lui dois tout, puisqu'i m'aime.

— Et moi alors, moi ton père, tu ne me dois rien ! s'écria La Guillaumie.

— Que puis-je ? dit-elle désespérément. Ah ! Dieu m'est témoin que je ferais tout et que je donnerais ma vie pour te venir en aide ; mais de cette vie je ne suis pas maîtresse, puisque je l'ai donnée. Si j'étais réellement la femme de François, tu ne me demanderais pas d'épouser M. Dubuquois ; eh bien, je suis la femme de François, puisqu'il a mon serment.

— Voilà donc l'ingratitude des enfants ! s'écria La Guillaumie.

Jusque-là madame La Guillaumie n'était intervenue que par quelques exclamations et par les appels éplorés que ses yeux adressaient à Marianne ; d'un geste elle ferma la bouche à son mari :

— N'accuse pas ta fille, dit-elle, n'accuse ni son cœur ni sa tendresse. Pour elle, la situation est terrible.

— Et pour moi, donc ! dit-il.

— Pour tous les trois, car la femme et la mère a aussi sa part de douleurs dans ce cruel débat. Tu voulais partir ; ne cède pas à la colère. Laisse les réflexions de la nuit peser sur Marianne, et au lieu de la presser de répondre, donne-lui jusqu'à demain, qu'elle s'interroge, qu'elle réfléchisse à ce que tu lui as dit, qu'elle pèse tout, comme tu le lui as demandé.

— Soit ! dit-il, aussi bien je suis brisé.

Marianne allait se retirer dans sa chambre, il la retint.

— Encore un mot, dit-il. Dans tes réflexions de cette nuit, tâche de t'élever au-dessus de considérations étroitement personnelles. Juge notre situation de plus haut, en faisant appel à tes souvenirs, et demande-toi ce que ferait une héroïne de Corneille placée entre ce qu'elle doit à son père et les inspirations de son amour, entre le devoir et sa passion. A demain.

VII

Marianne n'avait pas besoin des recommandations de sa mère pour réfléchir à sa situation.

Que lui importaient Corneille et ses héroïnes ! C'était bien à des fictions dramatiques qu'elle pouvait penser vraiment ! Comment en de pareilles circonstances son père avait-il l'esprit assez libre et le cœur assez dégagé pour avoir souci de Chimène, de Camille, d'Emilie ! Et d'ailleurs, si Chimène était partagée entre son amour pour Rodrigue et son devoir de venger son père ; — si Camille ne pouvait céder à son amour qu'en trahissant sa famille ; — si Emilie était prise entre Cinna et la mémoire de son père, est-ce qu'en fin de compte ce n'était pas toujours l'amour qui l'emportait ?

Rentrée dans sa chambre, au lieu de se coucher, elle s'était mise à sa table pour écrire à François, et c'était là, devant son papier blanc, qu'elle réfléchissait.

Elle était à François, elle s'était donnée, elle ne pouvait se reprendre ; ce serait une lâcheté et une infamie.

Ce fut ce qu'elle écrivit, simplement et sans phrases, sans protestations, mais avec une fermeté qui devait mettre la conviction et la foi dans le cœur de celui qu'elle aimait.

« Je suis à vous, cher François, et serai jamais
» qu'à vous ; sans doute on s'opposera à notre ma-
» riage, mais s'il en est ainsi soyez certain que, ne
» pouvant pas être votre femme, je ne serai pas celle
» d'un autre. Nous attendrons. C'est pour la vie que
» je vous aime. »

Elle se mit au lit ; mais elle était trop bouleversée, trop enfiévrée pour s'endormir. Lorsqu'elle s'assoupissait, une hallucination la réveillait brusquement : tantôt c'était son père qu'elle voyait un revolver à la main, tantôt c'était François qui se tuait dans l'église où l'abbé Colombe la mariait avec Thierry.

Et, sous l'oppression de ces cauchemars qu'elle ne pouvait secouer, elle reprenait le cours de ses pensées, plus effrayée, plus malheureuse à mesure que la nuit s'avançait et que les tristesses vagues du matin l'envahissaient.

Comme elle se réveillait ainsi en sursaut pour la quinzième ou la vingtième fois, elle crut voir sa mère devant elle. Ce n'était point une vision de son imagination affolée : un bougeoir à la main, madame La Guillaumie, enveloppée dans une robe de chambre et la tête couverte d'un fichu, s'avançait vers son lit.

— Il n'a pas dormi ; toute la nuit il a parlé, moitié rêvant, moitié éveillé, revenant toujours à ce qu'il nous a dit : « Je ne ferai pas faillite. » N'est-ce pas la preuve que si on ne vient pas à son aide, il se tuera ?

— Suis-je donc la seule qui puisse venir à son aide ?

— Que veux-tu dire ?

— Que mon père, dans son embarras, a pensé à moi parce qu'il a cru que j'accepterais ce mariage. Quand il sera certain que jamais je ne prendrai M. Dubuquois pour mari, il se tournera d'un autre côté, et avec son intelligence, sa souplesse, sa persévérance, il sortira de cette crise comme il est déjà si souvent sorti de tant d'autres.

— Tu vois bien que, sans le général Rœmel, il était perdu.

— Et toi tu dois voir qu'à ce moment il ne pensait pas à s'adresser à moi; il n'aurait pas fait faillite alors cependant. Je ne sais pas ce qui s'est passé, mais je suis sûre que tout cela a été arrangé par la famille Dubuquois, qui a trouvé ce moyen pour m'obliger à devenir la femme de M. Thierry. Il serait ingénieux, ce moyen, si je n'aimais pas François, car malgré l'horreur que m'inspire M. Thierry, je céderais pour sauver mon père. Mais j'aime François, et rien ne me fera céder.

— Malheureuse enfant !

— N'ajoute pas ta condamnation à mon désespoir; tu ne sais pas ce que je souffre.

Sans doute madame La Guillaumie ne condamnait pas Marianne, mais il était bien évident qu'elle ne comprenait pas ce refus d'accepter Thierry. Pendant plus de vingt années elle avait accepté toutes les exigences de son mari sans les discuter, sans même penser à se défendre ; comment Marianne maintenant n'accepterait-elle pas celles de son père ? N'est-ce pas le rôle de la femme de se sacrifier toujours ?

Marianne n'était pas en état d'engager une discussion avec sa mère, ce n'était ni le lieu ni le moment ; cependant cela lui était si cruel de ne pas trouver d'appui chez celle qui non seulement l'approuvait toujours, mais qui même l'admirait en tout, qu'elle ne put pas laisser passer ce dernier mot sans protestation.

— Si mon père me demandait de commettre un crime pour le sauver, me conseillerais-tu de lui obéir ? Non, n'est-ce pas ? Eh bien, ce serait un crime que je commettrais si j'épousais M. Dubuquois. En est-il de plus grand que de trahir celui qu'on aime ? En est-il de plus honteux que de manquer à sa foi et à sa parole ? Tu penses à mon père en ce moment, tu ne vois que son désespoir. Pense un peu à moi aussi. Imagine ce que serait ma vie auprès de ce misérable ivrogne, juge-la d'après ce qu'a été celle de madame André. Et madame André n'a pas été femme seulement ; elle a été mère aussi. Est-il au monde un supplice plus effroyable que le sien ? Et je serais cette femme, et je serais cette mère ? Non, tu ne peux pas vouloir cela.

— Est-ce que je veux quelque chose ! s'écria madame La Guillaumie, que cet appel remua jusqu'au fond de ses entrailles de mère. Je vois ton père dans le danger ; je voudrais le sauver.

— Veux-tu que je lui dise que j'épouserai

M. Thierry quand je suis décidée à ne l'épouser jamais?

— Je voudrais qu'il pût croire que tu céderas un jour, ou tout au moins je voudrais qu'il pût croire que tu n'es pas aussi ferme dans ton refus que tu t'es montrée hier soir, que tu réfléchiras, que tu accepteras peut-être; enfin je voudrais qu'il partît avec une espérance. N'est-il pas tout naturel que, dans une circonstance aussi grave, tu aies besoin de réflexion, et qu'il faille que tu t'habitues à une idée qui tout d'abord te bouleverse? Ce serait déjà un adoucissement. Ne sens-tu pas ce qu'il y a de blessant pour un père dans ton « jamais »?

— J'aurais cru tromper mon père en ne lui disant pas la vérité; pourquoi parler de « peut-être », quand le mot que je sens dans mon cœur est « jamais »?

— Pour ne pas lui porter en ce moment un coup trop cruel. Pour gagner du temps.

— Fais ce que tu voudras.

VIII

Ce fut seulement quelques instants avant son départ que La Guillaumie adressa la parole à sa fille.

— Ta mère m'a dit que tu demandais à réfléchir et à t'habituer à cette idée de mariage. Cela me paraît enfantin dans les conditions où nous nous trouvons. Mais enfin je compte que tu ne feras pas traîner le temps. Tu dois comprendre aussi que tu ne verras plus François Néel, qui ne sera jamais ton mari. Je lui ai écrit à ce sujet.

Peut-être en eût-il dit davantage, mais Badoulleau arriva, et il ne fut plus question que du succès de *la France libre*.

— Ah! si vous étiez venu avec moi, dit La Guillaumie, quel tracas vous m'auriez évité ; la rédactio et l'administration, c'est trop.

— Malheureusement, il est trop tard, répondit Badoulleau.

— Sans doute ; mais ne regrettez rien, mon brave Badoulleau ; après tout, vous avez la tranquillité, le repos ; et cela vaut bien le succès, si beau qu'il soit.

— Si vous m'aviez prévenu de votre arrivée, je

vous aurais organisé une entrée triomphale ; votre campagne en faveur de notre chemin de fer vous a rendu populaire dans le pays ; si vous voulez être député, vous êtes sûr de passer ici aux prochaines élections.

— Tu vois ! dit La Guillaumie en s'adressant à Marianne.

Comment ne serait-elle pas touchée de ce que disait Badoulleau ? Pour qu'il devînt député, que fallait-il ? Simplement que *la France libre* durât ; et pour cela, elle n'avait qu'à accepter Thierry. Directeur de *la France libre*, député d'Hannebault, beau-père de Thierry Dubuquois, quelle place n'allait-il pas prendre dans le monde ! Un mot de sa fille, et tout cela se réalisait pour lui. Comment ne le dirait-elle pas ?

Elles le conduisirent au café du *Progrès*, accompagnées de Badoulleau. Déjà, malgré l'heure matinale, Toussaint et le Major étaient assis en face l'un de l'autre, commençant une partie de dominos qui, avant le soir, serait suivie de beaucoup d'autres ; ne s'interrompant que lorsqu'on venait chercher le médecin pour quelque malade impatient ; alors, Toussaint, pour employer le temps de l'attente, s'occupait à étudier, sous la direction de son professeur, la belle Apolline, les logogriphes, les charades, les rébus, les mots carrés qu'ils n'avaient pas encore devinés.

En voyant La Guillaumie entrer dans le café, le Major et Toussaint reprirent leurs invitations de la veille ; mais La Guillaumie ne put pas accepter, l'omnibus allait partir ; il n'eut que le temps de glisser un mot à sa fille :

— Ma vie est entre tes mains, notre bonheur à tous.

Il fallait qu'il répondît aux étreintes de Badoulleau, de Toussaint et du Major, qui, en l'accompagnant, répétait :

— Vous savez, *la France libre*, c'est ça, mon cher, c'est ça.

La voiture partit.

Marianne et madame La Guillaumie s'en revinrent lentement à la pension, sans parler ; ce fut seulement au moment d'entrer que Marianne aborda le sujet qui, depuis le départ de son père, lui serrait le cœur : la lettre à François.

— Mon père m'a dit qu'il avait écrit à François ; que comptes-tu faire de cette lettre ?

— Mais l'envoyer ; je l'ai promis à ton père, et je ne puis pas faire autrement.

— Il me semble précisément que tu pourrais faire autrement ; c'est bien brutal de lui envoyer cette lettre, qui est peut-être très dure elle-même. Sais-tu ce qu'elle contient ?

— Ton père ne me l'a pas donnée à lire ; il m'a dit seulement qu'il défendait notre maison à M. Néel.

— Tu vois.

— Ton père, ne voulant pas de ce mariage, ne peut pas permettre que M. Néel te voie tous les jours.

— Je le comprends et ne me révolte pas ; c'est la volonté de mon père, je la subis... en attendant. Mais il me semble que François n'a pas mérité d'être traité ainsi. Ce n'est pas avec un homme comme lui qu'on agit de cette façon.

— Que veux-tu ? il faut bien que cette lettre de ton père lui soit remise, je l'ai promis.

— Je ne demande pas qu'elle ne lui soit pas remise ; je demande seulement que tu la lui remettes toi-même, en ma présence. Je le verrai pour la dernière fois et lui expliquerai que je n'ai pas manqué à mon engagement. Songe à ce qu'il va souffrir. Il m'aime. Laisse-lui au moins la foi en son amour.

Madame La Guillaumie refusa tout d'abord : elle avait promis d'envoyer cette lettre, elle devait l'envoyer ; mais, comme toujours avec sa fille, elle finit par céder.

François devait venir le soir ; on ne lui écrirait pas et madame La Guillaumie lui remettrait elle-même la lettre de son mari, que Marianne expliquerait.

A huit heures, François arriva, exact comme toujours, et même plus pressé encore que de coutume, car il avait appris la visite de La Guillaumie et il avait hâte de savoir ce qui s'était passé. Etait-elle favorable à leur mariage ? Était-elle menaçante pour leur amour ? Les deux étaient également possibles, et le raisonnement ne montrait pas plus de chances d'un côté que de l'autre.

Mais en trouvant Marianne et madame La Guillaumie dans le salon où elles l'attendaient, il vit tout de suite dans leur attitude et sur leurs visages que c'était un danger qui le menaçait.

— J'ai appris que M. La Guillaumie était venu à Hannebault, dit-il, ayant hâte de savoir.

Ce fut Marianne qui répondit ; car au frémissement de la voix de celui qu'elle aimait, elle avait senti l'émotion et l'anxiété qui inspiraient cette question détournée.

— Mon père est venu me demander d'accepter pour mari M. Thierry Dubuquois.

Comme il allait laisser échapper un cri, vivement elle lui ferma les lèvres.

— Vous savez quelle a été ma réponse : jamais je ne serai la femme de M. Thierry. Mais ce que vous ne savez pas, c'est que pour expliquer mon refus, j'ai dû avouer notre amour à mon père. A cet aveu, mon père a répondu que jamais il ne consentirait à notre mariage, et il vous a écrit pour vous défendre notre maison. Ma mère devait vous envoyer cette lettre. Elle a bien voulu céder à ma prière et vous laisser venir, de façon à ce que je vous explique ce qui s'est passé et vous dise que, quoi qu'il arrive, je suis à vous et ne serai qu'à vous — votre femme.

— Voici la lettre de mon mari, dit madame La Guillaumie, qui, trouvant que l'entrevue prenait un accent trop tendre, crut à propos d'intervenir.

— Ainsi, continua Marianne, nous allons être séparés ; mais, je l'espère, ce ne sera pas pour longtemps.

Et elle expliqua sur quoi s'établissait son espérance en répétant tout ce qui s'était dit entre son père et elle.

Plusieurs fois madame La Guillaumie voulut l'interrompre, honteuse et humiliée de voir ainsi mettre à nu une situation qu'elle eût voulu tenir cachée ; mais Marianne poursuivit son explication jusqu'au bout, franche et complète, car pour elle il n'y avait ni honte ni humiliation à dire à François tout ce qui la touchait, elle et sa famille : une femme n'a rien à cacher à son mari. Et puis, d'ailleurs, il lui semblait que, pour qu'il ne se désespérât pas de cette séparation, il fallait qu'il vît bien dans quelles conditions elle avait lieu.

Elle suivait l'effet de ses paroles sur le visage de François, et à mesure qu'elle avançait dans son récit, elle voyait ce visage tout d'abord bouleversé et convulsé s'éclaircir et se rasséréner ; aussi appuyait-elle sur ses explications, surtout sur le rôle qu'elle attribuait à la famille Dubuquois et au général Rœmel.

— Ainsi, dit François lorsqu'elle se tut, M. La Guillaumie ne me reproche que ma qualité d'employé ?

Avant que Marianne répondît, madame La Guillaumie prit la parole :

— Vous savez que mon mari avait pour vous autant d'estime que d'amitié, dit-elle, et s'il s'oppose à ce mariage, c'est parce qu'il a toujours rêvé une grande fortune pour sa fille. C'est un orgueil de père qu'il faut comprendre.

— Je le comprends d'autant mieux que je le trouve légitime. Donc si je pouvais tirer M. La Guillaumie des embarras qui l'accablent, il ne penserait point du tout à M. Thierry ?

— Mon père a refusé M. Thierry quand il était libre de faire ce qu'il voulait et de parler haut ; ce n'est que depuis qu'il est à bout de ressources qu'il s'est résigné à ce mariage, — pour lui le seul moyen de se sauver, de sauver son journal, d'échapper à la ruine et à la faillite.

— Eh bien, tout n'est pas perdu encore, s'écria François.

— Que voulez-vous dire ? demandèrent en même temps Marianne et madame La Guillaumie.

— Je vous ai souvent parlé du procès que ma grand'-mère soutient contre l'État, procès gagné bien des fois par elle depuis cinquante ou soixante ans qu'il est engagé, mais jamais complètement par suite de chicanes et de moyens de procédure que tous les gouvernements qui se sont succédé lui ont toujours opposés, si bien que ces soixante années ont été employées par elle à plaider à Angers, à Paris, à Rouen, à Poitiers, à Rennes, à Orléans. Il paraît qu'aujourd'hui on veut en finir avec elle, et on lui propose une transaction, une très grosse somme, plusieurs centaines de mille francs, ce qui n'a rien d'invraisemblable pour qui sait que son procès définitivement gagné, ce sera plusieurs millions qu'on aura à lui payer. Avec sa persévérance, son obstination de plaideuse si vous voulez, ma grand'mère m'écrit qu'elle refuse cette transaction et qu'elle veut tout ce qui lui est dû. Je partirai pour Paris demain matin, et je lui demanderai d'accepter l'arrangement qu'on lui propose. Me refusera-t-elle ? Cela me semble impossible à admettre. Quand je lui aurai fait comprendre que c'est mon bonheur qu'elle assure, elle cédera. Combien de fois m'a-t-elle écrit, m'a-t-elle répété que c'est pour moi, pour moi seul qu'elle soutient ce procès !

IX

François Néel n'était point un esprit chimérique, mettant son espoir et sa consolation dans un lendemain qui doit être radieux par cela seul que la veille a été triste et misérable. Jamais il n'avait cru aux millions de ce procès qui avait dévoré la vie de son père et de sa grand'mère, et malgré tout ce que celle-ci lui avait dit et répété, il ne s'était point laissé éblouir par ce mirage ; il avait travaillé, et il n'avait rien attendu que du travail. Aussi n'était-ce point par appât du gain qu'il avait nourri ce procès de la moitié de ses appointements, mais simplement par devoir filial. Si tous les mois il envoyait cinq cents francs à sa grand'mère, ce n'était pas pour qu'elle pût continuer de plaider, mais pour qu'elle vécût. Parce qu'elle ne prenait sur cette pension que ce qui lui était strictement nécessaire pour ne pas mourir de faim, employant le surplus à payer les frais de son procès, ce n'était pas une raison pour qu'il diminuât cette rente. Il faisait de son côté ce qu'il pouvait et ce qu'il devait, elle faisait du sien ce qu'elle voulait. Les choses étaient bien ainsi, il avait la conscience tranquille même quand il refusait les suppléments que sa grand'mère lui demandait régulièrement, trois ou quatre fois par mois, tantôt sous un prétexte, tantôt sous un autre, car elle se mettait en peine d'inventions, la vieille plaideuse, sachant l'horreur que son petit-fils éprouvait pour tout ce qui touchait à la justice et à la procédure. Comme une enfant qui cherche à tirer des carottes à ses parents, elle s'ingéniait à trouver des histoires pour l'apitoyer.

L'été, elle souffrait de la chaleur, et elle avait besoin d'une petite somme pour s'acheter une robe légère. L'hiver, c'était une robe chaude ou un manteau qu'il lui fallait pour se défendre du froid : à son âge, quatre-vingts ans, on est sensible aux températures extrêmes. Et puis il y avait les maladies, que ce grand âge expliquait aussi ; et toujours son médecin lui ordonnait les médicaments les plus chers, le vin de quinquina, les fortifiants. Si François avait toujours refusé, elle se serait sans doute lassée. Mais il ne refusait pas toujours ; bien qu'il sût qu'elle n'avait jamais consulté de médecin, ni bu une goutte de vin de quinquina, et qu'elle ne connaissait même pas le nom de ces réconfortants dont elle parlait, il envoyait de temps en temps quelque petite somme supplémentaire qui, aussitôt reçue, allait s'engloutir non dans le tiroir du pharmacien, mais dans la caisse de l'avoué. Comment se montrer inébranlable quand la pauvre vieille parlait du froid qu'elle endurait, ou du chaud qui l'accablait ? C'était vrai qu'en hiver elle avait froid et qu'en été elle avait chaud. Plus froid même ou plus chaud qu'une autre, puisqu'en toutes saisons, du commencement à la fin de l'année, elle ne portait qu'une robe de laine noire, toujours la même, un chapeau de paille noire et un petit manteau en mérinos qui, dans des temps reculés dont il n'avait que vaguement souvenir, avait été orné d'une garniture de jais. Il se disait bien que l'argent qu'il envoyait ne servirait pas plus à l'acquisition d'une robe qu'à celle d'une bouteille de vin de quinquina, mais il l'envoyait quand même.

Cependant, si incrédule qu'il fût à l'égard de ces millions, il ne pouvait pas croire que la transaction dont sa grand'mère lui parlait était une histoire comme celle des robes chaudes ou des robes légères. Pourquoi l'eût-elle trompé ? Elle n'avait aucun intérêt à le faire. Loin de là, car en lui annonçant cette offre de transaction, elle s'exposait à ce qu'il lui conseillât de l'accepter, — et ce conseil il le lui avait donné avec toutes sortes de bonnes raisons pour l'appuyer.

D'ailleurs, s'il y avait une chose étonnante, c'était que depuis longtemps déjà cette transaction n'eût pas été proposée par l'administration contre qui les nombreux jugements et arrêts qui s'étaient succédé en ce procès avaient été toujours prononcés et qui n'avait pu traîner ainsi les choses en longueur que parce qu'elle était l'administration.

Qu'étaient quelques centaines de mille francs dans cette affaire qui, si elle se terminait jamais, ne coûterait pas moins de six à sept millions à l'État, ou même plus de dix millions comme le prétendait sa grand'mère, si le chiffre des fruits et dommages-intérêts qu'elle réclamait était accepté!

François ne croyait pas aux six ou sept millions, mais il croyait à la justice de la cause que soutenait sa grand'mère, et trouvait par conséquent une transaction toute naturelle.

Avant la Révolution, un échange avait été conclu entre son arrière-grand-père et l'État, qui abandonnait à celui-ci deux mille hectares de bois à prendre dans les Alpes mancelles ; mais au moment de la livraison des bois cédés, des difficultés avaient été soulevées par les agents de l'administration, sur la situation et la délimitation de ces bois, et un procès s'était engagé. La Révolution l'avait suspendu, et il n'avait été repris qu'au commencement de l'empire. Comme les droits du cédant étaient certains et que les tribunaux ne pouvaient que les valider, les agents de l'État avaient trouvé ingénieux de faire rendre par l'empereur une ordonnance qui annulait la concession accordée par le roi, de sorte que l'Etat gardait ce qui lui avait été cédé, et en échange ne donnait rien du tout. Il n'y avait rien à faire contre cette ordonnance; on avait subi la loi du plus fort. Mais ceux qui rendent les ordonnances ne sont pas éternels. Napoléon tombé, Louis XVIII avait validé la concession accordée par Louis XVI, et le procès avait recommencé sur la question de savoir dans quelle partie des Alpes mancelles seraient pris les deux mille hectares cédés par l'échange. C'était ce procès que la grand'mère de François, qui avait alors vingt ans, avait apporté par son contrat de mariage dans la famille Néel.

L'Etat offrait de livrer ces deux mille hectares dans des landes sablonneuses entièrement dénudées qui n'avaient alors aucune valeur, et madame Néel demandait les prendre dans une forêt plantée d'arbres magnifiques de cent cinquante ans d'âge. C'était sur ce point que le procès durait depuis plus de cinquante ans : prendrait-on les deux mille hectares échangés à l'est d'une certaine ligne, ou bien les prendrait-on à l'ouest? A l'ouest c'était une fortune de plus de quatre millions, sans compter les fruits et les dommages-intérêts qui revenaient à la famille Néel, c'est-à-dire, six ou sept millions; à l'est, c'était à peine une centaine de mille francs.

Sans être riche, la famille Néel jouissait à ce moment d'une belle aisance. Toutes ses ressources avaient été employées à soutenir ce procès devant les juridictions où les hasards de la procédure l'avaient successivement promené : à Angers, Paris, Rouen, Orléans, Caen. Chaque année on avait vendu une pièce de terre. Qu'importait? Dans quelques mois, on entrerait en possession d'une forêt qui vaudrait quatre millions, et on toucherait plusieurs millions de fruits.

Les quelques mois avaient duré soixante ans; ils avaient mangé les unes après les autres les pièces de terre du patrimoine des Néel, usé et empoisonné l'existence du grand-père et du père de François, qui étaient morts à la peine, autant d'exaspération que de misère.

Seule, la vieille grand'mère était restée debout, ferme dans sa foi, convaincue de son bon droit, ne se laissant pas plus abattre que tenter ou effrayer.

Tout ce qu'on avait essayé sur elle ou auprès d'elle avait échoué : aussi calme quand elle avait gagné que quand elle avait perdu, elle ne pensait qu'à engager une nouvelle lutte ou à la soutenir, n'ayant d'autre souci que de se procurer l'argent nécessaire à son procès.

Bien souvent elle avait dû, faute de ressources, attendre des mois et des années pour lever un jugement ou faire exécuter un acte de procédure. Une fois même qu'elle avait gagné son procès, si complètement qu'en outre des deux mille hectares que l'arrêt lui accordait en pleine forêt, il lui allouait des arrérages de quarante mille francs par an remontant à vingt ans en arrière, elle n'aurait pas pu tirer parti de cet arrêt, manquant d'argent, si le ministre contre lequel elle plaidait ne lui était venu en aide. Pris de pitié pour cette malheureuse femme, que son administration harcelait de misérables chicanes, entassant arrêtés de préfets sur jugements, pourvois sur arrêts, épuisant toutes les juridictions, celles des conseils de préfecture, du conseil d'Etat, des tribunaux civils, de la cour de cassation, plaidant toujours, et trouvant sans cesse quelque moyen pour recommencer l'affaire quand elle semblait terminée, ce ministre au cœur juste et charitable avait fait l'avance des frais d'expertise que madame Néel ne pouvait payer.

— Elle finira par se décourager, disait-on, et, de guerre lasse, par la fatigue ou la mort nous en viendrons à bout.

C'était l'importance même des intérêts en litige qui faisait l'acharnement de la défense ; s'il n'avait été question que de quelques centaines de mille francs, on aurait payé. Mais six millions, dix millions peut-être, jamais. Et l'on plaidait, sans penser à l'iniquité de ce procès.

Cependant rien n'avait découragé « la petite mère Néel », comme on disait au Palais, et l'on n'était pas venu à bout d'elle par la fatigue, car justement elle ne connaissait ni la fatigue, ni le découragement.

C'était alors qu'on avait eu l'idée de lui proposer une transaction.

— Finissons-en.

La refuserait-elle?

François avait à tel point l'horreur de ce procès, qui lui avait pris son père, sa mère et son patrimoine, qu'il ne serait pas intervenu dans cet arrangement autrement que par la lettre écrite à sa grand'mère et dans laquelle il l'engageait à accepter cette transaction. Que lui importait? Il n'avait jamais compté sur cette fortune, et même il n'avait jamais cru que ce procès dût finir un jour, étant bien décidé à l'abandonner quand il serait l'héritier de sa grand'mère.

Mais dès là qu'il pouvait trouver dans cette transaction un moyen d'obtenir Marianne, les raisons trop bonnes qu'il avait pour ne pas vouloir s'occuper de cette affaire n'existaient plus.

Sa grand'mère l'écouterait; il la toucherait en lui parlant de son amour et de son prochain mariage. Ne devait-elle pas avoir besoin de repos? Ne serait-elle pas heureuse de vivre enfin de la vie de famille, calme et tranquille?

N'avait-elle pas quatre-vingts ans?

X

Quand le lendemain matin François arriva au *café du Progrès* pour prendre l'omnibus du chemin de fer, il trouva Toussaint déjà installé dans la voiture.

— Est-ce que vous iriez à Paris, par hasard ? demanda Toussaint.

— Oui.

— Quelle chance ! nous ferons route ensemble ; j'y vais aussi. Il faut bien de temps en temps se retremper ; on deviendrait croûte à vivre toujours ici.

Ce n'était pas une chance pour François de faire route avec Toussaint, pour qui il n'avait guère de sympathie ; mais il fallait bien que, bon gré, mal gré, il acceptât ce compagnon de voyage qui s'imposait.

— J'ai emporté mes instruments de travail, dit Toussaint, en tirant de la poche de côté de son veston un jeu de cartes ; en route nous pourrons en tailler une.

— Je ne joue jamais.

— Alors à quoi passez-vous votre temps ? Vous devez joliment vous ennuyer.

Mais il fut interrompu par un psit, psit, répété qui partait d'une fenêtre du premier étage, c'était la belle Apolline, qui beaucoup moins belle en sortant du lit que lorsqu'elle était habillée, parée, coiffée, lui adressait ses adieux.

— Bon voyage !

— Elle est vexée comme un âne, dit Toussaint.

Mais François ne demandant pas pourquoi la belle Apolline était vexée comme un âne, Toussaint ne put pas continuer ses confidences ; d'ailleurs la voiture partait.

Ce fut seulement à la gare, en attendant le train, que Toussaint reprit la conversation avec François.

— Est-ce que vous savez l'adresse de Berthe d'Escoran ? demanda-t-il.

— A Grenelle.

— Chez son cousin, rue Mademoiselle. Je la connais, celle-là. Mais c'est de l'histoire ancienne. On ne demeure pas à Grenelle, chez un cousin pauvre, quand on a équipage.

— Comment équipage !

— Parfaitement ! Lajardie, qui la connaît bien, l'a vue seule au Bois, dans une victoria pleine de chic et très correcte ; c'est clair. J'ai demandé son adresse au père d'Escoran, il n'a pas voulu me la donner ; voilà pourquoi je vous demandais si vous la saviez.

Marianne avait lu à François la dernière lettre de Berthe, celle dans laquelle elle annonçait son début. Que signifiait un pareil changement ? Ce n'est pas à l'Ambigu qu'on gagne des victorias pleines de chic et très correctes. Savait-elle donc déjà ce qui devait arriver quand elle écrivait : « Je suis une de ces femmes dont on dit : « Elle a mal » tourné. Le mieux est de m'oublier. » Cela s'était-il réalisé ? Avait-elle mal tourné ? Cela paraissait vraisemblable, si Lajardie ne s'était pas trompé et l'avait réellement vue au Bois. Pauvre fille !

Mais François était trop préoccupé pour penser longtemps à Berthe ; lorsqu'il fut installé dans son wagon, feignant de dormir pour échapper aux questions ou aux récits de Toussaint, il revint à sa grand'mère, à La Guillaumie et à Marianne.

En arrivant à Paris, ils se séparèrent, et pendant que Toussaint s'en allait de son côté, François se fit conduire à un hôtel de la rue d'Amsterdam, afin d'être logé auprès de sa grand'mère, qui demeurait dans le passage Tivoli, cette triste et pauvre ruelle que peu de Parisiens connaissent, bien qu'elle soit dans un quartier où tout le monde passe; puisqu'elle va de la rue de Londres à la rue Saint-Lazare.

Quoique l'heure du dîner fût passée depuis longtemps déjà, il voulut avant tout aller chez sa grand'mère ; il savait combien peu régulière elle était dans ses habitudes, sacrifiant tout à ses affaires ou plutôt à son unique affaire, son procès, et elle pouvait être en retard ; dans ce cas il l'emmènerait dîner avec lui et lui offrirait un festin comme elle n'en voyait pas souvent.

Elle demeurait dans une maison borgne du passage, dont l'allée, fermée par une petite barrière jaune, se trouvait entre la boutique d'un marchand de vin et celle d'un marchand de cuirs et de crépins; à l'entresol était la loge du concierge.

Quand François demanda si madame Néel était chez elle, une petite fille, à moitié endormie, qui gardait la loge, répondit qu'elle était sortie, mais qu'elle rentrerait bientôt sans doute.

— Qui vous fait croire qu'elle doive rentrer bientôt?

— Je pense qu'elle est sortie pour acheter son dîner ; si vous voulez revenir, bien sûr que vous la trouverez.

François se mit à se promener devant la maison, regardant dans les quelques boutiques restées ouvertes s'il n'apercevait pas sa grand'mère. Mais cette promenade était pénible, car il soufflait un vent du nord qui fouettait une pluie glaciale mêlée de neige fondue.

Pour réagir contre le froid il accéléra le pas, descendant de la rue de Londres à la rue Saint-Lazare, et remontant de la rue Saint-Lazare à la rue de Londres, marchant vite, serré dans son pardessus, abrité sous son parapluie qu'il tenait aussi bas que possible.

A un certain moment, ennuyé de suivre toujours le même chemin, il tourna dans la rue de Londres et la descendit; elle était déserte et les verres des becs de gaz ternis par la pluie éclairaient mal la chaussée. Comme il passait devant une grande porte, une ombre qui se tenait là à demi abritée lui adressa quelques mots qu'il n'entendit pas ; cependant il crut comprendre qu'on lui demandait la charité.

En mettant la main dans sa poche, il releva son parapluie et alors ses yeux tombèrent sur cette ombre ; c'était une femme de petite taille, vêtue de noir, coiffée d'un chapeau de paille.

Il fit un soubresaut, se demandant s'il était le jouet d'une hallucination. Puis vivement, il avança la tête et regarda cette femme.

— Grand'mère !

— François !

— Vous qui tendez la main dans la rue !

— Je n'ai pas mangé depuis hier matin.

Après le premier mouvement de la stupéfaction, François s'était remis.

— Prenez mon bras, dit-il, abritez-vous sous mon parapluie.

Et il l'emmena du côté de la rue d'Amsterdam, n'osant pas l'interroger, n'osant même pas parler.

Sa grand'mère mendiant ! Qu'avait-elle donc fait de l'argent que tout dernièrement encore il lui avait envoyé ?

Elle alla elle-même au-devant de cette question qu'il ne pouvait pas lui adresser.

— J'ai eu un jugement à lever, dit-elle, quelques frais à payer, ton argent a été absorbé ; cela va si vite avec ces brigands !

— Et que seriez-vous devenue si je ne vous avais pas rencontrée ?

— Je serais rentrée et me serais couchée sans dîner... cela m'est arrivé plus d'une fois. Quand je devrais avoir cinq cent mille francs de rente, je n'ai pas deux sous pour acheter du pain. Voilà ce qu'on appelle la justice.

— Pourquoi ne m'avez-vous pas écrit ?

— Tu n'es pas facile à l'argent quand je t'écris.

— A l'argent qui doit aller fondre dans ce procès infernal, mais pour vous !

— C'est vrai, tu es un bon garçon ; je ne te fais pas de reproches.

Ils étaient arrivés devant le restaurant de la gare.

— Nous allons dîner là, dit François.

— Tu n'as donc pas dîné ?

— Arrivé à Paris depuis une heure, mon premier soin a été de venir vous chercher pour que nous dînions ensemble. On m'a dit que vous étiez sortie et que vous alliez rentrer. Je me promenais en attendant.

En entrant dans le restaurant, tout flambant de lumière, François vit que sa grand'mère était mouillée ; son petit manteau de mérinos était lustré par la pluie, car c'était bien toujours le même manteau, le pauvre vieux manteau qu'il lui voyait depuis tant d'années, et non un bon et chaud qu'elle lui avait demandé au commencement de l'hiver et pour lequel il avait envoyé de l'argent.

— Ce n'est rien, dit-elle en devinant aux regards de son petit-fils ce qui se passait en lui, il séchera pendant que nous dînerons, il fait chaud ici.

— Vous devez être glacée?

— J'en ai vu bien d'autres.

Un garçon s'était avancé pour mettre leurs couverts, et tout en essuyant la nappe, il énumérait les plats du jour.

— Potage julienne, Saint-Germain, consommé, potage aux herbes ; en poisson, turbot, saumon, soles ; comme rôti, nous avons le filet qui est tout prêt, un bon petit poulet si vous n'êtes pas trop pressés.

— Nous sommes très pressés, dit madame Néel en faisant un signe à son petit-fils que celui-ci ne comprit pas.

— Alors le filet, dit le garçon, revenant à son affaire, vous n'aurez pas à attendre. Comme vin voulez-vous une bouteille de Saint-Julien?

— Non, dit madame Néel, répétant son signe.

— Alors, c'est le bourgogne que vous préférez: Mâcon, Nuits?

— Servez toujours le potage, dit François, et vivement, je vous ferai le menu pendant ce temps-là.

Tout en marchant dans la rue auprès de sa grand'mère il s'était dit qu'il allait offrir à la pauvre vieille femme, qui n'avait pas mangé depuis la veille, un bon dîner fin, ce qu'il y aurait de meilleur, au moins ce qui pouvait la tenter et lui être agréable; aussi en la voyant lui faire des signes, ne comprenait-il pas du tout ce qu'ils pouvaient signifier. Avait-elle peur de trop manger après cette abstinence de deux jours?

Elle alla encore au-devant de sa question.

— Il ne faut pas commander des mets chers, dit-elle à voix basse, quand le garçon fut éloigné pour aller chercher le potage.

— Ne vous inquiétez pas de cela, grand'maman ; donnez-moi le plaisir de vous offrir un bon dîner.

— Cela ne sert à rien un bon dîner ; manger suffit.

— Cela sert à faire plaisir à celui qui invite.

— Tu as donc bien de l'argent ?

— Au moins en ai-je assez pour que vous preniez ce qui peut vous être agréable.

— Eh bien, économisons-le ce soir ; tu me le donneras demain ; je lui trouverai un emploi plus utile.

XI

François n'avait rien répondu à sa grand'mère, et celle-ci pouvait croire qu'elle l'avait convaincu ; aussi se fâcha-t-elle quand elle l'entendit donner le menu au garçon :

— Saumon, poulet...

— Non, interrompit-elle, c'est inutile ; un plat suffît.

Mais François, tout en servant le potage, continua son énumération.

Peut-être madame Néel se fût-elle défendue si le fumet du consommé ne l'avait pas distraite. Il y avait deux jours qu'elle n'avait pas mangé ; la faim l'emporta sur l'économie.

— Mange doucement, dit François, effrayé de sa voracité.

— N'aie pas peur ; rien ne me fait mal.

Puis, se reprenant, — car cette affirmation était en contradiction avec ses plaintes habituelles sur sa mauvaise santé, qui exigeait tant de soins et tant de médicaments ; — elle ajouta en souriant tristement :

— Ce qui me fait mal, ce n'est pas de manger trop.

Il s'écoula un certain temps avant qu'on servît le poisson, et François se garda bien de presser le garçon, pensant qu'il était bon pour sa grand'mère de manger lentement. Ils purent donc causer, mais sans que François abordât ce qu'il avait à dire ; ce n'était point dans une salle de restaurant qu'il pouvait s'expliquer et presser sa grand'mère.

— Qu'est-ce qui t'amène à Paris ? demanda-t-elle.

— Une chose grave que je vous dirai après dîner quand nous serons en tête-à-tête.

— As-tu perdu ta place ?

— Non, rassurez-vous.

— A la bonne heure ; que deviendrions-nous si tu ne gagnais rien !

Cela ne paraissait pas indiquer qu'elle fût disposée à accepter la transaction ; mais peu importait ; quand il aurait parlé elle changerait de sentiment ; comment ne se laisserait-elle pas toucher ?

François ne s'inquiétait donc pas, et il prenait plaisir à la voir manger, car tout en disant : « C'est inutile, nous n'avons pas besoin de ça », elle dévorait tout ce qu'il lui servait.

— Dînons lentement, répétait-il, rien ne nous presse.

Mais elle ne l'écoutait guère, et elle continuait à manger et à boire sans perdre un instant, comme l'eût fait une jeune fille de quinze ans affamée.

Quelle pitié ! Que de privations longuement accumulées disait cette faim chez une vieille femme de quatre-vingts ans ! Que de misères disait aussi sa pauvre toilette, sa robe usée, rapiécée et reprisée partout, son chapeau de paille roussi, aux brides tordues en ficelle. Et cependant dans ces guenilles, ses yeux ardents, son air alerte, ses mouvements vifs et décidés, montraient combien elle était solide et résistante. Combien d'autres à sa place fussent mortes, depuis longtemps, à la peine ! Elle, au contraire, semblait ne pas vieillir; et sur sa face ridée, creusée avant l'âge par la fièvre de l'impatience et les exaspérations de l'iniquité, François ne remarquait pas de rides nouvelles; il la retrouvait telle qu'il l'avait toujours vue.

Ce n'était qu'à la dérobée qu'il l'observait, de peur de la gêner ou de la troubler; à un certain moment il vit qu'elle glissait un morceau de pain dans sa poche.

Quand il voulut commander le dessert elle fit une résistance énergique qu'il ne put pas vaincre.

— Non, dit-elle, pas de dessert; il y a plus de dix ans que je n'en ai mangé; ce serait une mauvaise habitude à prendre. J'ai très bien dîné; trop bien dîné.

— Maintenant, dit François, quand il eut payé l'addition, je vais vous accompagner chez vous, nous causerons.

— Je pourrais aller chez toi, dit-elle avec un certain embarras.

— Non, il vaut mieux que je vous accompagne.

Elle ne se défendit pas davantage, bien qu'elle parût peu désireuse que son petit-fils vînt chez elle.

En passant devant la boutique d'un épicier, elle l'arrêta :

— Il faudrait acheter une bougie, dit-elle, j'ai fini la mienne hier.

Comme il allait entrer dans la boutique elle le retint :

— Achètes-en deux, car j'en dois une à la concierge. Achète aussi une boîte d'allumettes.

Voilà donc pourquoi elle ne voulait pas qu'il vînt chez elle : pour qu'il ne vît pas qu'elle n'avait même pas une bougie et une boîte d'allumettes.

François n'était pas venu chez sa grand'mère depuis qu'elle habitait le passage Tivoli ; il croyait trouver chez elle le mobilier qu'il avait connu dans son logement de la rue Villedo, et qui, sans être confortable, était au moins suffisant. En entrant dans une petite chambre mansardée, située au fond d'un couloir, il fut surpris et encore plus ému de la misère de son ameublement : un petit lit en fer recouvert d'une couverture grise de soldat, une chaise de paille, un méchant guéridon boiteux, un bougeoir en porcelaine sur la cheminée, à côté d'un Code au dos usé et à la tranche noircie, une cruche en grès dans un coin, une malle et c'était tout. Dans la cheminée, où il n'avait pas été allumé de feu depuis longtemps, étaient entassés des papiers graisseux, qui évidemment avaient enveloppé des côtelettes de cochon et des charcuteries.

Bien que François ne fût pas un observateur de profession, il lui suffit d'un coup d'œil pour reconstituer la vie de sa grand mére en ces derniers temps, et comprendre à quel dénuement elle était réduite, sans feu, sans lumière, n'ayant pour nourriture que ce qu'elle achetait chez le charcutier, buvant l'eau de cette cruche, tout en feuilletant ce Code, — son unique lecture.

S'asseyant sur son lit, elle voulut qu'il prît la chaise.

— Maintenant, dit-elle, causons. Qu'as-tu de grave à m'apprendre? Mais ne parle pas trop haut, les cloisons sont minces; il est inutile que mes voisins connaissent nos affaires.

— C'est d'un projet de mariage que j'ai à vous entretenir.

— Tu veux te marier! s'écria-t-elle, oubliant elle-même la recommandation qu'elle venait de lui adresser de parler bas.

— Trouvez-vous donc que je ne suis pas d'âge à penser au mariage?

— Au contraire, mon cher enfant; j'ai pensé bien souvent que tu devais te marier. J'ai été la femme la plus heureuse de la terre, pendant mes années de mariage; ton père et ta mère se sont tendrement aimés; et je t'aurais depuis longtemps déjà conseillé de prendre femme si je n'avais cru qu'il valait mieux attendre la fin de notre procès qui, en te mettant une belle fortune aux mains, te permettrait de choisir la jeune fille que tu voudrais sans que tu eusses un refus à craindre. On ne refuse pas, si riche ou si fière qu'on soit, un mari qui vous offre cinq cent mille francs de rente.

François écoutait sa grand'mère avec béatitude.

Que pouvait-il demander de plus? Assurément sa cause était gagnée sans qu'il eût à la plaider.

— Attendre la fin d'un procès pour se marier serait peut-être imprudent, dit-il en souriant.

— Oh! certainement. Depuis plus de soixante ans, je l'attends, la fin de ce procès. Quand je me suis mariée il était engagé; si j'avais attendu d'être mise en possession de nos bois pour me marier, je serais maintenant un peu vieille pour trouver un mari.

Et tous les deux, en même temps, ils se mirent à rire.

— Je comprends donc très bien, continua madame Néel, que tu n'aies pas voulu attendre. D'ailleurs, ce n'est pas parce que tu aurais cinq cent mille francs de rente que tu trouverais une femme, qui, mieux que celle que tu as choisie, pourrait te rendre heureux. Si la fortune a du bon quand il s'agit de mariage, c'est parce qu'elle aplanit les difficultés et qu'elle égalise les situations, enfin c'est parce qu'elle agrandit le rayon dans lequel peut s'exercer notre choix, puisqu'on peut aller de la pauvre à la riche avec la presque certitude de recevoir le même accueil auprès de l'une qu'auprès de l'autre. Mais dès là que le choix est arrêté, qu'importe la fortune? Ce n'est pas elle qui fait les bons ménages.

Pouvait-on mieux parler? N'était-ce pas la sagesse appuyée sur l'expérience qui s'exprimait ainsi? Lorsqu'il n'était plus question de son procès, sa grand'mère était une brave femme pleine de sens, de droiture et de bonté.

— Donc ton choix est fait? continua madame Néel.

— Oui, grand'mère; une jeune fille que j'aime et qui m'aime.

— D'où est cette jeune fille?

— D'Hannebault, où sa mère est maîtresse de pension. Il y a deux ans que je la connais et que je la vois dans l'intimité, faisant de la musique avec elle plusieurs fois par semaine. Ce n'est donc pas seulement par sa beauté que j'ai été séduit; je l'ai été aussi, je l'ai été plus encore peut-être par ses qualités morales : la bonté, la douceur, la simplicité, la franchise.

— Dis-moi qu'elle a toutes les qualités, interrompit madame Néel en souriant, c'est plus simple et plus vite fait.

— Oui, grand'mère, toutes les qualités, au moins je ne vois pas celles qui lui manquent.

— Eh bien, mon enfant, s'il en est ainsi, et je n'ai aucune raison pour croire qu'il en est autrement, car tu es un garçon raisonnable et avisé, je suis heureuse de ton choix et tu as mon consentement. Je ne sais pas si je pourrai assister à ton mariage, cela dépendra de mon procès; mais si je ne peux pas aller à Hannebault, tu m'amèneras ta jeune femme : je veux l'embrasser. Et puis je veux voir aussi comment elle portera un jour, bientôt peut-être, plus tôt que nous ne pensons, sa grande fortune. Elle est jolie, m'as-tu dit?

— Plus que jolie, vraiment belle, grande, grasse, avec une peau de rousse, riche de santé, élégante dans sa démarche.

— Distinguée, je vois?

— Le port de tête d'une reine et un air d'intelligence dans la physionomie qui dit tout de suite l'élévation de son esprit.

— Allons ! elle sera digne de la fortune. Et à quand le mariage?

— C'est vous qui fixerez la date, grand'mère.

— Comment cela?

— Il se fera tout de suite si vous voulez, et plus tard seulement, à une époque indéterminée, éloignée peut-être, si vous ne m'accordez pas ma demande.

— Une demande à m'adresser, toi! Dis-la vite.

— Je vous ai expliqué, que la jeune fille que j'aime s'appelle Marianne et a pour mère la maîtresse de pension d'Hannebault. Si je ne vous ai pas parlé de son père, ce n'est pas qu'elle soit orpheline, mais ce père habite Paris.

— Il y a séparation entre le mari et la femme ?

— Pas du tout : la mère habite Hannebault parce que c'est là qu'est sa pension ; et le père habite Paris parce qu'il est journaliste. Au reste, vous connaissez sans doute son nom et le titre de son journal : M. La Guillaumie, directeur de *la France libre*?

— Je ne lis pas les journaux.

— C'est un journal nouveau fondé par M. La Guillaumie, et qui doit être pour lui et pour sa famille la source d'une belle fortune.

— Je suis heureuse de cela ; il est bon que dans un ménage la fortune ne vienne pas d'un seul côté.

— En attendant que cette fortune soit réalisée, M. La Guillaumie, qui en est encore à la période des commencements, a besoin qu'on lui vienne en aide, et c'est à ce propos que j'ai une demande à vous adresser.

— Très bien ; je donnerai volontiers ma signature pour la somme que tu jugeras à propos de mettre à la disposition de ton beau-père... pourvu qu'elle soit raisonnable, car il ne faut jamais faire des folies, même des folies d'amour. En signant une délégation sur les sommes qui nous reviendront, notre procès gagné, M. La Guillaumie, qui doit avoir des relations dans le monde des affaires et de la spéculation, trouvera certainement les fonds qui lui sont nécessaires.

François n'avait pas prévu cette offre. Comment dire à sa grand'mère qu'il ne pouvait pas la soumettre à La Guillaumie sous peine de se faire rire au nez? Une délégation à prendre sur les sommes qui reviendraient à madame Néel quand celle-ci aurait gagné son procès ! Quel homme d'affaires, quel spéculateur accepterait un pareil arrangement et le prendrait au sérieux ? Il n'y avait assurément que sa grand'mère pour croire que la chose était possible.

Que répondre ?

Sa grand'mère le regardait, surprise de ce silence.

En tous cas, il devait la remercier ; ce qu'il fit, mais un remerciement n'était pas suffisant.

— La négociation d'une délégation demanderait du temps, dit-il enfin, et justement nous n'avons pas ou plutôt je n'ai pas le temps. Il faut que tu saches que le chef de notre maison, M. Thierry Dubuquois, s'est mis en tête d'épouser Marianne, et c'est là un si beau mariage que M. La Guillaumie se laisse éblouir.

— M. Thierry Dubuquois offre-t-il dix millions ? demanda Madame Néel en prenant un air important.

— Beaucoup plus, je crois, et ce qu'il offre, il le possède réellement.

— N'as-tu pas foi en nos droits ?

— Je ne dis pas cela, mais ces droits sont suspendus à un procès, et la fortune de la famille Dubuquois n'est suspendue à rien ; elle est là, visible, certaine, considérable.

— Tu m'as dit que la jeune fille t'aimait.

— Il ne s'agit pas de la jeune fille, il s'agit du père, et un homme de cinquante ans n'envisage pas la vie au même point de vue qu'une femme de vingt.

François ne pouvait pas dire que Marianne n'épouserait jamais Thierry, car alors sa grand'mère lui répondrait sûrement que s'il en était ainsi, il n'y avait qu'à attendre que le procès fût définitivement gagné ; il resta donc sur cet argument sans aller au delà.

— Que veux-tu de plus ? demanda Madame Néel en regardant autour d'elle et en montrant de la main le misérable mobilier de la mansarde ; ce n'est pas dans ma position, quand il y a deux heures j'en étais réduite à mendier deux sous pour ne pas mourir de faim, que je peux te mettre à même de venir en aide à M. La Guillaumie.

— Vous le pourriez si vous vouliez, grand'maman.

— Et comment ?

— En acceptant la transaction qu'on vous propose.

D'un bond madame Néel se leva de dessus son lit.

— Que j'accepte une transaction ! s'écria-t-elle en se mettant à marcher ; que j'abandonne la cause que ton grand-père que ton père ont soutenue ! que je reconnaisse qu'ils ont eu tort !

— Il ne s'agit pas de cela.

— Que j'abandonne dix millions pour sept ou huit cent mille francs !

— Le certain pour l'incertain.

— Jamais ! Tu entends, jamais. Tu sais que je suis une femme de résolution, que je sais ce que je dis, et que je dis ce que je veux : jamais !

Cela fut lancé avec une énergie qui était bien plutôt d'une femme de quarante ans pleine de force et de santé, que d'une pauvre vieille de quatre-vingts ans, affaiblie et courbée par la misère.

Cependant François ne se découragea pas.

— Je ne me suis jamais permis d'intervenir dans vos affaires, dit-il, et si je vous ai quelquefois écrit ce que j'en pensais, je n'ai jamais au moins insisté. Aujourd'hui, si j'insiste malgré votre réponse, c'est qu'il ne s'agit plus seulement de vos affaires : il s'agit de moi, de ma vie, de mon bonheur, de mon amour, de mon mariage. Vous m'avez toujours dit, n'est-ce pas, que vous ne souteniez ce procès que pour moi ?

— Assurément, pour que tu profites des efforts, des peines et des misères que nous avons supportés, pour que tu sois heureux un jour, pour que moi, la dernière survivante de tous ceux qui ont souffert, je sois heureuse en toi.

— Et bien, puisque vous voulez que je sois heureux, et puisque vous n'avez que mon bonheur pour but, assurez mon mariage en acceptant cette transaction qui nous met dès demain aux mains une belle fortune.

— Une belle fortune, huit cent mille francs, quand, dans quelques mois, dans quelques semaines peut-être, nous aurons dix millions !

— Qu'importent ces dix millions dans quelques mois, si alors ils valent moins pour moi que huit cent mille francs aujourd'hui ?

— Tu parles en amoureux.

— Justement.

— Et les amoureux sont des fous. Mais si je t'écoutais, ma folie, à moi vieille femme de quatre vingts ans, serait cent fois plus coupable que la tienne.

— Vous comptez sur dix millions ? Mais si vous perdiez ce procès.

— C'est impossible.

— Enfin admettez un instant qu'il peut être perdu, alors la folie ne serait-elle pas d'avoir refusé les huit cent mille francs de la transaction ?

— Mais comprends donc que si l'on m'offre huit cent mille francs, c'est parce qu'on est à bout d'expédients ; qu'on ne peut plus traîner le procès ; qu'il va aboutir ; et qu'on va être obligé de me mettre en possession de dix millions. C'est parce qu'on le sait qu'on me dit : « Transigeons : demain je devrai vous payer dix millions ; aujourd'hui je vous offre huit cent mille francs et tout sera fini. » Et toi, un garçon sensé, je veux dire qui serait sensé s'il n'était amoureux, tu me conseilles d'accepter ! Mais je serais folle, folle à lier et tu devrais me faire interdire, si je t'écoutais.

— Je n'aurais pas assez de paroles pour vous remercier.

— Comment, tu t'imagines que j'ai lutté pendant cinquante ans ; que j'ai donné ma vie entière à ce procès, mon temps, mon intelligence, ma santé, mon plaisir ; que j'ai supporté toutes les misères, le froid, la faim, la pauvreté honteuse ; que j'ai mendié ; que je n'ai pas été femme, que je n'ai pas été mère, n'étant que ce qu'il y a de plus ridicule dans le monde, une plaideuse ; que je n'ai pas pu t'élever, te soigner, te suivre et me faire aimer de toi, me réduisant volontairement à la solitude dans une mansarde de Paris, moi, une campagnarde ; tu t'imagines qu'après soixante années de cette existence et de cette lutte qui m'a dévorée, tu t'imagines que quand je touche enfin au but, je vais m'arrêter et dire à mes persécuteurs : « Grand merci, j'accepte avec reconnaissance ce que vous voulez bien me donner, — la dixième partie de ce que vous me devez ! » Crois-tu que cela soit possible ?

— Je crois que la somme qu'on vous propose est assez importante pour que nous nous en contentions ; je vous assure que pour moi huit cent mille me paraissent plus que suffisants pour être heureux.

— Et moi je t'assure que si j'avais la faiblesse de les accepter, je ne tarderais pas à mourir, tuée par les regrets et les remords.

— C'est la première fois que je vous adresse une demande, me refuserez-vous, grand'maman, quand d'un mot vous pouvez faire mon bonheur ? Il n'y a qu'un instant vous regrettiez de n'avoir pas pu être une mère pour moi. Soyez aujourd'hui ce que vous n'avez pas pu être. Vous regrettiez de ne vous être pas fait aimer : que ne devrions-nous pas de tendresse et de gratitude, ma femme et moi, à celle qui aura fait notre bonheur. Ne sentez-vous pas comme vous nous serez chère ? Ne vous voyez-vous pas vivant enfin de la vie de famille, débarrassée des soucis de ce procès, heureuse et tranquille au milieu de vos petits-enfants ?

— Crois-tu donc que je n'en veuille pas de cette vie de famille ? J'espère bien en jouir bientôt... quand ce procès sera terminé et définitivement gagné. Pour avoir quatre-vingts ans, je ne suis pas mourante, Dieu merci ! J'ai encore des années devant moi. Je les passerai avec vous, tranquille, heureuse, comme tu dis.

— Et si Marianne est la femme de M. Dubuquois ?

— Tu m'as dit qu'elle t'aimait. Elle n'épousera pas M. Dubuquois ; elle t'attendra.

— Mais son père peut le marier demain.

— Il ne fera pas cette folie quand il saura que prochainement ta fortune égalera celle de M. Dubuquois.

— Mais il ne peut pas attendre.

— Un homme d'affaires qui ne sait pas gagner du temps n'est pas un homme d'affaires. Je le verrai, si tu veux, et lui expliquerai la situation. Quant à me faire accepter cette transaction, n'insiste pas ; je ne l'accepterai jamais, jamais, jamais !

Tout ce que François put obtenir d'elle ce fut qu'elle ne vît pas La Guillaumie pour lui expliquer la situation.

XII

François rentra à son hôtel, fort abattu; il s'était si souvent répété : « Il est impossible que ma grand'mère me refuse », qu'il ne pouvait pas croire à ce refus.

Avait-il donc mal plaidé sa cause? Et il cherchait à se rappeler ce qu'il avait dit.

En même temps il se rappelait les répliques de sa grand'mère, et, en les examinant, il comprenait les causes de ce refus, qui tout d'abord lui avaient paru inexplicables.

Il était sa vie même, ce procès, et elle ne pouvait se décider à l'abandonner. D'ailleurs, avec la foi qui l'avait soutenue pendant tant d'années, elle avait la certitude qu'il allait se terminer dans quelques semaines, dans quelques mois au plus, et elle ne voulait pas, pour quelques centaines de mille francs, sacrifier les dix millions qu'elle allait toucher.

Tout ce qu'il pouvait dire à ce sujet n'avait aucune importance pour elle : elle savait qu'elle allait enfin gagner son procès; elle était certaine qu'on lui accorderait ses dix millions.

Tant que cette foi et cette certitude ne seraient pas ébranlées, tout ce qu'il dirait, tout ce qu'il tenterait ne signifierait rien.

Ce n'était pas lui qui ne savait rien ou presque rien de ce procès qui pouvait la convaincre; il n'avait aucune autorité pour parler des choses de la justice, et il était tout naturel qu'elle ne l'écoutât pas, elle qui en aurait remontré à l'avoué le plus retors.

Quelqu'un avait-il cette autorité?

Pour lui, toute la question était là maintenant.

Depuis son enfance et aussi loin que remontaient ses premiers souvenirs, il avait été habitué à entendre sa grand'mère dire, comme elle venait de le lui répéter, que son procès ne durerait plus que quelques semaines, quelques mois au plus. Et cependant depuis cette époque il n'avait pas avancé d'un pas.

Comme il allait avoir sept ans, sa mère, malade depuis plusieurs mois, avait dû se rendre aux eaux des Pyrénées; déjà le patrimoine de la famille Néel était dévoré, et pour faire ce voyage, qui rétablirait la santé de la malade, on avait attendu que le procès fût gagné. Ils habitaient alors tous ensemble une petite maison perdue dans la plaine aride qui s'étend entre Asnières et Colombe, et tout seul il soignait sa mère, car dès le matin son père et sa grand'mère s'en allaient à Paris s'occuper du fameux procès. Il se rappelait, comme s'il les entendait encore, les paroles de sa mère disant : « Si nous pouvions partir, je reviendrais de là-bas guérie. » Le soir, sa grand'-

mère et son père rentraient, et alors c'étaient des assurances qu'il n'y en avait plus que pour quelques jours. Ils avaient duré ces jours; l'automne avait remplacé l'été, et au commencement de l'hiver la malade était morte sans avoir pu faire le voyage qui devait la guérir. Il y avait vingt-deux ans de cela, et ce n'était pas seulement sa grand'mère qui avait la certitude qu'en quelques jours le procès serait terminé, c'était son père aussi.

Qui pouvait savoir si vingt-deux ans, si cinquante ans ne s'écouleraient pas encore avant que la justice eût rendu un jugement sur lequel il serait impossible de greffer de nouvelles chicanes?

Voilà ce qu'il fallait qu'on expliquât à sa grand'mère, et de façon à le lui imposer.

Bien qu'il connût peu les affaires de sa grand'mère, il savait qu'elle avait Gontaud pour avocat, et que son avoué s'appelait Nougaret; il résolut de les voir. Peut-être pourraient-ils lui faire entendre raison. De Nougaret il savait que c'était un avoué, voilà tout. Mais, si peu au courant qu'il fût des choses et des hommes du Palais, il connaissait le nom du célèbre avocat, sa réputation d'intégrité, son talent, la haute situation qu'il occupait.

C'était précisément l'homme qu'il lui fallait; si celui-là n'amenait pas sa grand'mère à accepter la transaction proposée, il faudrait renoncer à la convaincre. Que Gontaud ne fût pas disposé à transiger, c'était ce que François n'admettait pas. N'était-ce pas un homme sage et raisonnable?

Le lendemain matin, à huit heures, François sonnait à la porte de l'avocat, un peu timidement, car, dans son ignorance des usages du Palais, il s'imaginait que l'heure était peut-être bien matinale. A son grand étonnement, il trouva dans le salon où on l'introduisit sept ou huit personnes, arrivées avant lui, qui attendaient.

François n'avait jamais eu de procès, et jamais il n'avait été malade ; il ignorait ce qu'est l'attente chez les grands avocats et chez les grands médecins où tant de gens donnent, à ceux qui ont assez de calme pour regarder autour d'eux, la triste comédie de leurs angoisses ou de leurs souffrances. Il fut frappé de l'agitation et de l'impatience de ses voisins. Les uns, incapables de rester en place, marchaient en long et en large dans le salon ; d'autres se racontaient leurs affaires avec des gestes violents et des éclats de voix qui, de temps en temps, détonnaient dans le silence du salon ; près de lui une femme jeune encore, voilée d'un double voile de gaze, marmottait des paroles inintelligibles comme une leçon apprise qu'elle se répétait, et de temps en temps, ouvrant un carnet, elle écrivait quelques mots au crayon, les points de repère évidemment du récit qu'elle préparait.

Il était près de dix heures quand son tour arriva.

Il trouva l'avocat assis à un immense bureau chargé de dossiers, ayant près de lui un petit guéridon, sur lequel était une assiette avec de la viande froide, une tasse et une théière.

— Monsieur, dit l'avocat parlant la bouche pleine,

que puis-je pour vous? En deux mots, je vous prie. Il faut que je parte pour l'audience.

— Je suis le petit-fils de madame Néel, pour qui vous avez si souvent plaidé; je viens vous demander d'user de votre influence et de votre autorité pour décider ma grand'mère à accepter la transaction qu'on lui propose.

L'avocat était fort occupé à manger, fort pressé; cependant, à ce mot, il tourna la tête vers François et le regarda un moment comme pour lire en lui.

— Vous savez quelle est l'importance de ce procès! dit-il.

— Parfaitement, ma grand'mère compte sur dix millions.

— Ne parlons que de la moitié; c'est dans ce cas cinq millions qu'il s'agit d'abandonner pour huit cent mille francs.

— Cinq millions problématiques et réalisables dans un avenir plus ou moins éloigné, contre huit cent mille francs certains et immédiats.

De nouveau l'avocat le regarda plus attentivement encore, plus profondément que la première fois.

— Vous êtes commerçant, je crois? demanda-t-il.

— Non, monsieur; chimiste de la maison Dubuquois.

François avait fait cette réponse machinalement, sans penser à ce qui pouvait dicter cette question; mais en parlant, il comprit ce que Gontaud cherchait à savoir.

— Vous vous demandez, n'est-ce pas? dit-il, si je n'ai pas un besoin pressant d'argent qui me fait sacrifier cinq millions à huit cent mille francs réalisables dans quelques jours. J'ai, en effet, une raison personnelle qui me fait désirer cette transaction : mon mariage qui se fera aussitôt que cette transaction sera acceptée par ma grand'mère, et qui ne se fera que quand cet interminable procès sera décidément gagné... s'il l'est jamais.

Gontaud tendit la main à François :

— Vous êtes un brave garçon, dit-il, attendez-moi un moment ; nous irons ensemble au Palais et nous causerons en voiture ; nous aurons quelques minutes.

Ce fut seulement quand le coupé de Gontaud roula vers le Palais de Justice que l'entretien reprit :

— Vous avez tout à l'heure, dit Gontaud, invoqué ce que vous appelez mon influence et mon autorité. Je voudrais les mettre à votre service ; mais personne n'a d'influence, personne n'a d'autorité sur votre grand'mère ; ses conseils, son avocat, son avoué, moins que qui que ce soit, car elle se croit plus forte que nous, et elle l'est en réalité... au moins pour son affaire. Je n'ai jamais mieux plaidé dans ce procès que lorsque je me suis borné à répéter ce qu'elle venait de me dire avant l'audience, non seulement en fait, ce qui n'a rien d'étonnant, mais encore en droit et en procédure. Vous voulez qu'elle accepte cette transaction. C'est ce que je lui ai déjà conseillé. Elle ne m'a pas écouté. Et elle m'a quitté, furieuse contre moi, en me disant qu'à force de plaider j'avais perdu la notion du juste et de l'injuste, que je ne voyais que les circonstances, enfin que je n'étais qu'un sceptique.

— Vous savez combien elle est vive, interrompit François.

— Mieux que personne, car nous nous sommes fâchés déjà bien souvent; et si j'ai consenti à plaider de nouveau pour elle, c'est parce que j'ai été touché de l'iniquité criante dont elle est victime, et que j'ai considéré comme un devoir professionnel l'obligation de lui faire rendre justice. Voilà pourquoi je lui ai conseillé d'accepter cette transaction, qui assure au moins la tranquillité de ses dernières années. Mais elle est la femme la plus entière, la plus absolue, la plus tenace que j'aie rencontrée. Il y a trois ans, des capitalistes lui ont proposé cinquante mille francs de rente et tous les frais à faire pour son procès, à condition que, le procès gagné, ils partageraient avec elle le bénéfice qu'il donnerait. Elle a refusé. N'est-il pas tout naturel, étant donné son caractère, qu'elle refuse aujourd'hui la transaction? Ce que je lui dirais, elle ne l'écouterait pas. Tout ou rien.

Comme François laissait voir son découragement?

— Peut-être ne faut-il pas désespérer encore, continua l'avocat. Qui sait ce que la vue et la musique de huit cent mille francs en or peuvent produire? Je vais m'informer du jour et de l'heure où on lui fera ces offres réelles « en espèces comptées et délivrées », comme disent les huissiers. Trouvez-vous près d'elle à ce moment. Adressez-vous à son cœur en même temps que cet amas d'or tentera sa misère, et peut-être un miracle s'opérera-t-il. Revenez ce soir, chez moi, à six heures; vous aurez votre renseignement.

XIII

Gontaud avait déposé François à l'entrée du Palais de Justice. C'était une journée entière à passer.

A quoi employer les huit heures qu'il avait devant lui avant de retourner chez Gontaud? Il était désœuvré, dévoyé sur le pavé de Paris.

Comme il se promenait le long du quai, regardant la Seine machinalement, marchant droit devant lui, sans but, l'idée lui vint d'aller voir Berthe d'Escoran; il parlerait d'elle à Marianne, qui serait heureuse qu'il eût eu la pensée de lui donner des nouvelles de son amie. Et puis il parlerait de Marianne avec Berthe; n'était-ce pas la meilleure façon pour lui de passer cette journée d'attente?

Ce que Toussaint prétendait être de l'histoire ancienne n'était pas du tout vérité pour lui, et il était bien plus disposé à croire que Berthe demeurait toujours à Grenelle, rue Mademoiselle, chez son cousin, qu'à admettre qu'on la rencontrait en équipage sur le persil.

Il irait donc à Grenelle.

Il avait l'esprit ainsi fait qu'il retenait admirablement tout ce qui était chiffre ; une date, un numéro se gravaient dans sa mémoire et n'en sortaient plus. Il alla droit au magasin de tapisserie au-dessus duquel on lisait en lettres jaunes le nom de d'Escoran. Deux femmes se tenaient dans la boutique où il entra : l'une, vieille, du côté des journaux et de la papeterie ; l'autre, jeune, du côté des ouvrages en tapisserie, toutes deux à l'air affable et doux.

Ce fut à la vieille qu'il s'adressa :

— Je voudrais voir mademoiselle Berthe d'Escoran, dit-il.

Instantanément la physionomie de la vieille femme se fit sévère et sombre.

— Elle n'est pas ici, répondit-elle.

— A quelle heure pourrais-je la trouver chez elle ?

— Je ne sais pas.

C'était là une réponse si bizarre que François crut qu'on se défiait de lui.

— Je lui apportais des nouvelles d'Hannebault, dit-il, de la part de son amie, mademoiselle Marianne La Guillaumie.

Mais cela n'éclaira pas le visage de la vieille femme.

— Mademoiselle d'Escoran ne demeure plus ici, dit-elle sèchement.

Cela paraissait justifier les insinuations de Toussaint, et l'équipage devenait vraisemblable ; cependant François continua :

— Pouvez-vous me donner son adresse ? demanda-t-il.

Il y eut un court instant d'hésitation.

— Elle n'habite pas à Paris en ce moment.

François salua et sortit.

Son premier mouvement fut de renoncer à voir Berthe. « Elle n'était pas à Paris en ce moment. » Mais cela avait été dit d'un air si embarrassé et si confus qu'il semblait peu raisonnable de l'admettre comme vrai.

Il n'avait rien à faire, pourquoi n'irait-il pas à l'Ambigu? Là on n'aurait pas les mêmes raisons que ces deux femmes pour lui cacher l'adresse de Berthe.

Il se mit en route pour l'Ambigu.

Il lui fallut un certain temps pour trouver quelqu'un qui voulût bien lui répondre.

— Mademoiselle d'Escoran, nous n'avons personne de ce nom.

Il comprit que Berthe avait pris un nom de théâtre, et resta fort embarrassé, car ce nom, il ne le connaissait pas.

— La personne a qui j'ai affaire est celle qui chantait dans la pièce qu'on jouait avant celle-ci.

Il vit la moquerie allumer les yeux des gens qui le regardaient.

— Ah! mademoiselle Story. Il fallait le dire !

— Précisément, répondit François qui voulut paraître savoir ce qu'il disait.

— Elle n'est plus ici.

Décidément il était écrit qu'il ne verrait pas Berthe.

Comme il allait se retirer, un comédien à la figure soigneusement rasée, important malgré sa jeunesse, descendait l'escalier noblement en se passant la main dans les cheveux pour les faire friser.

— Monsieur Armand, dit la concierge, savez-vous l'adresse de mademoiselle Story?

— Rue Ampère, au coin de l'avenue Wagram, l'hôtel de cette pauvre Jessie.

Décidément Toussaint était bien renseigné; après l'équipage, l'hôtel.

Si François avait su que faire de son temps, il ne se serait plus occupé de Berthe, car la femme qui habitait rue Ampère n'était plus l'amie de Marianne; mais il avait encore cinq heures au moins devant lui, il prit une voiture et se fit conduire rue Ampère.

Comme il n'avait pas le numéro de cet hôtel et ne voulait pas frapper aux portes des quatre maisons qui font le coin de la rue et du boulevard, il entra dans une boutique d'épicerie et demanda si on pouvait lui indiquer l'hôtel de mademoiselle Story.

Ce n'était pas au coin du boulevard, comme l'avait dit le comédien qui paraissait si bien connaître l'adresse de son ancienne camarade, mais presque au coin : un petit hôtel en briques dans le style des cottages anglais, mais pas plus ridicule ou plus prétentieux que beaucoup de maisons de ce quartier neuf.

Qui devait-il demander? madame ou mademoiselle Story? Il se décida pour madame. Mais il avait fait une sottise, car le valet en livrée qui l'avait reçu dans le vestibule lui répondit :

— Si monsieur veut me donner sa carte, je vais voir si mademoiselle peut recevoir.

S'il n'était pas vaste et imposant, ce vestibule, au

moins était-il meublé avec un luxe que François ne soupçonnait même pas avant d'être entré dans cette maison : aux murs, des tapisseries flamandes à personnages en costume oriental, sur lesquels se détachaient deux grands candélabres en bronze noir frotté d'or, et des consoles en malachite; aux fenêtres et aux portes des rideaux et des portières en brocatelle à décors rouges sur fond d'or; un tapis persan recouvrait le parquet avec çà et là des peaux de tigre et d'ours blanc.

Le valet à qui il avait remis sa carte vint lui dire que mademoiselle l'attendait, et, le précédant, lui fit traverser un petit salon tendu de satin havane à bouquets de fleurs et feuillages, garni d'un ameublement de même étoffe, avec cabinets flamand et chinois; puis après ce petit salon ils passèrent dans le grand.

C'était la première fois de sa vie que François entrait dans l'hôtel « d'une femme qui a mal tourné ». Aussi jetait-il autour de lui des regards rapides où il y avait autant de curiosité que d'étonnement. C'était donc pour ce luxe, ces étoffes de soie, ces meubles dorés, ces tapis, ces bronzes, ces tableaux qu'on tournait mal? Comme tout cela ressemblait peu au moulin du père d'Escoran !

Il aurait voulu traverser ces pièces moins vite, mais il fallait bien qu'il suivît le valet qui le conduisait : de ce grand salon il ne vit que des tentures en velours de Gênes à fleurs et feuillages sur un fond crème; des fauteuils et des canapés en bois sculpté et doré recouverts de ce velours; des vitrines; un piano à queue.

Le valet, soulevant une portière, s'était effacé, et François s'était trouvé dans une salle orientale en forme de tente dont le plafond et les côtés étaient tendus d'un velum en soie rayée de couleurs claires et gaies, un grand sopha recouvert d'étoffes d'Orient occupait la moitié de la tente; en face se trouvait une petite bibliothèque sur laquelle des bassins persans en cuivre gravé formaient des jardinières pleines de plantes en fleurs.

Par une singulière disposition d'esprit, François, en regardant ces choses bizarres pour lui, ne pensait qu'au moulin d'Hannebault, à son toit de chaume, à ses vitres en verre cul-de-bouteille, à ses dalles cassées, à ses poutres vermoulues, et il se répétait :

— Quel changement tout de même !

Il fut interrompu dans ses réflexions par un bruit d'étoffes froissées; se retournant du côté d'où partait ce bruit, il se trouva en face de Berthe, qui venait de soulever une portière.

— Monsieur Néel.

Elle lui tendit la main.

Il la prit et la serra du bout des doigts.

— Comment va Marianne? demanda-t-elle.

Cette question le blessa; il eût voulu que la femme entourée de ce luxe eût la délicatesse de ne pas parler de Marianne.

— Bien, dit-il sèchement, mais ce n'est pas en son nom que je viens.

Puis, sentant ce qu'il y avait d'injuste dans sa réponse, il ajouta vivement :

— Elle ne savait pas que je devais vous voir; elle

n'a donc pu à mon départ me rien dire pour vous.

Bien que la seconde partie de cette réplique atténuât la dureté de la première, il y eut entre eux un moment de gêne et d'embarras qui établit un silence assez long.

Il était resté les yeux levés sur elle, sans oser les abaisser.

S'il avait dit en entrant dans cette maison : « Quel changement tout de même ! » il le disait avec autant de surprise en regardant la maîtresse de cette maison.

Eh quoi ! c'était là Berthe d'Escoran, la pauvre fille qu'il était habitué à voir habillée de vieilleries et de friperies !

Elle se tenait debout, une main appuyée sur la console de la bibliothèque, l'autre ballante, et dans sa robe de crêpe de Chine blanc, garnie de flots de point d'Alençon, avec des perles roses aux oreilles, elle avait une désinvolture aisée et dédaigneuse qui eût fait croire à François qu'il avait devant lui la plus grande dame des grandes dames, s'il ne l'avait connue.

XIV

— Comment donc m'avez-vous trouvée ? demanda-t-elle en s'asseyant sur le sopha à côté de François.

— En vous cherchant.

— Où ?

— Rue Mademoiselle.

— Ah ! Et que vous a-t-on dit rue Mademoiselle ?

— On ne m'a rien dit.

— Alors ?

— Alors j'ai été à l'Ambigu.

— Eh bien, parlez-moi de Marianne. Si vous saviez combien je l'aime tendrement, comme mon amie d'enfance, comme ma sœur, comme ma mère ! Et jamais elle ne m'a été plus chère qu'en ces derniers temps... depuis que je ne peux plus la voir. Pour ne plus écrire ne croyez pas que je ne pense point à elle. Au contraire. Jamais elle n'a occupé aussi constamment mon esprit et mon cœur.

Cela avait été dit avec émotion, elle s'arrêta et se mit à sourire.

— Cela m'est bon d'avoir une amie telle que Marianne, une belle fille, brave et honnête à qui je puis penser et qui est le personnage de mes rêveries, avec qui je puis d'autant mieux sortir de ma réalité, — elle prononça ce mot avec une certaine amertume, — qu'il existe, que je le vois, que je lui parle et qu'il me répond. Je suis un peu comme Malaquin, qui nous assassinait de son ami le député qui sera ministre un jour. En était-il fier, nous en parlait-il avec orgueil, un orgueil égoïste dans lequel il y avait autant d'espérance que de consolation ! Mon amie à moi ne sera pas ministre, mais elle sera une honnête femme, elle sera aimée par son mari qu'elle adorera, et ce sera avec orgueil que je serai heureuse de son bonheur, — sans doute il n'y aura pas d'espérance dans cet orgueil, mais au moins y aura-t-il une consolation, une grande consolation je vous assure.

François ne pensa plus à se fâcher qu'elle lui parlât de Marianne ; cette émotion et cette discrétion en même temps l'avaient touché.

— Et M. La Guillaumie, dit-elle, l'avez-vous vu depuis que vous êtes à Paris ?

— Je suis arrivé hier soir seulement.

— Alors vous ne savez rien de nouveau pour son journal ?

— M. La Guillaumie est venu à Hannebault il y a quelques jours, il a dit à sa femme et à sa fille que son journal était un triomphe.

— Ah ! alors...

Et Berthe se tut.

Mais c'était là une question qui intéressait trop vivement François pour qu'il s'en tînt à cela ; l'inter rogation et le silence de Berthe en disaient trop pour qu'il ne voulût pas savoir ce qu'elle semblait taire.

— Que se passe-t-il donc pour son journal ? demanda-t-il ; nous savons que si le journal est un triomphe, l'affaire en elle-même est difficile.

— Dites qu'elle est désespérée. J'aime trop tendrement Marianne pour ne pas m'intéresser à tout ce qui la touche, elle et les siens. Souvent j'ai parlé de *la France libre* à une personne qui connaît les journaux ; hier on me disait que c'était miracle que *la France libre* vécût encore. Et ce miracle est dû uniquement à l'énergie de M. La Guillaumie qui a cru qu'à force de talent, de persévérance, de travail, sans argent, sans appuis, il arriverait à se créer honnêtement une situation. Il n'a pas réussi, il est à bout de force. Il va falloir qu'il succombe, qu'il se laisse mourir ou qu'il se vende. Il semble probable que c'est par là qu'il finira, le seul moyen pour lui, paraît-il, d'échapper à la faillite.

Cela n'était que la confirmation de ce que Marianne avait dit à François, mais avec ce point nouveau cependant et intéressant qui montrait comme possible la vente de *la France libre*. Si cette vente se réalisait, la faillite était évitée et les angoisses de Marianne n'avaient plus de raison d'être.

— N'est-ce pas, continua Berthe, c'est audacieux de partir ainsi pour la fortune et la gloire, en s'imaginant qu'on réussira. Personne plus que moi n'a suivi avec sympathie l'entreprise de M. La Guillaumie, non seulement parce qu'il est le père de Marianne, mais aussi parce que, entre cette entreprise et la mienne, il y avait plus d'un point de ressemblance. Moi aussi j'ai voulu me gagner honnêtement une situation par le travail et le talent ; moi aussi j'ai cru qu'on pouvait arriver à la gloire par la volonté et la persévérance, et... c'est ici que je suis arrivée.

François se trouva embarrassé ; le sujet était au moins gênant. Que dire ? Justement il était d'une maladresse insigne pour parler sans rien dire ; et dans sa bouche, les choses les plus banales prenaient tout de suite une précision fâcheuse.

Rien ne lui venant à l'esprit, il se tut en gardant sur ses lèvres un sourire dont il sentait toute la niaiserie.

Heureusement elle lui vint en aide en continuant :

— N'importe qui de mon ancien monde se serait présenté ici, je ne l'aurais pas reçu ; mais Marianne sera votre femme, et, puisque je ne peux plus la voir, je n'ai pas pu résister au désir de parler d'elle avec vous. Les dédains, la fierté, les mensonges, les affectations de raillerie que j'aurais avec un autre ne sont pas de mise avec vous. C'était ça ou mourir de faim. J'étais méprisée pour ma misère, je le serai pour mon luxe. L'un est-il plus terrible que l'autre ? Ce n'est pas moral ce que je dis là ; mais ce n'est pas moral non plus d'être pauvre. On peut trouver que je n'ai pas lutté assez longtemps, mais je vous assure que j'ai lutté tant que j'ai pu. Pour la partie de cette lutte qui s'est passée à Hannebault vous en avez été témoin. Je croyais que je pourrais arriver par le théâtre, comme M. La Guillaumie croyait qu'il pourrait arriver par le journal. Je n'ai pas pu. Fallait-il mourir de faim ? Oui, peut-être. Je n'ai pas eu ce courage. Au moins j'ai fait le bonheur de ma famille. Lisez l'*Officiel* de ce matin et vous verrez que mon beau-frère, M. Halbout (Isidore-Narcisse), maire d'Hannebault, est nommé chevalier de la Légion d'honneur pour services exceptionnels. Les amis de ma sœur n'avaient pas pu lui obtenir cette récompense si bien méritée... les miens ont été plus heureux.

Elle avait débité la fin de ce couplet en comédienne qui a travaillé sa diction et ses attitudes, en mettant dans son accent une raillerie dédaigneuse ; mais tout de suite elle changea de ton et sa voix prit une gravité émue.

— Quand je parle de ma famille, je ne parle pas de mon père, dit-elle. Il est toujours le pauvre homme qu'il était, vivant misérablement dans son moulin, puisque je n'ai pas le droit de m'occuper de lui. Je lui donnerai cette preuve de respect de le laisser pauvre. De même je donnerai aussi à Marianne cette preuve d'estime et d'affection de la laisser ignorante de ce que je suis devenue. Me promettez-vous de ne pas lui parler de moi ?

C'était là un engagement qui entrait trop bien dans les dispositions de François pour qu'il ne s'empressât pas de faire ce qu'elle lui demandait.

— Je vous le promets, dit-il.

— J'ai encore une autre demande à vous adresser. Quand vous serez mariés...

— Quand serons-nous mariés ? interrompit-il, ne

sachant trop ce qu'elle voulait lui demander, et ayant peur de s'engager imprudemment.

— Enfin quand vous serez mariés, et il me semble que les affaires de M. La Guillaumie doivent hâter le moment où il sera heureux de vous avoir pour gendre, — quand vous serez mariés, vous ferez votre voyage de noces, et sûrement vous passerez par Paris ?

La peur de François devint plus vive.

Berthe continua, comme si elle ne remarquait pas sa gêne :

— Vous la conduirez au théâtre. Eh bien, ce jour-là, prévenez-moi par un mot. Sans me montrer, sans que Marianne puisse soupçonner ma présence, j'irai la voir.... de loin. Quand je l'ai quittée, je ne savais pas que c'était pour toujours. Je veux une dernière fois passer quelques heures près d'elle. Est-ce promis ?

François était touché de cette affection et aussi de la situation de cette pauvre fille.

— C'est promis, dit-il en se levant.

Comme il regardait autour de lui avec curiosité cet ameublement oriental, elle l'interrompit.

— Quelle drôle de chose que la vie ! dit-elle avec un triste sourire ; je n'ai jamais pu trouver un mari qui me fît l'existence la plus modeste. Je vous assure que je n'aurais pas été bien exigeante. J'aurais été une bonne femme ; j'aurais aimé mon mari.

Elle le reconduisit jusqu'au vestibule.

XV

C'était le surlendemain, à quatre heures de l'après-midi, qu'on devait faire à madame Néel les offres réelles de huit cent mille francs.

— Soyez là, recommanda Gontaud, et mettez l'occasion à profit ; je ferai en sorte de m'y trouver aussi pour dire un mot, mais je compte plus sur la musique de l'or que sur les paroles. A quatre vingts ans, c'est cette musique qu'on entend le mieux et qu'on goûte le plus.

C'était deux jours encore à passer à Paris, et cela contrariait François qui n'avait demandé qu'un congé de vingt-quatre heures ; mais les circonstances étaient trop critiques pour qu'il pût retourner à Hannebault.

En sortant de chez Gontaud il alla prendre sa grand'mère pour qu'elle dînât avec lui.

Mais cette fois, madame Néel ne voulut pas se laisser conduire au restaurant de la gare.

— Faisons des économies, dit-elle, j'aurais vécu plus d'un mois avec ce que tu as dépensé hier.

Et elle le conduisit dans une crémerie du passage.

— C'est là que j'ai fait mes meilleurs repas, dit-elle, quand j'étais riche et que je pouvais mettre dix-huit sous à mon dîner.

François n'était point un habitué du café Anglais, il trouva la cuisine de la crémerie suffisante.

Le lendemain ils dînèrent là encore.

— Quand pars-tu? lui demanda sa grand'mère.

— Demain soir ou après-demain matin.

— Es-tu libre demain, à quatre heures?

Cette question apprenait à François ce que sa grand'mère voulait lui dire; mais il ne crut pas utile de laisser voir qu'il savait ce qui devait se passer le lendemain à quatre heures : il connaissait le caractère défiant de sa grand'mère, le mieux était de ne pas se livrer.

— Je serai libre si vous désirez que je le sois, dit-il.

— J'ai été avisée qu'on devait venir demain à quatre heures me faire des offres réelles ; si tu veux te trouver là, cela aura peut-être de l'intérêt pour toi.

— Ce qui aurait de l'intérêt pour moi, ce serait votre acceptation qui assurerait notre bonheur à tous.

— Ce qui assurera notre bonheur, ce sera le gain de mon procès, et cela arrivera bientôt, sois-en sûr. Mets toutes tes ressources à ma disposition, et nous presserons le dénouement, tu verras. Dix millions. Ils seront pour toi ; la joie d'avoir gagné me suffira. Ah ! les brigands ! Quand je pense que cet imbécile de Gontaud me conseillait d'accepter!

— Vous voyez, grand'mère : M. Gontaud est un homme en qui on peut avoir confiance ; c'est la gloire du barreau.

— Si tu veux ; mais cela prouve tout simplement qu'au barreau la gloire n'est pas difficile à acquérir. Elle n'entend rien aux affaires, ta gloire du barreau ; et de plus, à force de voir les injustices qui se commettent chaque jour, il a perdu la boussole. Tout peut se plaider, tout peut se gagner, tout peut se perdre. Comment veux-tu qu'on ait confiance en un homme qui n'a plus le sens du juste ? Mon droit existe ou n'existe pas. S'il existe, qu'on me fasse gagner : s'il n'existe pas, qu'on me fasse perdre. Il n'y a pas place pour une transaction.

Tout cela n'était guère rassurant ; mais François ne jugea pas à propos d'engager une nouvelle discussion. A quoi bon ? Il fallait attendre que la musique de l'or eût produit son effet.

— Alors, je viendrai demain un peu avant quatre heures, dit-il.

En effet, le lendemain, à trois heures et demie, il frappa à la porte de sa grand'mère.

Madame Néel ne s'était pas mise en frais de toilette pour recevoir la visite qui lui était annoncée, et elle n'avait pas davantage trouvé que ce fût la peine de nettoyer et d'arranger sa chambre. Il y avait beau temps qu'elle avait perdu l'habitude du soin pour elle et pour ce qui l'entourait : un lit tel quel pour dormir, un morceau de pain pour manger, une robe pour s'habiller, voilà à quoi se réduisaient les besoins de sa vie. Et pourtant, en sa vingtième année, elle était une femme élégante et coquette, courtisée et recherchée ; c'était parce qu'il était le plus beau et le plus distingué des jeunes gens de la contrée qu'elle avait, entre quinze ou vingt prétendants, choisi pour son mari le grand'père de François. Mais depuis cette époque, soixante ans s'étaient écoulés, et ce long procès avait accompli son œuvre de dévastation et d'abaissement, réduisant la femme élégante et coquette, l'épouse aimante, la mère affectueuse et dévouée, à n'être plus qu'une vieille plaideuse.

Si elle était misérable à la lueur d'une bougie, sa pauvre chambre, elle l'était bien plus encore à la lumière crue du soleil qui l'éclairait jusqu'en ses recoins sombres, montrant ses toiles d'araignée et ses amas de poussière noire dans lesquels les pas avaient creusé çà et là quelques raies pâles.

En entrant, François trouva sa grand'mère assise sur son unique chaise et lisant son Code.

— Sais-tu, dit-elle en souriant, que ces imbéciles vont être obligés de me faire leurs offres en or.

— Et les billets de banque ?

— Le billet de banque n'a plus cours forcé ; il faut donc qu'ils me comptent huit cent mille francs en or, ce qui représente quarante mille louis ou deux cent soixante kilogrammes d'or ; voilà la comédie à laquelle je t'ai convié, je crois que cela sera drôle.

Un peu avant quatre heures on entendit un bruit de pas lourds dans l'escalier et un brouhaha de voix; on frappa à la porte.

François alla ouvrir et se trouva en face d'un monsieur de noir habillé qui salua ; dans le corridor et dans l'escalier on apercevait, à la queue leu leu, des hommes en habit bleu et à boutons blancs qui semblaient plier sous le poids de grandes sacoches en cuir ; derrière eux apparaissaient les képis de deux agents de police.

Le monsieur vêtu de noir était entré dans la chambre ; il s'adressa à madame Néel :

— C'est bien à madame veuve Néel (François-Auguste), née Félicité Chavaret, que j'ai l'honneur de parler ?

— Oui, monsieur.

— Madame, je viens vous faire les offres réelles de huit cent mille francs, montant de la transaction qui vous a été proposée.

— J'ai déjà refusé cette transaction, dit madame Néel avec un calme parfait, je persiste dans mon refus.

— Vous connaissez trop bien la loi...

— Oui, monsieur, interrompit madame Néel vertement, pour mon malheur je la connais.

— Vous connaissez trop bien la loi pour ne pas savoir qu'aux termes de l'article 812 du code de procédure, mon procès-verbal doit contenir l'énumération et la qualité des espèces offertes.

— Parfaitement ; comptez donc vos espèces.

L'huissier regarda autour de lui d'un air embarrassé.

— Vous cherchez une table ?

Elle montra le petit guéridon boiteux sur lequel était posé son Code :

— Voilà tout ce que soixante années de procès m'ont laissé de mobilier.

— N'avez-vous pas un balai ? demanda l'huissier en regardant le carreau noir de poussière.

— J'en ai eu un ; il est usé.

La porte était restée ouverte, et dans le corridor, on voyait quelques voisines qui étaient sorties, curieuses de savoir quelle était cette procession : venait-on saisir la pauvre vieille ou l'arrêter : une de ces voisines prêta un balai, et un des garçons se mit à balayer la chambre à grands coups.

Cela fait, trois garçons entrèrent dans la chambre, et chacun s'installant à genoux dans son coin, commença à aligner l'or sur le carreau ; pour cela il tirait de sa sacoche un rouleau de mille francs, déchirait le papier et étalait en longueur ses cinquante louis. A des intervalles réguliers le tintement des louis résonnait sur le carreau : c'était là cette musique de l'or dont Gontaud attendait un miracle.

Anxieusement, fiévreusement, François épiait sur le visage de sa grand'mère l'effet qui devait se produire ; mais il avait beau regarder, il ne voyait rien qu'un sourire ironique.

Cependant les trois garçons qui étaient entrés avaient vidé leurs sacoches, et ils avaient été remplacés par trois autres qui, s'agenouillant aussi, étalaient leurs rouleaux défaits à côté de ceux déjà alignés. Sur ces lignes jaunes qui emplissaient aux trois quarts la chambre, les rayons du soleil qui glissaient par la fenêtre miroitaient et jetaient des lueurs claires.

Et toujours madame Néel restait impassible, avec son sourire aux lèvres.

A un certain moment, dans le brouhaha qui emplissait le corridor et l'escalier où s'étaient entassés les curieux maintenus à distance par les agents, il se fit un mouvement, et François vit apparaître Gontaud qui se frayait un passage.

Il fit un signe à François, qui secoua la tête : sa grand'mère n'avait pas bronché.

— Vous venez voir la comédie de la tentation, dit-elle à Gontaud, qui ne put pas entrer et resta à la porte.

L'opération du comptage touchait à sa fin, le carreau était couvert d'or jusqu'au lit et jusqu'à la porte ; le dernier garçon, après avoir vidé sa sacoche, était sorti.

L'huissier fit un pas en avant à la limite de la dernière rangée d'or.

— Les espèces sont comptées, dit-il, si vous voulez les vérifier ?

— A quoi bon ? répondit madame Néel sans se déranger.

C'était l'instant décisif. Gontaud intervint.

— Vous savez ce que je vous ai conseillé, dit-il, écoutez la voix de la raison, — il montra François, — celle du cœur ; — il lui tendit la main, — celle de l'amitié.

Elle le regarda avec calme :

— Vous savez ce que je vous ai répondu ?...

François ne la laissa pas achever :

— Grand'mère, s'écria-t-il, c'est ma vie, c'est mon bonheur que vous allez décider...

Elle haussa les épaules :

— Tu es un enfant, dit-elle.

Puis s'adressant à l'huissier :

— Faites mention de mon refus, dit-elle, et donnez-moi votre procès-verbal que je le signe. Tout ou rien. Jamais je n'accepterai de transaction.

XVI

François était sorti avec Gontaud, instinctivement, comme si en se cramponnant à l'avocat, celui-ci pouvait lui donner un moyen de salut.

Ils descendirent l'escalier sans pouvoir parler, car la maison et le quartier avaient été mis en révolution : on racontait qu'on était en train d'emplir d'or la chambre de la vieille plaideuse, et chacun accourait pour voir ça. Parmi ces curieux, il y en avait plus d'un qui s'était extasié, à l'Exposition universelle, devant la pyramide dorée que les colonies anglaises exhibent partout, à la plus grande joie des imbéciles, mais combien plus intéressant était un amas d'or chez quelqu'un qu'on connaissait ; il y en avait tant, racontait-on, que les employés du Trésor faisaient la chaîne pour le monter à son cinquième. Et parmi ceux qui accouraient tous n'étaient pas poussés par la curiosité ; il y en avait qui combinaient déjà leur demande d'emprunt justifiée par des services rendus ou par des besoins intéressants ; la fruitière lui avait fait crédit plus d'une fois ; il ne manquait au premier garçon de l'épicier que trois mille francs pour s'établir dans son pays; et la concierge, que ne lui devait-on pas, elle qui si souvent avait prêté des allumettes qui ne lui avaient jamais été rendues? Le moment était venu où on allait voir si madame Néel savait ce que c'est que la reconnaissance.

Lorsque François et Gontaud arrivèrent dans la rue, il leur fallut traverser un rassemblement compact qui s'était formé devant la porte et d'où partaient des exclamations. Pour un peu on les eût interrogés et on se fût mis bien avec eux.

— C'est le petit-fils!

— C'est l'avocat!

Il y en avait d'autres qui étaient portés à croire que celui qu'on prenait pour l'avocat était le ministre des finances ou le préfet de police; malgré cela, le petit-fils intéressait davantage, c'était lui l'héritier.

— Vous voyez, dit François, lorsqu'ils ne furent plus pressés par la foule, la musique de l'or n'a pas produit d'effet.

— Peut-être votre grand'mère a-t-elle eu raison de refuser.

François espérait presque que Gontaud allait lui indiquer un moyen pour amener sa grand'mère à revenir sur son refus; au contraire, c'était une approbation de ce refus qu'il rencontrait.

— C'est un peu une affaire d'instinct, continua Gontaud; son procès peut durer pendant des années encore; il peut se terminer dans quelques mois. S'il en est ainsi, n'a-t-elle pas eu raison de refuser?

Et sur ce mot qui n'était ni une affirmation ni une négation, il s'en alla laissant François stupéfait.

Sa grand'mère ne se trompait donc pas en disant que Gontaud était un sceptique chez qui l'habitude de plaider le pour et le contre avait étouffé tout sentiment personnel : la terminaison prochaine du procès, cela était possible ; et, d'autre part, il y avait des chances pour qu'il se prolongeât indéfiniment.

Mais il était trop ému et trop angoissé pour examiner ce qu'était ou n'était pas l'avocat. Que lui importait ? Si peu raisonnable que cela fût, il le reconnaissait maintenant, il avait mis son espérance dans cette musique de l'or, et devant l'obstination de sa grand'mère il restait abasourdi.

Que faire ?

Évidemment il ne pouvait rien ; il n'avait qu'à s'en retourner à Hannebault et à attendre.

Attendre quoi ?

Que le procès fût terminé ? Le serait-il jamais ?

Que ses travaux eussent abouti à quelque belle découverte ? Cela se réaliserait-il jamais ?

Il n'était pas dans une situation où l'on voit tout en rose, bien au contraire.

Cependant dans son désastre, sa foi en Marianne n'était pas effleurée : « Ne pouvant pas être votre femme, je ne serai pas celle d'un autre. Nous attendrons. C'est pour la vie que je vous aime. » Ces mots le soutenaient. Ils attendraient comme elle le disait.

Avant le départ du train de nuit qu'il comptait prendre, il avait encore trois heures à passer à Paris. Il voulut les employer à arranger la vie matérielle de sa grand'mère, de façon à ce qu'elle ne fût plus exposée à mendier son pain. Remontant le passage qu'il avait descendu avec Gontaud, il entra dans la crémerie où sa grand'mère l'avait fait dîner.

Vivement on s'empressa auprès de lui.

— Le petit-fils!

Mais ce fut à grand'peine qu'on put le comprendre quand il expliqua qu'il désirait qu'on donnât à déjeuner et à dîner à sa grand'mère tous les jours ; on lui enverrait la note de cette dépense, et il la règlerait à la fin de chaque mois.

— Comment, la grand'mère continuait de manger à la crémerie, et c'était le petit-fils qui payait sa dépense. Mais alors !

Quand François remonta chez sa grand'mère, il trouva les garçons du Trésor achevant d'emplir leurs sacoches; bientôt ils sortirent.

— Ne sois pas fâché, mon garçon, dit madame Néel, lorsqu'elle fut seule avec son petit-fils, c'est pour ton bien. Tu ne tarderas pas à le voir.

Il n'y avait pas à récriminer : il annonça son départ.

— Comment tu pars déjà ? dit-elle; mais tu ne pars pas fâché, n'est-ce pas?

— Désespéré, non fâché.

— Point fâché, n'est-ce pas? point fâché? Prouve-le moi.

— Que voulez-vous?

— Je t'ai dit de faire des économies; m'as-tu écouté?

— Je n'ai pas fait de dépenses inutiles.

— Alors, prête-moi cent francs : avance-les-moi sur mon prochain mois. J'ai un jugement à lever. Ne perdons pas de temps. Tu es intéressé à hâter la conclusion de notre procès. C'est ton bonheur qui est en jeu.

Elle était habile à trouver des arguments pour plaider sa cause ; mais François ne la laissa pas aller jusqu'au bout : pendant qu'elle parlait, il avait tiré un billet de cent francs de sa poche ; il le lui remit.

— J'ai passé à la crémerie où nous avons mangé, et je me suis arrangé pour qu'on vous serve tous les jours à déjeuner et à dîner sans que vous ayez à vous occuper de la dépense.

— Tu es un bon garçon ; mais c'est de la prodigalité : déjeuner et dîner, c'est trop ; dîner suffit ; tu m'enverras ce que j'économiserai en déjeuners. Toutes nos ressources doivent être employées au procès. Plus de retards, plus de lenteurs. C'est ton bonheur que tu avanceras.

François employa une partie des heures du voyage à préparer la lettre qu'il écrirait à Marianne le lendemain soir. Quelle déception, quel coup pour elle, après les espérances dont elle vivait depuis son départ ! Si encore il avait pu la voir et lui expliquer comment les choses s'étaient passées. Si encore, pour adoucir l'amertume de cette déception, ils avaient pu reprendre leurs entrevues d'autrefois, leurs longues soirées d'intimité, ou même simplement leurs réunions de musique.

Mais ils allaient être séparés ; une lettre, un regard plus ou moins rapide quand ils se rencontreraient, et ce serait tout.

Et sous l'obsession de cette pensée qui lui revenait sans cesse, aussi bien quand il tâchait de s'endormir que quand il mettait le nez à la vitre et regardait machinalement dans la nuit les arbres, les maisons et les champs qui défilaient le long de la voie, — il admettait pour la première fois la possibilité que ce procès fût gagné. Pourquoi pas, après tout ? Pourquoi n'auraient-ils pas cette chance ? Gontaud, qui savait ce que c'était que les procès, ne disait-il pas qu'il pouvait l'être ? Mais ce n'était pas sans résistance qu'il se laissait entraîner par cette espérance. Où le conduirait-elle ? Allait-il lui donner sa vie comme son père et sa grand'mère lui avaient donné la leur, se faire dévorer comme ils avaient été dévorés eux-mêmes par cette maladie « du demain » ? Quand viendrait-il, ce demain ?

Il y avait soixante ans que sa grand'mère l'attendait. Et le terrible était que ce ne serait pas seulement sa vie qu'il lui donnerait, ce serait aussi celle de Marianne. Elle, de son côté, lui du sien, ils attendraient, se répétant : « Demain. » Et chaque jour elle aurait à se défendre contre son père, contre sa mère, contre les influences et les pressions extérieures, sans rien avoir à répondre lorsqu'on la presserait. Que dire, en effet, si ce n'est le mot dont il s'était si souvent moqué, celui de Malaquin, du père d'Escoran, de Badoulleau : « Nous attendons. Demain. »

En arrivant le matin, il ne se coucha point pour se reposer ; mais, quittant ses habits de voyage, il endossa ses vêtements de travail pour être prêt à se rendre aux ateliers quand la cloche sonnerait : il avait demandé deux jours de congé et il était resté cinq jours absent, c'était trop de temps perdu ; cela lui serait une distraction et un soulagement de s'absorber dans sa besogne quotidienne.

Au moment où il allait sortir de chez lui, on frappa à sa porte; assez surpris qu'on vînt le trouver à pareille heure il ouvrit.

C'était Strengbach.

Il faisait jour depuis une demi-heure à peu près ; François vit que Strengbach avait une figure grave et compassée, celle d'un porteur de mauvaises nouvelles.

— Je *fous* ai *entendu rendrer*, dit Strengbach.

— J'arrive en effet.

— *Fous afez vait pon* voyage ?

— Merci.

— Allons *dant* mieux, *dant* mieux, je suis *pien content*.

Et bien qu'il se frottât les mains, Strengbach n'avait pas l'air content comme il le disait; désespéré au contraire, navré.

Il n'était pas démonstratif, d'habitude, cependant il tendit la main à François :

— Mon cher ami, je suis *tésolé bositivement*, j'ai une mauvaise nouvelle à *fous abrendre;* mais je *tois opéir : fous* êtes *remblacé*.

— Où remplacé?

— Ici, *jomme* chimiste; ces *tames Tubuquois* ont *drouvé* que *fous* en *breniez pien* à *fotre* aise *tans fos bromenades* et elles *fous* ont *remblacé;* j'ai été chargé *te fous* l'annoncer. On *fous tonne* trois mois d'indemnité. Votre successeur arrive *temain.*

Comment, remplacé ! Parce qu'il en prenait bien à son aise dans ses promenades ? Remplacé, renvoyé sans avoir été entendu, sans qu'on sût pourquoi il était en retard, s'il avait ou n'avait pas des raisons à donner pour expliquer et justifier ce retard ? Cela n'était ni dans les habitudes, ni dans le caractère de mesdames Dubuquois d'agir ainsi ; il y avait là quelque chose qu'il ne comprenait pas, qu'il ne croyait même pas, malgré les paroles et la mine déconfite de Strengbach. Était-ce un mauvais tour de Strengbach ?

— *Fous baraissez* étonné ? demanda Strengbach.

— Je le suis, en effet, et même plus qu'étonné.

— *Fous* ne le serez jamais *blus* que je l'ai été moi-même quand madame *Antré* et madame Charles m'ont *vait* appeler hier *bour* me *tire* qu'elles ne *bouvaient bas* conserver un *embloyé* qui *bar* sa *bosition tevrait tonner* l'exemple de l'*exactidute* et qui *brécisément tonnait* celui *tu tésordre*. Je me suis *temandé* de qui il s'agissait et je n'aurais jamais *teviné* si elles ne *fous* avaient *bas* nommé. J'ai voulu *blaider fotre* cause, car j'étais scandalisé ; je ne *drouvais* pas cela juste, et moi l'injustice me révolte. Elles ne m'ont pas écouté, et comme je ne *foulais* pas me charger de cette triste commission, elles m'ont *tonné* cette lettre.

Et il tendit une lettre que François prit vivement, se disant qu'en la lisant il trouverait l'explication de ce qu'il ne comprenait pas.

« M. François Néel est prévenu qu'il est remplacé
» à partir de ce jour ; il lui sera payé par la caisse

» trois mois d'appointements. Son compte de parti-
» cipation sera réglé à l'inventaire.

» Veuve CHARLES DUBUQUOIS. »

La date et c'était tout.

— C'est bien, dit-il, car Strengbach ne lui inspirait pas assez de sympathie pour qu'il s'épanchât avec lui.

— Non, ce n'est *bas pien*, s'écria Strengbach, je ne crains *las te* le *tire* car je *vais toujours basser* la justice avant mon intérêt. *Fous* êtes un *pon* chimiste, un travailleur actif, zélé et on ne *fous* aurait jamais renvoyé si...

Strengbach s'arrêta.

— Si... quoi? demanda François.

— Ce n'est *bas* mon affaire.

— C'est la mienne.

— Justement, et moi, *fous* savez, je ne me mêle jamais *tes* affaires *tes* autres, jamais.

François connaissait assez Strengbach pour savoir que celui-ci, qui ne demandait qu'à parler, voulait se faire prier. Ordinairement il s'arrêtait net devant ces réticences, et Strengbach en était pour ses insinuations. Mais il n'était pas dans des circonstances ordinaires, et son intérêt pouvait être d'apprendre ce que Strengbach voulait dire ; ce n'était pas des affaires des autres qu'il s'agissait.

— Évidemment, dit-il, ce n'est pas parce que j'ai été cinq jours absent au lieu de deux qu'on me signifie mon congé.

— Évidemment.

— Il y a d'autres raisons?
— Il y en a.
— Plus sérieuses?
— *Blus* sérieuses.
— Que vous connaissez.
— Que je *soubçonne*, car on ne me les a *bas tites*.
— Eh bien, faites-moi part de ces soupçons.
— *Fous tevez pien* en avoir *fous*-même ; mais enfin, *buisque fous* m'en *briez*, je ne *beux bas fous* refuser. *Fous* savez quelle est mon amitié, mon estime *bour fous*; c'est une *breuve te* cette amitié et *te* cette estime que je *fous tonne* en *fous tisant* ce que je *bense*.

Il baissa la voix comme si on pouvait l'entendre du dehors.

— On *feut* se *tébarrasser te fous*.
— Sans doute.
— *Bar* jalousie, *fous combrenez*.

Et Strengbach cligna de l'œil finement.

— On espère que quand *fous* ne serez *blus* à Hannebault on aura *blus* facilement raison des répugnances *t'une* certaine *personne*.

— Vous savez?... s'écria François.

— Je ne sais rien, personne ne m'a rien *tit*; je *soubçonne*. *Fous* ne m'avez jamais *vait te* confidences, n'est-ce *bas*; ce qui *n'embêche bas* que je sais *barfaitement* que *fous* aimez une jeune *bersonne* qui ρus aime Eh *pien* d'autre *bart* je sais *dout* aussi *barfaitement* qu'un jeune homme *vort* riche aime cette jeune *bersonne* et *feut l'ébouser*, *dantis* qu'elle ne *feut bas te* lui, *barce que* elle *fous* aime. L'un est aussi *frai* que l'autre.

François savait qu'il était inutile d'interroger Strengbach, qui ne raconterait pas comment il était si bien informé : il ne risqua donc pas de questions oiseuses. D'ailleurs il avait une chose à apprendre qui était d'un intérêt autrement grand pour lui : pourquoi Strengbach lui faisait-il cette confidence ? Car de croire à l'amitié de Strengbach ou à son amour de la justice, il n'avait pas cette simplicité. Strengbach ne faisait rien par amitié pas plus que par sentiment chevaleresque. S'il parlait, c'était dans un but déterminé. Quel était-il ?

— *Foilà bourquoi* on *feut fous* éloigner d'Hannebault, continua Strengbach, et *foilà bourquoi* on saisit le *brétexte te fotre* absence *brolongée*. On a *bris* celui-là, comme on en aurait *bris* un autre. Et c'est *barce* qu'on n'en *trouvait bas* un *pon* qu'on s'est rabattu sur un mauvais. A n'*imborte* quel *brix* on veut se *tébarrasser de fous*.

François n'avait rien à répondre ; il ne voulait pas engager de discussion, et ce que Strengbach disait était trop vraisemblable pour qu'il le contestât.

— *Bartirez-fous?* demanda Strengbach.

— Je ne peux rester ici malgré mesdames Dubuquois.

— Ce n'est *bas* cela que je *temande* ; je *tis :* quitterez-vous Hannebault ?

— Je n'ai pas réfléchi à la situation nouvelle que cela me crée.

— Écoutez, mon ami : j'ai été jeune comme *fous*,

comme *fous* j'ai aimé et j'ai été aimé, et *dendrement* aimé, car nous sommes *drès dendres*, nous autres... Alsaciens, et on nous aime comme nous aimons. C'était une jeune fille que je *tevais ébouser ;* mais je n'avais pas une assez *pelle bosition* aux yeux *te* sa famille. *Bour* gagner cette position, j'ai quitté le *bays* qu'elle *hapitait.* Elle *tevait* m'attendre, elle me l'avait *bromis,* juré. Et quand je suis revenu, elle était mariée, elle en avait *ébousé* un autre, un jeune homme riche que sa famille lui avait *imbosé.* Je ne *fous tis bas* qu'il en serait ainsi pour *fous ;* mais *bensez* à cela, c'est *bien driste* d'avoir été *drompé,* c'est la vie manquée, c'est le caractère *assombri.* Ah ! si je n'avais pas été *drompé !*

Et Strengbach s'arrêta, étouffé par l'émotion qu'éveillaient en lui ces souvenirs cruels.

François commençait à comprendre que Strengbach ne voulait pas qu'il quittât Hannebault.

— Certainement, continua Strengbach, je serais heureux, *drès* heureux, *te* voir un certain jeune homme se marier, *barce* que le mariage *bourrait l'embêcher* de reprendre des *hapidudes...* fâcheuses. Et c'est même *bour* cela que sa mère et sa *dande* (sans les nommer) veulent lui faire épouser la jeune fille en question. Mais *bermettez*-moi *te* tire, sans contester les mérites de cette jeune fille, qu'elle n'est *bas* la femme qui *beut l'embêcher* de reprendre ces *hapidudes ;* il lui faut une femme qui le *tominera,* qui lui en *imbosera bar* sa *bosition, bar* sa *fordune, bar* sa famille, *bar* son *étucation ;* et justement la jeune fille n'a *bas* ça ; elle a *tes* qualités, elle n'a *bas* celles-là. Et *fous combrenez*, moi qu'est-ce que je *tésire?* Que ce jeune homme soit *tigne* d'être à la *déde te la* maison où je *basserai* ma vie.

Pour qui savait traduire le Strengbach, ce langage était clair ; il n'y avait qu'à mettre des négations là où il y avait des affirmations : « Qu'est-ce que je désire : que Thierry Dubuquois ne soit pas digne d'être à la tête de sa maison, afin que moi Strengbach je la dirige. Marianne pourrait l'empêcher de boire ; il ne faut pas qu'il épouse Marianne. »

Son but se dessinait.

— Il faut être *vranc*, poursuivit Strengbach, et cela m'est *vacile*, car la *vranchise* c'est mon *vort*. Ce n'est pas seulement dans l'intérêt de ce jeune homme que je suis *obbosé* à ce mariage ; c'est aussi *tans* le *fôtre*, par amitié *bour fous*. Lui serait malheureux avec cette jeune fille ; *fous*, au contraire, *fous* serez heureux. *Fous* êtes *vaits* l'un *bour* l'autre. Aussi, croyez-moi, ne quittez *bas* Hannebault.

François ne voulut pas se livrer.

— Je ne sais pas ce que je ferai, dit-il.

— *Fous* réfléchirez, *fous* avez raison ; il *vaut* réfléchir avant d'agir. Seulement n'*oupliez bas tans fos* réflexions le *put* que *boursuivent fos* adversaires ; c'est *te fous vair* quitter Hannebault, *barce qu'ils fous* croient *tangereux* à Hannebault, et qu'ils savent qu'ils ne réussiront *bas dant* que *fous* y serez. Cela *fous drace fotre* chemin : c'est là qu'on *fous attaque*, c'est là que *fous tevez fous téfendre*. Croyez-moi, je connais la *sdradégie*.

C'était vrai que Strengbach connaissait la stratégie.

— Maintenant, dit-il, *fous* me *répondrez* que *fous* n'êtes pas maître de *vaire* ce que *fous foulez :* qu'il *vaut fifre.* C'est *frai.* Mais on a *tes* amis ou on n'en a *bas. Fous* en avez qui *fous* sont *défoués.*

Il donna une vigoureuse poignée de main à François.

— ..... Qui *fous* aiment et qui sont prêts à *dout bour fotre ponheur.* Je sais ce que c'est que les *tifficultés te* la vie et même ce que c'est que la misère. Je ne veux *bas* que *fous* soyez misérable, *fous,* mon *pon* ami.

De nouveau il lui donna une poignée de main plus vigoureuse encore, plus émue que la première.

— Aussi, si *bour* rester à Hannebault, *fous avez pesoin* de quelques mille *vrancs,* ne *fous* gênez *bas.* Je ne suis *bas* riche malheureusement, mais le *beu* que j'ai est à mes amis. *Foilà* comment je suis.

François remercia Strengbach ; il était touché de cette proposition dont il appréciait la générosité et le désintéressement, mais il ne l'acceptait pas ; resterait-il à Hannebault ou n'y resterait-il pas ? Il n'en savait rien ; mais alors même qu'il ne se remettrait pas tout de suite au travail, il avait des économies.

— *Tes* économies ! s'écria Strengbach, ah ! je suis *pien* heureux.

XVII

Elles étaient modestes, les économies de François, environ trois mille francs qui, avec l'indemnité qu'on lui accordait, lui constituaient un capital de six mille francs, sur lequel il devrait prendre cinq cents francs par mois pour les envoyer à sa grand'-mère.

En admettant qu'il dépensât cent francs par mois pour lui, il pouvait donc marcher pendant dix mois sans rien gagner.

Pourrait-il vivre pour cent francs? A Hannebault cela ne faisait pas de doute : vingt-cinq francs de logement, soixante francs de nourriture, il lui resterait quinze francs pour les menues dépenses.

C'était là une raison pour qu'il restât à Hannebault.

Mais ce n'était que la petite; il en avait d'autres d'un ordre plus élevé qui le retenaient : son amour d'abord, et puis aussi celle même qui lui avait été indiquée par Strengbach : « C'est là qu'on vous attaque, c'est là que vous devez vous défendre. »

Assurément il avait foi dans la constance et la

fidélité de Marianne; mais, quelle que fût cette foi, aurait-il une heure de tranquillité loin d'Hannebault, quand il penserait que celle qu'il aimait était poursuivie ou suppliée par les siens pour accepter Thierry ? Et Marianne, elle-même, aurait-elle pour se défendre et lutter, la même force et la même sérénité, s'il paraissait l'abandonner ?

Il devait donc rester à Hannebault, et il y resterait. Avant dix mois bien des choses se seraient accomplies : la lutte de La Guillaumie contre ses créanciers ne se prolongerait pas jusque-là ; le procès de sa grand'mère serait peut-être terminé ; enfin il y avait l'imprévu. Pendant ces dix mois il ne resterait pas sans travailler ; ne pouvait-il pas rencontrer enfin une bonne chance ?

Aussitôt que Strengbach l'eut laissé seul, il s'en alla à Hannebault pour chercher le logement où il devait avant tout faire transporter ses meubles.

L'année précédente, Badoulleau avait loué une partie de son second étage au receveur d'enregistrement, qui, n'étant pas encore marié, s'était contenté d'un logement de garçon. En ce moment, ce logement était libre, et il semblait qu'il dût être précisément ce qu'il fallait à François.

Badoulleau, qui venait de se lever, était sur le seuil de la porte, les deux mains dans ses poches, en train de passer sa première inspection du matin.

Il fit quelques pas au-devant de François.

— De quand donc êtes-vous de retour ?

— De ce matin.

Badoulleau le regarda ; alors seulement il remarqua que François avait l'air préoccupé.

— Est-ce que vous avez fait mauvais voyage ? demanda-t-il affectueusement.

— C'est le retour qui a été mauvais ; comme j'ai dépassé de trois jours le congé qui m'avait été donné, on me remplace.

— Ce n'est pas possible !

— Cela est ainsi, cependant ; c'est pourquoi je viens vous demander si vous pouvez me louer votre logement du second.

— Vous le louer, non ; vous l'offrir, oui, et avec plaisir.

Mais François ne pouvait pas accepter cette proposition amicale ; il ne savait pas combien il resterait à Hannebault, peut-être plusieurs mois ; il demandait une location.

Badoulleau finit par céder et il conduisit François visiter le logement du second qui se trouva beaucoup plus grand qu'il ne fallait ; il y avait cuisine, salle à manger, chambre.

— C'est trop grand, dit François.

— Qu'est-ce que cela fait ? vous occuperez ce que vous voudrez ; la cuisine vous servira de laboratoire, si vous travaillez.

— Assurément je travaillerai.

— Eh bien, alors ?

François ne pouvait pas dire que c'était une raison d'économie qui le retenait, mais Badoulleau devina cette raison.

— Combien voulez-vous mettre à votre logement ? demanda-t-il.

— Vingt ou vingt-cinq francs par mois.

— C'est justement ce que je veux louer.

— Le receveur ne payait-il pas plus ?

— Le receveur payait trente francs ; mais comme je n'ai pas trouvé à louer depuis son départ, je baisse mon prix ; vous me rendez service en me prenant ce logement, sans parler du plaisir que vous me faites en demeurant chez moi. Il n'y a qu'une raison qui peut vous empêcher de m'avoir pour propriétaire, — c'est la peur que je vous ennuie.

Dans ces conditions, François ne pouvait qu'accepter, ce qu'il fit.

— A tantôt, dit-il, car je dois céder la place à mon successeur aujourd'hui même.

— Est-ce possible ! répéta Badoulleau.

Mais il n'insista pas. Il y avait assurément dans ce renvoi quelque mystère qu'il eût été indiscret de chercher à approfondir par des questions directes. Badoulleau était trop curieux pour n'avoir pas fait certaines observations, et il était trop intelligent pour n'en avoir pas tiré les conséquences qu'elles semblaient indiquer ; il y avait un roman là dedans : François aimait Marianne ; Thierry Dubuquois, voulant se débarrasser d'un rival, le renvoyait ; mais le rival restait à Hannebault.

Il lui fallut faire un effort pour ne pas réveiller sa femme ; quelle histoire à lui raconter !

Encore ne put-il pas attendre qu'elle descendît de sa chambre, où elle avait l'habitude de faire la grasse matinée : « C'est fatigant, les enfants; quand ce n'est pas mon petit Michel, c'est ma petite Sophie, ou ma petite Rose. » A sept heures et demie, n'y tenant plus, il monta voir « si par hasard elle n'était pas réveillée ».

Elle ne l'était pas; mais au bruit qu'il fit en entrant elle se réveilla.

— Est-ce que Philippe a encore fait quelque sottise? demanda-t-elle les yeux à peine ouverts, je rêvais de lui.

— Ce n'est pas de Philippe qu'il s'agit, c'est de Néel.

— Ah! mon Dieu! s'écria madame Badoulleau qui avait l'inquiétude et la compassion promptes.

— On renvoie Néel de la maison Dubuquois, et il vient loger chez nous.

— Pourquoi le renvoie-t-on?

— Je te le demande.

— Quelle raison lui a-t-on donnée?

— Il a dépassé de deux jours le congé qu'il avait demandé.

— Veux-tu que je te dise? Marianne aime M. Néel, et les dames Dubuquois, furieuses qu'elle ne veuille pas de M. Thierry, se vengent de cette manière.

Badoulleau embrassa sa femme.

— Qu'est-ce que tu as, Auguste?

— La même idée que toi.

Et ils se mirent à rire.

Quand madame Badoulleau ne s'occupait pas de sa petite Rose, de sa petite Sophie, de Michel, de Philippe ou de Jacques, elle passait son temps à lire les romans les plus romanesques qu'elle pouvait trouver, et elle n'avait pas de plus grand plaisir que de les raconter à Auguste, en tâchant de deviner le dénouement qu'elle faisait toujours heureux.

— Quel joli roman! dit-elle. Marianne refusant d'épouser l'héritier des Dubuquois, parce qu'elle aime M. Néel; les Dubuquois se vengeant en persécutant M. Néel; nous, les confidents de l'amant et de l'amante et prenant le parti des pauvres contre les riches, c'est ça qui va être amusant! Tu sais que Marianne épousera M. Néel.

— Et Thierry?

— Il se consolera en devenant un modèle de sobriété, et les jeunes filles de la plus haute noblesse chercheront à se faire épouser par lui; mais, fidèle au souvenir de Marianne, il n'épousera personne et en mourant il léguera son immense fortune aux enfants de celle qu'il aura aimée toute sa vie.

— Ça n'est pas probable, dit Badoulleau en riant.

— Probable! c'est sûr.

Et comme toujours elle expliqua les raisons qui, selon elle, rendaient ce dénouement sûr : d'abord il était moral que Thierry se corrigeât, et la première règle d'un bon dénouement était qu'il fût moral; et puis la vertu était récompensée et cette seconde règle devait être aussi rigoureusement observée que la première.

Il fallut que Badoulleau l'interrompît et lui rappelât que François allait bientôt arriver avec ses meubles pour s'installer au second.

— Et ma lessive! s'écria-t-elle en sautant à bas du lit.

En effet, depuis que le receveur de l'enregistrement était parti, le logement du second servait non seulement à sécher la lessive, mais encore à emmagasiner le linge en mauvais état qui attendait là, « que les jours fussent plus longs » et qu'on eût le temps de faire « un point ». Les jours plus longs arrivaient et passaient ; mais jamais elle ne trouvait le temps de faire ce fameux point qui devait tout remettre en ordre ; de sorte que quand on avait besoin d'un mouchoir, d'un essuie-mains ou d'une paire de chaussettes, chacun, le père, la mère, les enfants, même les petits, allait fouiller dans le tas, tirant au hasard et rejetant ce qui ne faisait pas son affaire jusqu'à ce qu'il eût trouvé ce qu'il voulait ; et encore ne trouvait-on pas toujours. Combien de fois Jacques et Philippe étaient-ils partis à la pension avec une chaussette rouge au pied droit et une chaussette bleue au pied gauche !

Il fallait donc vider le magasin pour faire place à François.

Mais si affairée que fût madame Badoulleau, elle ne perdait pas le fil de son roman, et tout en liant des paquets de linge dans des serviettes, elle continuait à arranger les choses en vue de son dénouement heureux.

— Sais-tu que c'est adroit à M. Noël d'être venu loger chez nous. Puisqu'il ne peut plus aller chez madame La Guillaumie il aura au moins la satisfaction de savoir chaque jour ce que fait sa maîtresse, comme celle-ci saura chaque jour ce que fait son amant; et ce sera toi qui seras leur confident, tu as de la chance. C'est si amusant les histoires d'amour, et c'est si attendrissant les gens qui s'aiment !

— Je ne peux pas trahir La Guillaumie.

— Oh ! bien sûr; mais d'autre part tu ne peux pas ne pas répondre quand Marianne te parlera de M. Néel, et tu ne peux pas non plus te taire quand ce sera M. Néel qui te parlera de Marianne.

XVIII

François aurait voulu faire transporter ses quelques meubles chez Badoulleau, sans que les ouvriers de la cuisine aux couleurs connussent son départ. Cela était inutile. Mais il avait dans son laboratoire de l'usine des produits, des instruments, des livres qui lui appartenaient personnellement et qu'il ne pouvait faire enlever sans quelques mots d'explication.

A la vérité il eût pu abandonner tout cela et se contenter d'emporter lui-même ses livres et ses notes, mais il n'était pas dans des conditions où il lui était permis de faire le prodigue. Ces instruments et ces produits étaient indispensables à son travail, et ce n'était pas avec son modeste budget qu'il pouvait se livrer à des achats dispendieux. Il fallait donc qu'il employât ce qui lui appartenait et par conséquent qu'il l'emportât.

Mais en entrant dans la cuisine aux couleurs, il vit, aux regards qu'on attacha sur lui, qu'il n'avait rien à apprendre à ses anciens ouvriers.

Comme il ne pouvait opérer son déménagement

tout seul, il appela un ouvrier pour l'aider, et ce fut le nom de Fiquet qui instinctivement lui vint aux lèvres. C'était en effet Fiquet qui, de tous les ouvriers de la cuisine aux couleurs, était le plus intelligent et le plus adroit, le plus débrouillard, celui qui se tirait le mieux et le plus promptement, le plus ingénieusement d'affaire, toutes les fois qu'il s'agissait d'une besogne nouvelle. Non le meilleur cependant, ni le plus assidu, ni le plus soumis, ni le plus appliqué, perdant son temps comme aucun autre, au contraire, bavard comme personne, courant des bordées qui n'en finissaient pas, toujours prêt à la réplique et à la révolte, argumentant sur tout, plaidant à propos de rien pour lui et pour les camarades, même ceux qui ne lui demandaient pas son intervention, à cheval sur son droit, n'ayant aucune conscience de son devoir; mais avec cela et malgré tout celui à qui l'on pensait le premier dans un moment de presse ou d'embarras.

A l'appel de François il accourut.

— Voulez-vous m'aider à emballer ces bocaux? demanda François.

— Le temps de me laver les mains ; je reviens.

Elles avaient, en effet, grand besoin d'être lavées, ces mains qui, toute la journée, étaient teintes de toutes les couleurs plus ou moins indestructibles qui servent à l'impression de l'indienne, depuis le noir d'aniline jusqu'au rouge alizarine, en passant par le vert et le jaune, le bleu et le violet.

Il revint vivement et commença à emballer dans une caisse les bocaux que François avait atteints.

Mais bientôt il s'interrompit ; ils étaient seuls dans une salle où des produits chimiques étaient rangés sur des tablettes.

— C'est donc vrai ? demanda-t-il.

Rien ne pouvait être plus désagréable à François que cette question ; aussi ne répondit-il pas. Mais Fiquet ne se laissait pas facilement arrêter ou démonter.

— Alors on renvoie un homme comme vous, ni plus ni moins qu'un ouvrier.

— Je ne suis rien plus qu'un ouvrier.

— Ainsi nous sommes tous à la discrétion de deux femmes ; parce qu'elles ont hérité d'un capital notre vie leur appartient ; nous faisons notre devoir, nous donnons notre temps, notre peine, notre intelligence, nos bras ou notre tête, ce qui est en nous, et du jour au lendemain, sans raison, par caprice, elles nous disent : « Va-t'en. — Mais j'ai mes amis, mes affaires dans ce pays. — Cela ne nous regarde pas, va-t'en. »

François, ne voulant pas engager de discussion, passa dans une autre pièce, mais quand il revint après un temps assez long, Fiquet continua :

— Vous savez, s'il ne s'agissait pas de vous, ce qui arrive là ça m'arrangerait, parce que plus ces gens-là feront de sottises et d'injustices mieux ça vaudra, plus ça avancera les affaires ; mais vous, monsieur Néel, vous avez dit un mot qui m'a été là...

Il se frappa la poitrine.

— Quel mot ?

— Que la science doit être la libératrice de l'ouvrier ; et, depuis ce jour-là j'ai compris qu'il y avait en vous mieux et plus qu'un savant.

François se trouvait dans des circonstances où les témoignages de sympathie sont doux au cœur, et il fut touché que Fiquet, dont la haine et le mépris pour les bourgeois étaient connus de tous, ne le mît pas dans le même sac que ses ennemis.

— J'aurais voulu que ce fût pour ce mot qu'on vous renvoyât, poursuivit Fiquet, mais je ne crois pas qu'elles le connaissent, quoique je l'aie dit et répété partout; encore faut-il des raisons pour renvoyer un employé ou un ouvrier : « Tu ne nous plais plus, va-t'en. »

François craignait que les vraies raisons de son renvoi ne fussent connues ; il vit par là qu'il n'en était rien.

— J'avais le droit de m'en aller, n'est-ce pas? dit-il.

— Bien sûr.

— Eh bien, par réciprocité on avait le droit de me remplacer lorsque mes services n'étaient plus utiles.

— Voulez-vous que je vous dise pourquoi vous avez été remplacé?

François eut peur ; cependant il ne pouvait pas reculer : il essaya de se tirer d'embarras en plaisantant.

— J'aimerais mieux que vous fissiez attention à bien envelopper ce bocal, qui arrivera cassé.

— Ne craignez rien, ce n'est pas parce que je cause que je ne fais pas attention, au contraire.

Et revenant à son sujet :

— C'est pour faire de l'autorité, pour montrer qu'on a la force et qu'on fait ce qu'on veut, ce qui est juste, comme ce qui est injuste.

François respira ; pourvu qu'on ne parlât pas de Marianne, tout ce qu'on pouvait dire lui était indifférent.

— Ç'a été compris ainsi par tout le monde, continua Fiquet ; aussi les esprits sont montés : Torrent-de-Larmes, lui-même, est obligé de convenir que les maîtres sont dans leur tort.

— Il vous l'a dit ?

— Vous savez bien qu'il ne dit jamais les choses franchement ; seulement il l'a laissé entendre ; et quand hier soir il a annoncé à Bottentuit que vous étiez remplacé, il n'a pas caché son sentiment.

Il alla à la porte, et, voyant qu'il n'y avait personne dans la pièce qui précédait celle où il travaillait, il continua :

— Vous me direz qu'il aurait mieux fait de manifester ses sentiments à celle ou à celui qui ont exigé votre remplacement ; mais ce n'est pas son idée de les empêcher de faire des sottises, au contraire.

— Et pourquoi ne serait-ce pas son idée ?

— Ah ! voilà... pourquoi ? L'avenir dira si je me trompe. Pour le moment cela serait trop difficile à expliquer, et vous ne m'écouteriez pas. Enfin, que les sottises soient faites seules et d'inspiration ou avec les conseils et l'aide de Torrent-de-Larmes, peu importe ; elles sont faites, voilà le certain. Et le certain aussi, c'est qu'on commence à être à bout. A la longue, on finit par voir clair et par comprendre.

— Comprendre quoi ? demanda François en apportant quelques flacons.

— Qu'il n'est pas juste que tout un pays travaille, souffre, sue et s'extermine pour un seul homme qui n'a jamais rien fait, qui ne sera bon à rien, ni à lui, ni aux siens, ni à personne, et qui n'a d'autre but dans la vie que de se soûler comme une brute.

— Fiquet, je ne vous laisserai pas dire cela ; celui dont vous parlez est le chef de cette maison et nous sommes chez lui ; nous n'avons pas à examiner ensemble si on a été juste ou injuste en me remplaçant, cela c'est mon affaire ; mais il ne me convient pas que vous attaquiez des personnes au service desquelles j'étais hier.

— Si vous croyez que j'attaque des personnes, vous vous trompez, monsieur Néel ; elles n'existent pas pour moi, ces personnes, pas plus celles-là que d'autres. Ce que j'attaque, c'est l'espèce à laquelle appartiennent ces personnes, l'espèce bourgeoise, et voilà pourquoi je dis que s'il ne s'agissait pas de vous je me réjouirais de l'injustice criante qu'on commet envers vous, qui étiez un employé modèle, que tout le monde estimait, non seulement pour son caractère, mais encore pour les services qu'il rendait à la maison. Est-ce que ceux qui sont en état de voir ou de raisonner ne savent pas ce que vous valez et ce que vous avez fait pour la fortune de cette fabrique ? Pourtant, du jour au lendemain, on vous remplace. Pourquoi ? Parce que c'est le bon plaisir. Voilà ce que je me réjouis qu'on comprenne, et ce qu'on comprend. C'est que l'organisation sociale est absurde et criminelle.

— C'est entendu, dit François en ficelant un paquet de livres.

— Vous plaisantez, cela n'empêche pas qu'un exemple comme le vôtre a son utilité. D'autres, dans d'autres pays, ont la leur. On voit que les travailleurs qui créent la fortune publique sont à la merci de ceux qui la mangent ; et alors la haine qu'on ressent vaguement contre tous les partis politiques s'accentue et se précise. On voit qu'ils sont tous également impuissants à résoudre la question sociale, puisqu'aucun n'a le courage de reconnaître que la propriété acquise par le travail d'autrui est un vol, et qu'il n'y a de légitime que celle qui est acquise par le travail personnel. Voulez-vous me dire de quoi se composerait la propriété du monsieur en question si ces vérités étaient mises en pratique ?

François, qui n'écoutait que d'une oreille, classant ses livres et ses papiers, ne répondit pas. A quoi bon engager une discussion sociale ou politique avec Fiquet ? Il avait bien l'esprit à cela, vraiment.

D'ailleurs le déménagement de ses produits chimiques était fini. Il fit porter ses caisses dans son logement ; et trois heures après il quittait le chalet habité par les employés de la maison Dubuquois, accompagné jusqu'à la grille par Strengbach qui, ostensiblement, devant les ouvriers sortant en ce moment pour aller déjeuner, lui donnait de chaudes poignées de main.

XIX

François s'était installé tant bien que mal chez Badoulleau, et il s'était mis au travail. Il n'avait plus maintenant les occupations, les distractions qui, à chaque instant, venaient le déranger à la fabrique ; il fallait qu'il arrivât à quelque chose de pratique et de réalisable dans un délai prochain. De quoi vivrait-il, comment resterait-il à Hannebault si, d'ici huit ou dix mois, le procès n'était pas terminé ? Il serait à bout de ressources, et alors il faudrait bien que, malgré tout, il acceptât au loin une position de chimiste dans une fabrique d'indiennes, c'est-à-dire qu'il se séparât de Marianne.

Au temps où il avait son lendemain assuré, il avait pu poursuivre de grandes recherches qui devaient, si elles réussissaient, lui donner la gloire ; mais maintenant ce n'était plus de gloire qu'il s'agissait, c'était du pain quotidien : aussi, sans abandonner ces recherches, devait-il viser moins haut et tâcher d'obtenir des résultats immédiats.

Pendant longtemps l'impression des indiennes s'est faite avec des couleurs végétales : la garance, l'indigo, le campêche, combinées avec certains produits chimiques, l'oxyde de fer pour les violets et les nankins, un sel de manganèse pour les bistres, mais les couleurs d'aniline tirées du goudron de houille apportèrent une révolution radicale dans l'industrie de la teinture. Le bon marché et la beauté des nuances de ces nouvelles couleurs firent que, malgré leur peu de solidité, on les substitua aux anciennes. Autrefois les étoffes imprimées à la garance par les procédés en usage dans les Indes étaient bon teint; aujourd'hui, à l'exception du noir d'aniline qui est indestructible, les couleurs tirées du goudron de houille sont plus ou moins mauvais teint. Le bleu extrait du goudron n'est pas solide, pas plus que ne le sont le vert et le jaune, tandis qu'une blouse ou une cotte d'ouvrier teintes en bleu par l'indigo, sont presque indestructibles. Qu'un chimiste obtienne pour ces bleus, ces verts, ces jaunes, l'indestructibilité que Lighfoot a obtenue pour le noir, c'est une nouvelle révolution dans la teinture et en même temps c'est la fortune de l'inventeur. Quand on trouva l'alizarine artificielle, on la vendit pendant plusieurs années deux cents francs le kilogramme; aujourd'hui elle vaut cinq ou six francs. On comprend par là quel est le bénéfice de l'inventeur pendant l'exploitation de son brevet.

C'était la fixation du violet que François cherchait; pourquoi ne la trouverait-il pas? Lighfoot avait bien trouvé celle du noir.

Il avait donc repris ses anciennes expériences sur cette couleur, celles mêmes qu'il poursuivait quand

Marianne avait, avec son père et Glorient, visité la fabrique Dubuquois.

Bien qu'en apparence, et pour ceux qui le connaissaient, il n'eût plus rien à faire, jamais il n'avait été aussi occupé, et jamais ses journées n'avaient été aussi remplies.

— Est-ce drôle qu'on se lève si matin, disait madame Badoulleau qui de bonne heure l'entendait marcher au-dessus d'elle.

— J'avais toujours cru que M. Néel aimait la musique, disait l'abbé Commolet, mais je crains de m'être trompé. En effet, je lui ai proposé de venir une fois par semaine jouer des duos avec lui, et il n'a pas accepté. N'est-ce pas caractéristique ? Cela lui aurait fait passer trois ou quatre heures agréables.

Et le curé de Goulaine se désolait de cette apathie, comme il se désolait de la suspension des quatuors, qui étaient devenus des trios.

L'abbé Commolet n'était pas le seul à se plaindre de cette apathie. Toussaint s'en étonnait aussi : ce n'étaient pas des duos de flûte et d'alto qu'il proposait à François, c'étaient des duos de domino, de bésigue ou de piquet, toujours refusés. Comme pour se rendre au *Maure*, où il prenait sa pension, François devait passer devant le café du *Progrès*, il était souvent arrêté par Toussaint qui, sans se lasser, recommençait ses invitations, surtout les jours où il était seul et où le major Coupe-Toujours, pour une raison ou pour une autre, ne lui faisait pas vis-à-vis.

— Trouvez-vous que ce garçon-là est extraordinaire ? disait Toussaint à la belle Apolline, qui haussait les épaules avec mépris. Et on prétend qu'il est intelligent ! En quoi, je vous le demande ?

Et mademoiselle Apolline, pas plus que Toussaint, ne pouvait répondre à cette question. Alors ils se mettaient d'accord en décidant que si les Dubuquois l'avaient renvoyé, c'était parce qu'il n'était pas intelligent, comme le prétendaient ceux qui ne le connaissaient pas.

Badoulleau ne se plaignait pas, parce que, comme il le disait à sa femme, il savait ce que c'est que le travail ; mais, en réalité, ces habitudes de régularité lui faisaient éprouver un certain désappointement : en louant à François, il avait compté sur des heures de flâneries et de bavardage avec son locataire, comme madame Badoulleau avait compté sur les longues confidences de celui qu'elle appelait « l'amant » ; et voilà que, pour le mari comme pour la femme, ces heures se réduisaient à quelques minutes de causerie affectueuse ; même lorsqu'il lui parlait de Marianne, il ne s'attardait point, pas plus qu'il ne se livrait.

Cependant, si appliqué qu'il fût au travail, tous les jours dans l'après-midi, régulièrement à cinq heures, il descendait de son logement, passait par le magasin et demandait à madame Badoulleau si elle voulait lui donner, pour qu'il les emmenât promener, Michel et Sophie, qui n'allaient pas encore en pension.

La réponse de madame Badoulleau était toujours la même :

— Avec plaisir, monsieur Néel ; seulement il faut que j'habille les enfants.

Car, bien qu'elle attendît cette demande, régulière comme une sonnerie d'horloge, elle n'avait jamais préparé ses enfants à l'avance : « On a tant à faire, et les jours sont si courts ! »

François mettait lui-même la main à la toilette des enfants, frisait Sophie ou débarbouillait Michel, pendant que la mère faisait une reprise ici ou recousait un bouton là, et ils partaient.

L'itinéraire de la promenade était toujours le même : ils descendaient au pont, le traversaient et suivaient le chemin qui longe la rivière, là où autrefois étaient des prairies et où maintenant se trouvent les principaux établissements industriels du pays. D'un côté ils avaient ces établissements avec leurs bruits de marteaux, de pilons, de ferrailles, avec leurs ronflements de machines en marche, leurs roues qui tournent en éclaboussant l'eau, leurs jets de vapeur blanche ; et de l'autre, en face, par delà la rivière, ils avaient le vieux village dont les maisons, les jardins et les cours plantées de pommiers s'étageaient en pente douce sur le coteau que couronne l'église. A cette saison du premier printemps, les arbres n'avaient point encore de feuilles ; seuls, quelques buissons commençaient à reverdir dans les haies ; la vue embrassait l'ensemble des maisons, et si l'on marchait doucement le détail même des cours et des jardins.

Tout d'abord ils s'arrêtaient en face de l'imprimerie, et les enfants s'amusaient à faire une remarque sur ce qu'ils voyaient, une fenêtre ouverte, le chat qui guettait les oiseaux, l'apprenti qui flânait.

Puis c'était devant la pension de madame La Guillaumie qu'ils faisaient une nouvelle station plus longue encore : c'était l'heure de la récréation, et Michel et Sophie s'amusaient à reconnaître et à nommer les petites filles qu'ils voyaient jouer de l'autre côté de la rivière, et qui apparaissaient ou disparaissaient, selon les accidents du terrain. François était d'une patience admirable pour les laisser là aussi longtemps qu'ils voulaient rester. Lui aussi semblait prendre plaisir à ces jeux. Il est vrai que si Michel et Sophie l'avaient examiné avec attention, ils auraient vu que ses yeux, au lieu de s'attacher sur la cour de récréation, portaient plus haut et s'arrêtaient à une fenêtre du premier étage, dans le cadre de laquelle se montrait mademoiselle La Guillaumie. Mais quel intérêt Marianne pouvait-elle avoir pour eux, quand ils voyaient des enfants de leur âge ou à peu près qui couraient, jouaient, criaient? Une grande jeune fille immobile à une fenêtre, cela ne leur disait rien; tandis que des petites filles qui sautaient ou galopaient, cela les retenait toujours attentifs.

Après un temps d'arrêt assez long, la promenade continuait, ils allaient jusqu'à un petit pont pour les bestiaux et les piétons, et après l'avoir traversé ils prenaient une cavée crayeuse qui, par une pente raide et glissante, monte à l'église. Arrivés à la Haga ils redescendaient la grande rue.

Et comme ils avaient passé devant les derrières

de la pension de madame La Guillaumie en longeant la rivière, ils passaient devant la porte d'entrée en descendant la grande rue, et presque toujours ils apercevaient Marianne se promenant derrière la haie d'épine tondue aux ciseaux qui formait là une clôture défensive.

— Bonsoir, mademoiselle Marianne, disaient les enfants.

— Bonsoir, Michel : bonsoir, Sophie, répondait Marianne.

Et c'était tout, car elle répondait par une simple inclinaison de tête au salut muet de François.

Mais ce tout suffisait ; il l'avait vue, il avait entendu sa voix.

Rentré le soir de bonne heure, il sortait de nouveau vers onze heures au grand étonnement de madame Badoulleau, qui se demandait où il pouvait ainsi aller dans la nuit.

Si elle l'avait suivi, elle aurait vu qu'il remontait la grande rue et que, quand elle était déserte, il s'arrêtait devant la haie de la pension La Guillaumie, prenait une lettre dans le tronc creux d'une vieille épine, et en déposait une autre à la place de celle qu'il emportait, — la réponse à la lettre de Marianne, qu'il était venu chercher la veille.

XX

Un dimanche, dans l'après-midi, comme François était au travail, ses fenêtres ouvertes, il entendit une forte détonation qui semblait avoir éclaté dans la direction des usines Dubuquois. Mais il n'y prit pas autrement attention, car, depuis quelque temps, le dimanche précisément, on entendait, aux environs d'Hannebault, des détonations qui n'étaient pas produites par de simples coups de fusil et dont on ne connaissait pas la cause.

Mais bientôt une rumeur s'éleva dans la rue, suivie d'un brouhaha ; alors, abandonnant son travail, il alla à sa fenêtre pour se rendre compte de ce qui se passait ; en même temps éclata une sonnerie de clairon : l'appel des pompiers ; des hommes le casque en tête, couraient du côté de la mairie.

La porte de son logement s'ouvrit, c'était Badoulleau.

— Le feu est aux établissements Dubuquois !
— Allons-y.

Et ils descendirent l'escalier quatre à quatre.

— Auguste, sois prudent, cria madame Badoulleau.

Déjà ils couraient vers le pont, regardant en l'air, mais sans apercevoir de fumée ; de temps en temps Badoulleau ralentissait le pas pour interroger les gens ; mais on ne savait rien de précis : on avait entendu une détonation, puis bientôt après on avait dit que le feu était aux établissements Dubuquois.

Badoulleau voulait que François lui dît comment cette détonation avait pu se produire et comment l'incendie avait pu s'allumer, puisqu'on ne travaillait pas le dimanche. Mais François, qui n'imaginait rien de raisonnable, ne pouvait rien répondre.

Ils étaient arrivés à un endroit d'où l'on apercevait les établissements à peu près librement, et, chose extraordinaire, on ne voyait pas de fumée au-dessus de leurs hautes cheminées qui se découpaient sur le bleu ciel ; cependant, en écoutant un peu, on entendait une vague clameur dans le lointain.

Cependant autour d'eux on continuait à courir ; les pompiers, traînant leurs pompes au pas gymnastique, les dépassèrent, suivis par les ouvriers de la tréfilerie anglaise traînant la pompe de leur établissement.

Ils arrivèrent ainsi à la grille de la fabrique qui était grande ouverte.

— Eh bien ? demanda François au portier.
— Ah ! monsieur Néel, quel malheur !
— Où est le feu ?
— On a fait sauter le chalet de ces dames.
— Le chalet !

— Il est rasé.

En effet, c'était du chalet que venaient les clameurs, et de son côté qu'on se dirigeait.

Cependant, à travers les branches des arbres sans feuilles, on apercevait sa façade rouge, ses cheminées et ses lambrequins.

— Mais il est debout! s'écria François.

— Rasé! monsieur Néel; rasé! répéta le portier qui paraissait affolé; on l'a fait sauter. Tout a dansé ici : ça m'a réveillé. Ah! j'ai eu une belle peur!

Evidemment, il n'y avait rien à tirer de ce vieux bonhomme, que la peur avait détraqué.

Mais, par ce peu de mots, le mystère s'éclaircissait : ce n'était point d'un incendie qu'il s'agissait, c'était d'une explosion. On ne voyait nulle part de fumée, et il y avait des ouvriers qui venaient au-devant des pompiers, leur faisant signe qu'on n'avait pas besoin d'eux.

Badoulleau, que François essayait de retenir, ne voulait pas s'arrêter.

— Allons voir, dit-il.

Maintenant qu'il comprenait qu'il ne pouvait rendre aucun service, François hésitait à entrer; mais Badoulleau l'entraîna.

En approchant du chalet, qui était entouré par la foule des ouvriers et des gens du pays arrivés les premiers, ils virent que, s'il n'était point rasé, comme le disait le portier, il était cependant gravement endommagé : un grand trou noir se trouvait là où quelques instants auparavant était le petit salon dans lequel se tenaient ordinairement mesdames Dubuquois ; la muraille avait été pulvérisée, les fenêtres avaient été projetées au loin, et, sur les arbustes du jardin, on voyait des lambeaux d'étoffes et des morceaux de meubles ; à l'intérieur, tout avait été bouleversé, brisé, haché; les portes étaient enfoncées.

— C'est une explosion de dynamite, dit Badoulleau ; heureusement les dames Dubuquois étaient aux vêpres ; je les ai vues passer se rendant à l'église.

Dans les groupes, on causait, on criait, on gesticulait.

— Y a-t-il des blessés ? demanda Badoulleau au contremaître du tissage.

— Il n'y avait personne dans la maison que la cuisinière qui était au sous-sol, et qui s'est évanouie de peur.

— Comment cela est-il arrivé ?

— Ah ! comment !

Mais Strengbach, qui les aperçut, vint à eux et se chargea de répondre à cette question.

— C'est ces canailles, dit-il, voilà comment on *récombense* ces *bauvres tames*.

— Vous soupçonnez quelqu'un? demanda François.

— *Bersonne*, mais tout le *monte ;* c'est un coup *tes* ouvriers contre les *pourgeois*. Nous allons les faire *tanser*, les canailles ; j'ai fait *brévenir* ces *tames* et j'ai envoyé chercher la justice à Condé ; nous *trouferons* les *coubables*.

Puis il raconta comment il avait été surpris par l'explosion, car il semble que dans une catastrophe, ce qui est surtout intéressant c'est le rôle qu'elle nous fait jouer, ou à défaut de rôle actif la façon dont elle nous frappe.

— J'étais chez moi en *drain* d'écrire, quand j'ai été *foutroyé bar l'exblosion*. Ne *bensant bas* au *timanche*, j'ai cru que c'était le générateur qui sautait. J'ai couru à la fenêtre et j'ai *fu* un nuage *te boussière, te* fumée *tu* côté *tu* chalet *te* ces *tames*. Alors *dout te* suite j'ai eu le sentiment de ce qui venait d'arriver : « C'est ces canailles. » Je suis accouru et j'ai *drouvé* la maison en cet *édat!* N'est-ce pas abominable ? Y a-t-il rien *te blus* lâche, *te blus* criminel ?

— Qui a produit l'explosion ? demanda Badoulleau.

— La *tynamite*, la nitro-glycérine, une *te* ces *trogues tiaboliques* que ces canailles *fapriquent bour* exterminer les *pourgeois*.

— Et qui a mis le feu à la drogue ? demanda Badoulleau.

— C'est ce que la justice *drouvera;* il est *imbossible* qu'un *bareil* crime se commette sans qu'on trouve le *coupaple;* on saura qui a *fapriqué* ou acheté de la *tynamite;* on saura qui a fait *tes* essais *tans* ces *terniers demps* le *timanche;* car c'étaient *tes* essais, ces *exblosions te tynamite* qu'on *endendait;* en *foilà* la *breuve*.

Et il montra la façade éventrée.

La foule devenait d'instants en instants plus nombreuse, les ouvriers descendaient de la cité, et les habitants d'Hannebault arrivaient aussi par groupes, car une explosion c'était plus curieux encore qu'un incendie ; malheureusement les gendarmes la maintenaient à distance, ne laissant personne approcher de la maison.

François voulut se retirer, car mesdames Dubuquois et Thierry pouvaient survenir d'un moment à l'autre, et il trouvait que sa place n'était pas là ; mais Badoulleau refusa de l'accompagner.

— Vous comprenez, mon cher, que cela me fournit un fait-divers exceptionnel ! le *Narrateur* sera reproduit par tous les journaux de France ; une explosion de dynamite chez nous, c'est original, il faut que je réunisse mes documents.

François laissa Badoulleau à la recherche de ses documents et rentra seul à Hannebault, se demandant qui avait pu commettre ce crime et ne se disant point comme Strengbach que c'étaient ces canailles.

Assurément il n'avait pas à se louer de mesdames Dubuquois, mais le ressentiment qu'il pouvait éprouver contre elles n'empêchait pas qu'il fût indigné. C'était donc vrai ! L'hostilité dont parlait Strengbach à chaque instant était donc arrivée à ce point qu'elle se manifestait par ces lâches agressions ; et ce n'étaient pas seulement les accusations de Strengbach qui lui revenaient à l'esprit, c'étaient aussi les paroles de Fiquet. Était-ce lui qui avait mis ses menaces à exécution ? Fiquet était-il capable de passer de la théorie pure à l'action ?

Ce n'était pas seulement le désir de ne pas se trouver en présence de mesdames Dubuquois ou de Thierry qui l'avait fait revenir à Hannebault, c'était aussi l'espérance de croiser Marianne dans la Grande-Rue, comme tous les dimanches, à la sortie des vêpres. Mais quand il rentra dans la ville, les vêpres étaient finies depuis quelque temps déjà, et il n'eut qu'à reprendre son travail, car la promenade qu'il faisait tous les jours à cinq heures n'avait pas lieu le dimanche : comment échanger quelques regards, passer et repasser devant la pension, quand tout le monde était dans la rue ou sur le pas de sa porte? Il sentait qu'on avait les yeux sur lui et qu'aussitôt qu'on le voyait dans le voisinage de la pension on se demandait ce qu'il allait faire par là, comme on se demandait pourquoi, après avoir été pendant si longtemps, presque chaque jour, dans cette maison, il n'y allait plus du tout. Il était au moins inutile qu'il fournît un aliment aux histoires qu'on racontait sur lui et sur Marianne. Dans la lettre qu'il écrirait le soir à Marianne, il expliquerait les raisons qui l'avaient empêché de se trouver à la sortie des vêpres.

Il travailla jusqu'au moment où il devait dîner, et il allait descendre pour se rendre au *Maure*, quand il entendit un bruit de pas dans son escalier ; sans doute c'était Badoulleau qui venait lui faire part de ce qu'il avait appris et lui communiquer ses documents. Cependant ces pas étaient bien hésitants, bien lourds.

Vivement il ouvrit sa porte et se trouva en face d'un gendarme.

— Monsieur le juge d'instruction m'a chargé de vous mander de comparaître devant lui.

— Où cela? dit François assez interloqué.

— Chez mesdames Dubuquois, où il procède à son enquête avec M. le substitut.

— Et quand dois-je comparaître ?

— Tout de suite, on attend après vous.

— C'est bien, j'y vais.

Et François reprit le chemin des établissements Dubuquois accompagné par son gendarme.

Que diable pouvait lui vouloir le juge d'instruction ?

XXI

De toutes les pièces du rez-de-chaussée du chalet, il n'y en avait qu'une, la salle de billard, qui n'eût pas eu à souffrir de l'explosion.

C'était là que le juge d'instruction et le substitut s'étaient installés pour procéder à leur enquête.

En entrant dans cette salle, François vit autour de la petite table, qu'entouraient les représentants de la justice, Thierry et Strengbach; dans un coin se tenait le maréchal des logis de la brigade d'Hannebault, les jambes écartées, le menton appuyé sur la garde de son sabre.

— Monsieur Néel ? demanda un personnage de quarante-cinq à cinquante ans, à l'air froid, à la tenue hautaine, que François devina être le juge d'instruction.

— Oui, monsieur.

— Vous étiez il y a quelque temps le chimiste de la fabrique d'indienne ?

— Oui, monsieur.

— Vous avez été renvoyé pour irrégularités dans votre service.

François ne répondit pas.

— Vous n'avez pas compris ma question ? demanda le juge d'instruction.

— C'est justement parce que je l'ai comprise que je n'ai pas répondu.

— Qu'est-ce à dire ?

Mais Thierry intervint.

— M. Néel n'a pas été renvoyé comme mauvais employé, dit-il avec un certain embarras ; il avait demandé un congé de deux jours pour aller à Paris, il est resté cinq jours absent. Dans ces conditions, nous avons cru devoir le remplacer... pour la discipline. On savait que son absence ne devait durer que deux jours ; il était d'un exemple fâcheux pour l'ordre de la maison qu'elle en durât cinq. C'est dans ces conditions que nous nous sommes séparés de lui... avec le plus grand regret.

— Enfin, dit le juge d'instruction, il a été renvoyé ; voilà ce que je tenais à constater, et tout renvoi suppose le ressentiment chez celui qui est l'objet d'une pareille mesure.

— Cette mesure a suscité en moi la surprise, j'en conviens, mais non le ressentiment, j'étais dans mon tort puisque j'avais prolongé mon absence. Si les chefs de la maison pouvaient me renvoyer, je pouvais de mon côté quitter la maison.

— Autre question, dit le juge ; vous employez dans votre laboratoire des produits explosibles, ou qui, mélangés, peuvent devenir explosibles et produire des effets extrêmement dangereux ?

— Sans doute.

— Quels sont ces produits ?

— Le chlorate de potasse, la fleur de soufre, la résine, la glycérine, l'acide nitrique, l'acide sulfurique, bien d'autres encore.

— Ces produits, mélangés et travaillés, peuvent-ils donner un composé provoquant une explosion comme celle qui a détruit une partie de cette habitation ?

— Parfaitement.

— Précisez.

— Cela est assez difficile, tant les combinaisons sont nombreuses.

— Citez-en une.

— En concentrant la glycérine par l'ébullition et en la mélangeant à l'acide nitrique et à l'acide sulfurique, on obtient une huile en apparence inoffensive qui n'est autre que la nitro-glycérine, agent explosif des plus dangereux.

— Avez-vous travaillé ces matières et opéré ces mélanges ?

— Jamais.

— Rappelez bien vos souvenirs.

— C'est inutile ; mes recherches se sont toujours appliquées aux matières tinctoriales, jamais aux agents explosifs.

— Quelques-uns des ouvriers placés sous votre direction se livraient-ils à la recherche de ces agents explosifs ?

— Je ne sais pas.

— Cette réponse est bien vague.

— Je dirai, si vous voulez, que je n'ai jamais vu

aucun des ouvriers placés sous ma direction se livrer à la recherche de ces agents.

— Si vous n'avez pas vu, au moins n'avez-vous pas de soupçons à ce sujet?

François ne répondit pas.

— Pourquoi ne répondez-vous pas?

— Parce que si j'avais des soupçons, ils ne reposeraient sur rien de précis, sur aucun fait matériel et, conséquemment, je ne pourrais pas les formuler.

Strengbach leva la main comme s'il voulait parler.

— Vous avez quelque chose à dire? demanda le juge d'instruction.

— Je *voutrais* faire remarquer à M. le juge *t'insdruction* que Bottentuit, le chef *te* la cuisine aux couleurs, serait mieux en *siduation* que M. Néel *te* fournir *tes* éclaircissements à ce sujet ; il surveillait les ouvriers *te blus brès*.

— Faites chercher ce Bottentuit, dit le juge d'instruction s'adressant au maréchal des logis.

Puis il revint à François par sa formule ordinaire :

— Autre question : pourquoi n'avez-vous pas quitté Hannebault quand vous avez été remplacé?

— Parce que je n'avais pas à aller ailleurs, et que ce pays me plaît.

— Avez-vous cherché une autre situation?

— Non.

— Pourquoi?

— Parce que j'ai des travaux en train qui réclament tout mon temps.

— Vous n'aviez pas une autre raison qui vous retenait dans ce pays?

François commençait à comprendre où tendaient ces questions du juge d'instruction : « Par ressentiment, n'avez-vous pas voulu vous venger de mesdames Dubuquois, et n'avez-vous pas fabriqué des matières explosibles pour faire sauter cette maison ? N'est-ce pas dans ce but que vous êtes resté à Hannebault ? » Si cette accusation n'avait pas été nettement formulée, il semblait en tous cas qu'elle flottait dans l'esprit du magistrat. Un mouvement d'indignation poussa François en avant :

— Puis-je vous demander, dit-il, en quelle qualité je comparais devant vous ?

Le juge d'instruction parut suffoqué de cette demande.

— Vous êtes là pour répondre aux questions que je vous adresse, dit-il, avec une dignité rogue, non pour m'interroger vous-même.

Cela n'était pas fait pour calmer François, que la colère soulevait.

— Il y a des questions auxquelles un honnête homme ne répond pas ! s'écria-t-il.

— Un honnête homme répond à toutes les questions, quand c'est la justice qui les pose, répliqua le magistrat; car, par cela même qu'il est un honnête homme, il a à cœur la découverte de la vérité.

François perdait un peu la tête ; la question tendant à lui faire dire pourquoi il continuait à habiter Hannebault l'avait exaspéré.

— S'il y a quelqu'un qui m'accuse, dit-il en regardant Thierry en face d'un air de provocation, qu'il se lève et qu'il parle !

— Personne n'a à se lever et à parler ici que moi, dit le juge d'instruction.

Mais Thierry intervint.

— Que Monsieur Néel soit convaincu, dit-il, avec plus de fermeté qu'il n'en mettait d'ordinaire dans son accent et dans ses gestes, que personne de nous, — j'entends ma mère, ma tante et moi, — n'a eu l'idée de formuler la plus légère accusation contre lui. Et puisqu'il semble invoquer notre témoignage, j'affirme hautement que nous le tenons pour un parfait honnête homme, incapable d'une pensée basse comme d'une action lâche.

A son tour Strengbach étendit la main avec énergie, pour protester, bien que François ne se fût nullement adressé à lui.

— Ce n'est *bas* moi non *blus* qui *soubçonne* M. Néel, dit-il, oh ! non !

Et il mit la main sur son cœur :

— J'ai *bour* lui autant *t'esdime* que *t'amidié*.

Cette intervention de Thierry exaspéra François; c'était une accusation précise qu'il demandait, non une défense. De sa défense, il se chargerait lui-même lorsqu'il saurait sur quel point on l'attaquait; il était humilié qu'un homme de qui il avait tant à se plaindre, qu'un ennemi, qu'un rival, lui vînt en aide. Et telle était la situation qu'il ne pouvait pas dire que cette aide lui était odieuse; il fallait qu'il la subît sans protestation, sans explications.

— Personne n'a formulé d'accusation, dit le juge

d'instruction ; mais si vous pouvez envisager les circonstances avec sang-froid, vous verrez qu'elles vous sont défavorables. Un crime vient d'être commis au moyen d'un engin explosif: qui a pu fabriquer cet engin ? Quelqu'un qui connaît la chimie et qui peut manipuler ses produits...

— Ou qui se les soit procurés tout fabriqués, interrompit François.

— Sans doute, et cela est à chercher. Mais ce qui est à chercher aussi, c'est le mobile de ce crime. Evidemment c'est la vengeance. Qui pouvait avoir à se venger de mesdames Dubuquois ? Vous devez comprendre, en raisonnant, que vous avez vous-même intérêt à nous aider dans la recherche du coupable. Vous voyez où conduit le simple raisonnement. Imaginez jusqu'où peut aller la malveillance.

Décidément ce juge d'instruction n'était point ce que tout d'abord François avait cru.

— Je vous ai dit tout ce que je savais, s'écria-t-il effrayé, et par malheur, vous le voyez, je ne sais rien.

A ce moment, Bottentuit entra amené par un gendarme.

— *Foilà* le chef de la cuisine aux couleurs, dit Strengbach.

— Qu'il approche, répondit le juge d'instruction.

Et tout de suite il commença son interrogatoire :

— Avez-vous remarqué que quelques-uns des ouvriers placés sous votre direction travaillaient des matières propres à produire des agents explosifs: la glycérine, l'acide nitrique, le chlorate de potasse.

la fleur de soufre, l'acide sulfurique ou autres ?

— Jamais aucun de nos ouvriers n'a été chargé de travailler ces produits.

— Je le pense bien. Ce que je vous demande, c'est si, ouvertement ou en cachette, ces ouvriers ne travaillaient pas ces matières ?

Comme Bottentuit ne répondait pas, Strengbach prit la parole :

— N'avez-*fous bas* remarqué qu'un *te fos* hommes *avisait tes* essais avec *te* la glycérine? demanda-t-il.

— Ah ! oui, ça oui : Fiquet, qui faisait des essais de teinture, a quelquefois concentré la glycérine.

— Comment concentré ? Par l'ébullition ? demanda le juge d'instruction.

— Bien sûr.

— Et que faisait-il du produit obtenu ?

— Ça, je ne sais pas ; il s'est même plaint qu'on lui avait pris le produit qu'il avait fabriqué, et il nous a fait pour ça une vie infernale.

— Qui lui avait pris ce produit ?

— On n'a pas su.

— Où est ce Fiquet ? demanda le juge d'instruction au maréchal des logis.

— On le cherche ; comme il n'était pas chez lui, on ne l'a pas encore trouvé.

Comme le maréchal des logis disait ces derniers mots, la porte s'ouvrit et Fiquet parut.

— Le voilà, dit le maréchal des logis.

— Vous êtes Fiquet ? demanda le juge d'instruction en consultant un dossier, Eugène Fiquet, né à Saint-Denis, Seine, âgé de vingt-six ans.

— Lui-même, répondit Fiquet d'un air goguenard.

— Pourquoi n'étiez-vous pas chez vous ?

— Parce que je me promenais. C'est défendu par les lois ?

Il prononça ces deux mots, « les lois », avec une emphase comique.

Voyant qu'on ne s'occupait plus de lui, François avait reculé du côté de la porte, se demandant s'il devait rester ou se retirer ; mais le juge d'instruction, qui avait vu son mouvement, le retint.

— Monsieur Néel, veuillez rester : nous pouvons avoir besoin de vous.

Puis il feuilleta le dossier qu'il avait pris à l'arrivée de Fiquet.

— Vous êtes signalé comme un anarchiste des plus dangereux, dit-il en s'adressant à celui-ci.

— Signalé ! répliqua Fiquet de son même ton narquois ; est-ce indiscret de demander par qui ?

— Par la police.

— Faut-il qu'on ait de l'argent à perdre !

— Répondez sérieusement, et pour commencer donnez-moi l'emploi de votre temps aujourd'hui.

— Facile. Parti ce matin à cinq heures pour aller à Bezu pêcher des écrevisses ; pêché jusqu'à onze heures ; déjeuné ; remis à la pêche à une heure jusqu'à quatre ; revenu ; arrivé à sept heures.

— Vous prétendez que vous n'étiez pas ici ni aux environs entre deux et trois heures ?

— J'étais à deux lieues d'ici, puisque j'ai passé la journée à pêcher

— Vous pouvez prouver cela ?

— Vous n'avez qu'à interroger les camarades qui étaient avec moi ; nous étions cinq.

Et il nomma les cinq camarades, tous ouvriers d'Hannebault, qui étaient avec lui.

— Alors vous prétendez aussi n'être pour rien dans le crime qui a été commis ici ?

— L'explosion, vous voulez dire. Pour rien, absolument pour rien.

A la façon dont il prononça ces derniers mots on aurait pu croire qu'il regrettait de n'être pour rien dans cette explosion et qu'il s'en excusait : il ne fallait pas lui en vouloir, il n'était pas là.

— Ne prenez pas ces airs vainqueurs, dit le juge d'instruction, vous êtes assez intelligent pour comprendre qu'en admettant que vous étiez à Bezu au moment où l'explosion a éclaté, cela ne prouve pas que vous n'êtes pour rien, absolument pour rien dans ce crime.

— Ne me supposez pas si intelligent que ça ; car je ne comprends pas du tout comment, étant à deux lieues d'ici, j'ai pu faire éclater l'explosion qui a détérioré cette maison ; je n'ai pas le bras de cette longueur.

— Le bras d'un complice aurait pu remplacer le vôtre et faire éclater l'engin que vous auriez préparé.

— Aurait pu ! Tout est possible. Ce qui ne l'est pas c'est de me mettre en présence de mon complice ou de me le nommer.

Il avait la réplique facile, Fiquet, et il n'était pas

homme à se laisser démonter pas plus qu'à se laisser intimider.

— Expliquez-moi l'usage auquel vous destiniez la glycérine que vous concentriez par ébullition.

Pour la première fois Fiquet perdit son accent moqueur :

— A des essais.

— Quels essais ?

— Ça, c'est mon secret.

— C'est justement ce secret que la justice vous demande.

Fiquet ne répondit rien.

— Vous prétendiez, continua le juge d'instruction, que vous faisiez des essais de teinture ; il semble que vous pouvez bien dire quels étaient ces essais

— Si je cherchais une nouvelle teinture, j'ai intérêt, n'est-ce pas ? à ce qu'on ne connaisse pas ce que j'ai trouvé ; je ne vais pas être assez naïf pour expliquer les résultats de mes recherches.

— C'est donc parce que vous ne vouliez pas qu'on connût ces résultats que vous vous êtes plaint qu'on vous eût volé ce produit, et c'est pour cela aussi que, selon le mot de votre contremaître, vous avez fait une vie infernale à vos camarades ?

— Je n'ai jamais accusé un camarade de m'avoir volé ; je me suis plaint qu'il y avait des espions qui s'introduisaient partout en cachette, à pas de loup, pour vous surprendre.

Il dit cela en se tournant vers Strengbach.

— Vous aviez donc peur d'être surpris ? demanda le juge d'instruction.

— Mais certainement, et je n'avais pas tort, puisqu'on m'a volé une partie des produits que j'avais préparés.

— Eh bien, la justice croit que ces produits n'étaient pas destinés, comme vous le dites, à des essais de teinture, mais au contraire que c'était une préparation explosible comme celle qui a fait sauter une partie de cette maison.

— La justice croit ce qu'elle veut; elle ne prouve pas.

— Elle réunit les éléments de cette preuve, et quand elle voit un homme intelligent, mais dangereux, signalé comme anarchiste, un ouvrier qui connaît assez la chimie pour chercher des teintures nouvelles, quand elle le voit travailler la glycérine, qui est un des éléments de certains produits explosifs, puisque mélangée à l'acide nitrique et à l'acide sulfurique elle donne la nitro-glycérine, — elle est en droit de demander à cet homme des explications catégoriques qui détruisent les charges que les circonstances aussi bien que ses antécédents accumulent contre lui. J'attends ces explications.

— J'ai dit ce que j'avais à dire ; je ne suis pour rien dans cette explosion.

Jusque-là le substitut n'avait point pris part à l'interrogatoire; il feuilletait et lisait les pièces d'un dossier, s'interrompant de temps en temps pour écouter.

— M. le juge d'instruction vous parle de vos antécédents, dit-il ; reconnaissez-vous avoir prononcé ces paroles dans une réunion d'ouvriers : « Il est temps que le règne des épiciers qui nous gouvernent finisse, et que commence celui des chimistes, qui amènera l'avènement de la justice ? »

— J'ai dû dire quelque chose comme ça.

— Pouvez-vous expliquer ces paroles ?

— Elles n'ont pas besoin d'explication ; elles sont assez claires.

— En ces derniers temps, reprit le juge d'instruction, des détonations ont éclaté le dimanche aux environs d'Hannebault ; évidemment c'étaient des matières explosibles qu'on essayait. Plusieurs fois vous avez été rencontré aux abords des endroits d'où étaient parties ces détonations.

— C'est possible, je n'en sais rien ; mais il est probable que d'autres que moi ont dû être rencontrés aussi aux abords de ces endroits ; en tout cas je n'ai pas été rencontré aujourd'hui aux abords de cette maison, et c'est là l'essentiel... pour moi. Cherchez celui qui a pu être vu ici au moment de l'explosion, et vous ferez peut-être des découvertes curieuses.

— Que voulez-vous dire ? Accusez-vous quelqu'un ?

— Ce n'est pas mon métier d'accuser.

Le juge d'instruction fit un signe au substitut et ils se retirèrent tous les deux à l'extrémité de la salle, où ils ne tardèrent pas à appeler le maréchal des logis ; puis, presque aussitôt, celui-ci sortit en se hâtant.

Le juge d'instruction revint vers Fiquet.

— Nous allons nous transporter à votre domicile, dit-il, pour y procéder à une perquisition.

Puis s'adressant à François :

— Monsieur Néel, je vous prie de nous accompagner, et vous aussi, monsieur Strengbach, nous pourrons avoir besoin de vous ; monsieur Dubuquois, il est inutile que vous vous dérangiez.

Fiquet ne demeurait pas dans la cité ouvrière, il n'était pas assez naïf pour se mettre ainsi sous la main des espions ; son logement était à Hannebault, dans une petite chambre meublée, au-dessus d'un débit de cidre et d'eau-de-vie « à dépotayer », comme on dit dans le pays.

Dans la nuit le cortège se mit en route vers la ville, Fiquet, flanqué de deux gendarmes, le juge d'instruction et le substitut marchant côte à côte et s'entretenant à voix basse, François et Strengbach venant derrière.

— *Fous safez* que c'est lui qui a *vait* le coup, dit Strengbach.

— Cela n'est pas prouvé.

— Qui *fous-lez fous* que ce soit ?

Et Strengbach démontra que ce ne pouvait être que cette canaille. « S'en *brendre* à ces *ponnes tames*, quelle lâcheté ! »

Lorsqu'ils arrivèrent devant le débit de cidre, ils trouvèrent le maréchal des logis montant la garde à la porte, envoyé là évidemment à l'avance, de peur qu'un complice de Fiquet, averti de cette perquisition, se fût hâté d'accourir pour faire disparaître ce qui était compromettant.

Des consommateurs étaient attablés dans une petite salle basse, buvant des mocques de cidre dans des tasses en faïence brune ; on les fit sortir et pendant que le juge d'instruction montait à la chambre de Fiquet, accompagné de celui-ci, du maréchal des logis et de deux gendarmes, le substitut s'installa dans la salle avec Strengbach et François.

Au bout de vingt-cinq à trente minutes, tout le monde redescendit ; les gendarmes portaient avec précaution un couvercle de boîte dans lequel étaient posées des fioles qui avaient contenu de l'eau de mélisse et qui étaient pleines de divers mélanges, et, dans un coin, des capsules.

— Veuillez examiner ces produits, dit le juge à François, et dites-nous s'ils peuvent servir à la teinture ?

— Monsieur Néel, soyez *brutent*, s'écria Strengbach.

— Vous savez donc ce qu'il y a dans ces fioles, dit Fiquet, que vous avez peur, peur d'eau de mélisse ?

Strengbach se troubla.

Fiquet marcha à lui, et le désignant d'un geste énergique en s'adressant au magistrat :

— Vous me demandiez si j'accusais quelqu'un : voilà le coupable : S'il a si grande peur de ces fioles, c'est qu'il sait ce qu'il y a dedans, de la poudre imprégnée de nitro-glycérine ; et s'il sait ce qu'il y a dedans, c'est qu'il m'en a volé trois pareilles que j'avais préparées. Faites une perquisition chez lui, vous n'en trouverez plus que deux ; la troisième a produit l'explosion d'aujourd'hui, pour faire peur aux dames Dubuquois et les amener à céder la direction de leur établissement à cette canaille. C'est vrai que je prépare des engins explosifs pour faire sauter les bourgeois, parce que le gouvernement, en nous mettant, nous, les anarchistes, hors la loi, nous oblige à nous faire justice nous-mêmes, n'importe comment. Mais je vous répète que je ne suis pour rien dans l'explosion d'aujourd'hui : contre des femmes, dans une maison où je travaille, ça me répugnerait.

— Cette accusation *t'un miséraple* ne *beut bas m'adeindre;* mais *fenez*, messieurs, et *vaites dout te* suite cette *berquisition*, qui *brouvera* l'invention *tiapolique t'un* lâche *credin*.

XXII

La perquisition chez Strengbach n'avait rien produit ; cependant, si les fioles de nitro-glycérine n'avaient pas été trouvées, tout le monde n'avait pas cru que l'accusation de Fiquet était « l'invention diabolique d'un gredin ».

Pour la justice, pour la famille Dubuquois, pour la majorité du public, Fiquet était le véritable coupable. Que fallait-il de plus pour prouver sa culpabilité que cette fabrication de matières explosibles, destinées, il l'avouait lui-même, à faire sauter les bourgeois et à amener le règne des chimistes qui remplacerait celui des épiciers ?

Mais pour quelques personnes qui connaissaient Strengbach et qui l'avaient suivi dans ses marches ténébreuses, « l'accusation du misérable » n'était pas aussi absurde qu'on se l'imaginait volontiers ; s'il y avait une invention diabolique dans cette affaire, elle pouvait bien avoir Torrent-de-Larmes pour auteur.

C'était le cas de François et de Badoulleau, qui échangeaient leurs réflexions à ce sujet, toutes les fois que celui-ci obtenait quelques renseignements sur l'instruction qui se poursuivait au parquet de Condé. Mais le plus souvent ces renseignements étaient négatifs, c'est-à-dire qu'ils constataient que l'affaire n'avançait pas. Il avait été prouvé que Fiquet avait passé la journée du dimanche à Bezu ; il fallait donc que ce fût un complice qui eût fait partir l'explosion, et ce complice on ne le trouvait pas.

— Ce qu'on cherche, c'est la culpabilité de Fiquet, que tout accuse, et qui cependant peut très bien être innocent.

— Si on cherchait celle de Strengbach, peut-être avancerait-on plus vite.

— Il faut convenir que si c'est Strengbach qui a fait le coup, il est diablement fort.

— L'idée alors lui en serait sûrement venue en voyant Fiquet préparer ses engins. Avec ses habitudes d'espionnage, il n'y a rien d'impossible à ce qu'il ait surpris Fiquet concentrant sa glycérine. Il se sera demandé dans quel but Fiquet opérait cette concentration, et, avec ce qu'il sait de chimie, surtout avec ce que tout le monde sait de Fiquet, il aura conclu que celui-ci préparait quelque matière explosible, la nitro-glycérine très probablement. Il aura continué à l'espionner, il aura vu où Fiquet serrait ces engins, et il lui en aura pris quelques-uns. Que faire ? Renvoyer Fiquet. C'est ici, si je ne me trompe pas, que Strengbach aura été fort. Tout ce qu'il a pu pour décourager mesdames Dubuquois, de façon à ce qu'elles lui abandonnent complètement la direction des établissements, il l'a fait. Il ne lui restait plus qu'à les épouvanter et à leur faire prendre en horreur les ouvriers et le pays. Qui mieux qu'une explosion pouvait obtenir ce résultat ? Fiquet et sa nitro-glycérine lui mettaient aux mains un engin de destruction, en même temps qu'ils offraient à la justice un coupable tout trouvé. Comment s'était produite l'explosion ? Par la nitro-glycérine. Qui fabriquait de la nitro-glycérine à Hannebault ? Fiquet. Donc Fiquet, représentant du parti anarchiste, était coupable, et devant cette vengeance et cette haine, mesdames Dubuquois n'avaient qu'à abandonner les établissements. Notez que c'est lui qui, sans en avoir l'air, adroitement, par une question incidente, posée au chef de la cuisine aux couleurs, a mis le juge d'instruction sur la piste de la glycérine, qui devait faire tout découvrir. C'était donc très bien machiné. Comment supposer qu'au lieu de se défendre, Fiquet accuserait ? Il a fallu pour cela la couardise de l'un et la crânerie de l'autre. Et encore cette accusation de Fiquet n'a-t-elle produit aucun effet. Qui croit à la culpabilité de Strengbach ?

— Personne, pas même nous, qui n'osons pas seulement nous arrêter à nos soupçons.

Si bien machiné que fût le plan de Strengbach, il n'avait cependant pas produit les résultats qu'en attendait son inventeur : sans doute, la justice avait un coupable ou tout au moins quelqu'un qu'elle pouvait rendre responsable de l'explosion, et cela était quelque chose. Mais le grand point, celui qui dominait tout, n'était pas atteint : mesdames Dubuquois ne se montraient pas découragées.

Effrayées, elles l'avaient été ; désolées, attristées, malheureuses, elles l'étaient. Eh ! quoi, c'était ainsi que ces ouvriers pour lesquels elles avaient tout fait reconnaissaient les sacrifices qu'elles s'étaient imposés ? Ce n'est pas impunément qu'on examine chaque jour la comptabilité d'une grande maison de commerce ; le chiffre donne l'habitude du chiffre. Aussi savaient-elles à un sou près ce qu'elles dépensaient, et leurs aumônes, leur générosité, leurs bonnes œuvres avaient leur page de débit en face de laquelle elles avaient inscrit à l'avoir : « Reconnaissance ». Et voilà qu'au lieu de cette reconnaissance qu'elles croyaient avoir semée, c'étaient la haine et la vengeance qu'elles récoltaient. Vengeance de quoi ? Pourquoi ? Pour la crèche et les écoles qu'elles avaient fondées et qu'elles entretenaient ? Pour les frais de médecin et de pharmacien qu'elles payaient sans qu'un ouvrier eût jamais rien à débourser pour sa famille ? Pour les vêtements qu'elles distribuaient aux enfants ? Pour la caisse de secours qu'elles alimentaient, versant elles-mêmes une part égale à celle que payaient tous les ouvriers réunis ? Enfin, pour toutes les œuvres de charité qu'elles établissaient aussitôt qu'elles les croyaient utiles ?

Mais si grande qu'eût été leur désolation, si profonde qu'eût été leur déception, elles n'en étaient point arrivées, pourtant, comme l'avait espéré Strengbach, à se dire qu'il ne leur restait qu'à abandonner leurs établissements et à se sauver à Paris, où en ne lisant pas sottement les journaux, on « but se croire en *baratis* ».

En imaginant qu'elles céderaient à la peur, Strengbach s'était trompé ; il les avait jugées d'après lui-même, non telles qu'elles étaient. A leur place, la peur l'eût fait fuir à Paris, où il aurait *choui dranquillement te sa vortune.* Mais justement il était dans leur nature comme dans leurs principes de ne pas fuir le danger et tout au contraire de lui faire tête. A la vérité, leur peur était grande, mais leur fermeté était plus grande encore que leur peur.

— Aujourd'hui la maison, avait dit madame Charles, demain nous peut-être.

— Eh bien, nous quand Dieu voudra, avait répondu madame André.

D'ailleurs il n'y avait pas que pour elles qu'elles devaient rester à la tête de leurs établissements ; elles le devaient pour Thierry plus encore.

Que deviendrait-il s'il n'avait plus rien à faire ?

Elles avaient été trop heureuses de le voir participer à leur travail, pour renoncer aux espérances qu'elles avaient conçues. Sans doute il ne montrait plus maintenant le zèle et l'activité des premiers jours où il était venu s'asseoir auprès d'elles, mais enfin il y venait encore, et c'était là l'essentiel.

Il avait tant de raisons, le pauvre garçon, pour être triste et découragé, qu'elles ne pouvaient pas lui en vouloir de cette défaillance qui bien certainement ne serait que momentanée.

Quand il serait marié, toutes les causes d'ennui, de tourment ou de lassitude qui maintenant lui enlevaient son libre arbitre disparaîtraient, et elles le reverraient tel qu'il s'était montré lorsqu'il s'était mis au travail.

Alors elles pourraient lui abandonner la direction complète de la maison. Et en agissant ainsi, elles ne fuiraient pas le danger ; elles ne déserteraient pas. Un homme sait mieux se faire respecter ou craindre que des femmes ; on n'oserait pas contre lui ce qu'on avait osé contre elles.

Plus que jamais il fallait donc que ce mariage se fît, et elles avaient bon espoir que bientôt la jeune fille, mieux éclairée sur ses véritables intérêts et sur ceux de sa famille, ne persisterait pas dans son refus.

Elle devait bien cela à son père, et tendre, aimante, dévouée comme elle l'était, elle ne persisterait pas dans son caprice.

Au moins c'était ce que tout le monde leur disait : La Guillaumie, l'abbé Colombe, ceux qui connaissaient Marianne.

— Ma fille voudra s'acquitter de la dette que je contracte envers mesdames Dubuquois, disait La Guillaumie au général Rœmel.

— Mon impression relativement à ce mariage devient meilleure de jour en jour, disait le doyen, qui n'expliquait pas bien clairement sur quoi se basait son impression.

Mais elles n'avaient pas besoin de faits précis pour appuyer leurs espérances ; elles croyaient par cela seul qu'elles espéraient.

C'était parce qu'elles croyaient, qu'elles écrivaient à leur frère de soutenir *la France libre*, et de faire de nouveaux versements à La Guillaumie, bien que tous ceux qu'elles avaient déjà faits les eussent entraînées plus loin, beaucoup plus loin qu'elles ne voulaient tout d'abord aller.

C'était parce qu'elles croyaient, qu'elles s'étaient décidées à renvoyer François, bien qu'elles eussent honte d'employer un pareil moyen ; mais s'il ne fallait que l'éloignement de leur chimiste pour que la jeune fille ne pensât plus à lui, ne devaient-elles pas s'imposer ce sacrifice, si dur et si humiliant qu'il fût, pour sauver Thierry ?

Sauver Thierry ! Que n'avaient-elles pas entrepris pour cela ! Que ne risqueraient-elles pas encore !

A force de se dire : « Si cela pouvait se faire ? » elles en étaient arrivées à croire que cela devait se faire et se ferait sûrement.

Alors elles avaient commencé à parler à Thierry de leurs espérances à mi-mots et sans insister quand il secouait la tête ; puis, comme cette répétition le troublait et ébranlait ses doutes, elles avaient fini par affirmer leurs croyances.

— Ce mariage se fera.

— Comment ne se ferait-il pas ?

Et elles l'avaient si bien enveloppé, qu'il avait fini par se laisser gagner et convaincre, en disant, lui aussi :

— Pourquoi ne se ferait-il pas, après tout ?

Cependant il avait eu la sagesse de leur faire observer que si elles avaient eu l'habileté d'obtenir le consentement du père, on ne savait rien ou presque rien de la jeune fille. Elle ne refuserait pas, disait-on ;

mais, d'autre part, elle n'acceptait pas. Ne faudrait-il pas agir sur elle directement ? Comment ? Il n'en savait rien, car il n'avait pas la prétention d'être un séducteur qui n'a qu'à paraître et qu'à parler pour triompher. Mais enfin il lui semblait que c'était d'elle maintenant qu'il fallait s'occuper, puisque le mariage désormais dépendait d'elle seule.

XXIII

Agir sur Marianne directement, comme le demandait Thierry, n'était pas facile. Il eût fallu pour cela la voir souvent, et il n'y avait pas de relations suivies entre mesdames Dubuquois, les millionnaires, et madame La Guillaumie, la pauvre maîtresse de pension. Du jour au lendemain, ces relations ne pouvaient pas s'établir. Après le dîner donné en l'honneur de Glorient, madame La Guillaumie et Marianne avaient fait une visite à mesdames Dubuquois, une autre au mois de janvier, que mesdames Dubuquois avaient rendue, et l'on en était resté là.

Comment la voir, la voir souvent? Les occasions manquaient; on ne pouvait pas les inviter sans prétextes, et sans prétextes non plus les deux sœurs ne pouvaient pas aller chez madame La Guillaumie; les courtes entrevues, les politesses, les amabilités à la sortie de la messe ou des vêpres, n'étaient vraiment pas suffisantes pour amener au mariage une fille qui semblait insensible aux séductions de la fortune.

Heureusement Badoulleau, sans le vouloir et sans le savoir, les tira d'embarras en leur fournissant le prétexte à invitation qu'elles cherchaient vainement.

Il croyait ce qu'il disait, Badoulleau ; il croyait même ce qu'il écrivait ; et la chose qu'il avait dite ou écrite, sans y penser et sans y attacher la moindre importance, devenait une réalité par cela seul qu'elle avait passé par sa bouche ou par sa plume. Lorsqu'en conduisant La Guillaumie à l'omnibus du chemin de fer, il lui avait dit : « Si vous voulez être député, vous êtes sûr de passer ici aux prochaines élections, » c'était là une simple parole de politesse et d'amitié, qui, à ce moment même, n'avait pas pour lui un sens bien précis ; il avait dit cela comme il aurait dit autre chose : « Je suis heureux de vous voir, » ou bien : « Nous ferez-vous le plaisir de revenir bientôt ? » mais La Guillaumie, rentré à Paris, il s'était demandé pourquoi celui-ci ne serait pas député, et comme toujours, chez lui, la réflexion avait fait son œuvre. Pourquoi pas ? La Guillaumie avait rendu des services au pays en soutenant le tracé du chemin de fer qui devait desservir Hannebault. Sur ces entrefaites, le conseiller général du canton d'Hannebault était mort, et Badoulleau s'était mis en tête de le faire remplacer par La Guillaumie ; le conseiller général deviendrait *sûrement* sénateur aux élections prochaines, et le pronostic de Badoulleau serait réalisé ou à peu près.

Là-dessus il était parti en guerre dans le *Narrateur*, ne doutant pas du succès du candidat qu'il avait inventé et qui l'emporterait *sûrement* sur les concurrents dont on parlait : Thierry Dubuquois, Toussaint et un autre. Thierry Dubuquois était mis en avant par certaines personnes qui ne voyaient en lui que le nom, la condition et la fortune ; ce n'était pas un homme ; d'ailleurs on disait qu'il refusait d'être candidat. Quant à Toussaint il n'était pas plus dangereux ; sa candidature avait été inventée par le père Bultel ou plutôt par la belle Apolline, qui ne consentait à devenir la femme de Toussaint que si celui-ci était quelque chose. Comment cette idée de se faire épouser par une nullité telle que Toussaint avait-elle pu venir à une fille intelligente comme Apolline ? C'était la décoration de Halbout qui l'avait tentée. En voyant ce que madame Halbout avait su faire de son mari qui, pour la nullité, valait bien Toussaint, elle s'était dit que rien n'était impossible à une femme active et avisée ; le tout était de passer de l'état de fille à l'état de femme, et comme les maris possibles pour elles n'étaient pas nombreux, il s'en fallait de tout, elle était bien obligée de prendre ce qu'elle trouvait, — un Toussaint. Son père avait gagné une assez belle fortune, et il exerçait une assez grande influence non seulement à Hannebault, mais encore dans les communes voisines, étant en relations avec les commerçants, les herbagers, les cultivateurs aisés qui, chaque semaine, passaient une journée au *Progrès :* elle, de son côté, elle avait acquis une expérience qui l'élevait, croyait-elle, au dessus de sa condition ; pourquoi ne ferait-elle pas de Toussaint devenu son mari, un Halbout ? Pour commencer elle voulait donc en faire un conseiller général, le reste viendrait après.

Mais ces candidatures n'étaient pas faites pour effrayer Badoulleau, pas plus que la troisième- celle d'un riche propriétaire, brave et honnête homme, sans ambition, discret et réservé, qui ne se laissait présenter qu'avec la secrète pensée de se retirer aussitôt qu'une bonne occasion s'offrirait à lui, — ce qui, dans une élection, ne manque jamais.

Seulement, pour que Badoulleau réussît il fallait que La Guillaumie l'aidât. Le *Narrateur* ne pouvait pas tout faire. Il fallait que La Guillaumie quittât Paris et vînt passer quelques jours à Hannebault pour visiter ses électeurs, leur donner des poignées de main et, buvant des mocques, les écoutât patiemment en leur faisant toutes les promesses qu'ils réclameraient de lui.

Quand La Guillaumie avait entendu parler d'une candidature contre Thierry Dubuquois, il s'était demandé si son ami Badoulleau était fou ou imbécile. Vraiment le moment était bien choisi pour se mettre en opposition et en rivalité avec ceux qui lui permettaient de vivre et de continuer la lutte! Aussi, au lieu de répondre à Badoulleau, avait-il écrit à Thierry en lui transmettant la lettre de Badoulleau et en lui disant qu'il ne voulait pas introduire la politique dans cette élection, que les intérêts de la contrée primaient tout, et qu'il fallait n'avoir qu'un candidat, celui qui pouvait faire exécuter le chemin de fer qu'attendait Hannebault.

Cette lettre de La Guillaumie était arrivée juste au moment où mesdames Dubuquois se demandaient vainement comment elles pourraient bien rendre plus intimes les relations avec madame La Guillaumie et avec Marianne.

— Voilà qui assure ton mariage, dit madame Charles quand son neveu lui communiqua cette lettre, et qui en avance singulièrement la date.

Thierry avait regardé sa tante sans comprendre, et madame André, incapable d'attendre, avait demandé à sa sœur l'explication de ces paroles.

— Que veux-tu dire ?

Au lieu de répondre à sa sœur, madame Charles s'adressa à son neveu :

— Tu ne tiens pas à être conseiller général, n'est-ce pas ?

— Tu sais bien que je tiens à ne pas l'être, ce n'est pas d'aujourd'hui que je m'explique là-dessus ; je n'ai rien à faire dans la politique, où il n'y a pas place pour moi.

— Ce n'est pas ainsi qu'il faut envisager la situation. Des personnes influentes ont proposé ta candidature et sont prêtes à l'appuyer ; d'autres personnes proposent celle de M. La Guillaumie, il faut te retirer devant lui.

— Cela me va, dit Thierry.

— Cependant, dit madame André qui, dans son orgueil de mère, trouvait que son fils ne devait se retirer devant personne, cependant Thierry et M. La Guillaumie, ce n'est pas du tout la même chose pour les électeurs...

— Il ne s'agit pas des électeurs, interrompit madame Charles.

— Pour les personnes pieuses, Thierry offre des

garanties qui ne se trouvent pas chez M. La Guillaumie.

Mais madame Charles ne laissa pas sa sœur continuer :

— Tu veux que Thierry épouse mademoiselle La Guillaumie, n'est-ce pas ?

— Sans doute.

— Et toi, Thierry, tu veux que cette belle Marianne devienne ta femme ?

— De tout mon cœur ! s'écria-t-il avec un élan qui fit monter les larmes aux yeux de sa mère.

— Eh bien, nous devons donc n'avoir que ce but en vue : le bonheur de Thierry ; le reste ne compte pas. Moi aussi je trouve que Thierry offrirait de meilleures garanties à mes croyances que M. La Guillaumie, mais ce n'est pas de cela qu'il s'agit ; moi aussi je serais heureuse de voir Thierry prendre dans les affaires publiques la place à laquelle il a droit, mais ce n'est pas de cela non plus qu'il s'agit présentement ; c'est de son bonheur. Il nous demandait dernièrement avec beaucoup de raison de nous occuper de la jeune fille ; cette élection nous offre l'occasion que nous cherchions sans la trouver. Il retire sa candidature devant celle de M. La Guillaumie ; celui-ci vient à Hannebault pour se présenter à ses électeurs ; nous l'invitons ici avec quelques personnes du pays pour montrer publiquement qu'il est notre candidat, et sa fille ne peut pas faire autrement que de venir avec lui ; nous l'invitons de nouveau pour fêter son succès ; nous l'invitons sous tous les prétextes que le hasard nous donne, et les relations intimes que nous désirons et qui sont indispensables, je le reconnais, s'établissent naturellement.

— Je t'admire, s'écria madame André.

— Il n'y a vraiment pas de quoi, c'est bien simple.

— Et moi, tante, je te remercie, dit Thierry.

— Toi, va écrire à M. La Guillaumie, il n'y a pas de temps à perdre ; plus tôt il viendra, plus tôt nous aurons cette belle Marianne, qui ne tardera pas à être notre Marianne, sois-en certain.

— Tu vois que la Providence nous protège, dit madame Charles à sa sœur quand Thierry fut sorti.

— En t'inspirant.

— En nous donnant des occasions inespérées ; maintenant nous devons nous appliquer à faire la conquête de cette jeune fille.

— Elle ne pourra pas approcher Thierry sans reconnaître toutes les qualités de tendresse et de cœur qui sont en lui.

— Nous nous arrangerons pour les lui montrer.

Quittant sa sœur, madame Charles monta chez son neveu pour voir où il en était de sa lettre à La Guillaumie ; elle le trouva devant son papier blanc, cherchant.

— C'est assez difficile, dit-il, je ne sais seulement pas comment l'appeler.

— Appelle-le « cher concitoyen » ; en temps d'élection, on est comme cela le « cher » d'un tas de gens qu'on méprise ou qui vous sont indifférents — ce qui n'est pas le cas de M. La Guillaumie. Dis-lui qu'il n'y a qu'un candidat qui puisse faire exécuter notre chemin de fer, que ce candidat c'est lui, et que tu l'attends pour mettre à son service ce que tu peux avoir d'influence.

XXIV

Dès là que La Guillaumie ne se trouvait plus en opposition avec les Dubuquois et qu'il avait leur appui, les conditions de l'élection changeaient pour lui du tout au tout ; le succès paraissait possible, et même, grâce à cet appui, facile. Un concurrent comme Toussaint n'était pas à craindre ; si l'influence du père Bultel pouvait le servir auprès de certaines personnes, elle devait lui nuire auprès de beaucoup d'autres ; républicain après avoir été zouave pontifical, Toussaint n'aurait ni les républicains ni les cléricaux, et resterait en l'air.

Sans doute, conseiller général ce n'était point député ; mais du conseil général on va à la Chambre ou au Sénat, selon les circonstances, et il fallait faire ce premier pas pour se préparer au second ; il se rendrait donc à Hannebault. Il écrivit dans ce sens à « son cher concitoyen » Thierry Dubuquois et à son ami Badoulleau. Au cher concitoyen il dit qu'il n'avait rien plus à cœur que les intérêts de son pays, et que, puisqu'on jugeait utile qu'il se dévouât, il se dévouerait, bien que ce fût un sacrifice considérable pour lui de quitter son journal, où sa présence était indispensable. Et à l'ami il dit simplement, plus franchement, qu'il le remerciait de ce nouveau témoignage d'affection et d'estime.

Quand on apprit que La Guillaumie avait l'appui de la famille Dubuquois et que Thierry se retirait devant lui, cela jeta le désarroi parmi les partisans de Toussaint et la rage dans le cœur de la belle Apolline, qui s'était flattée que son futur mari battrait son ancien amant.

Mais il n'y eut pas que les adversaires de La Guillaumie que sa prochaine arrivée troubla, elle inquiéta aussi Marianne et François.

De Paris, il se contentait d'écrire de temps en temps : « J'espère que Marianne pense à moi, » et il ajoutait seulement quelquefois une phrase énergique pour lui rappeler ses devoirs de fille; mais à Hannebault elles ne seraient plus écrites, les adjurations et les phrases énergiques. Quelles luttes nouvelles cette présence n'allait-elle pas engager !

C'était ce qu'elle se demandait, et ce que François se demandait de son côté avec non moins d'angoisse : c'était le sujet sur lequel maintenant roulaient toutes leurs lettres : « Je ne pense qu'à cela, » disait-il. « Ne craignez rien, » répondait-elle.

Enfin La Guillaumie annonça son arrivée et Marianne, accompagnée de sa mère, alla l'attendre à la descente de l'omnibus du soir.

Mais cette fois le père Bultel ne leur proposa plus d'entrer dans son café, comme le jour de verglas. Le temps n'était plus au froid; il faisait au contraîre une de ces premières belles soirées de printemps où l'on est heureux de sortir, et la grande rue était pleine de gens qui causaient devant leurs portes. Les tables du café placées sur le trottoir étaient toutes occupées, et tandis que les unes étaient entourées par les partisans de Toussaint qui trônait au milieu d'eux, assisté de son fidèle lieutenant le Major, dont on entendait la voix éraillée crier à chaque instant : « C'est ça, c'est ça ; » — aux autres étaient assis les membres du comité de La Guillaumie, qui, eux aussi, faisaient un joli tapage. Si Badouilleau n'avait pas organisé l'entrée triomphale dont il avait parlé, au moins n'avait-il pas voulu que La Guillaumie arrivât comme un simple particulier et avait-il réuni les membres du comité qu'il avait formé, ayant leur président en tête, un ancien fabricant de pointes en fer et en laiton appelé Touquettes, qui, après avoir fait une grosse fortune dans l'industrie, s'imaginait qu'en dehors des billets de banque, il n'y avait rien, ni rang, ni talent, ni honneur : les Dubuquois, Hubert Guillemittes, le mari de la riche mademoiselle Pinto-Soulas, il s'inclinait devant eux parce qu'ils avaient plus de billets de banque que lui, mais c'était tout ; pour les autres, raide comme s'il était empalé sur une de ses pointes, dédaigneux ou méprisant. Le mépris que lui inspiraient Toussaint, « un ruiné », et le père Bultel, « un cafetier », l'avait fait partisan de La Guillaumie, qui, s'il n'était qu'un journaliste, avait au moins l'appui des Dubuquois, car au point de vue politique l'un lui était aussi indifférent que l'autre.

En attendant l'omnibus, madame La Guillaumie et Marianne se promenaient devant le café, sur le trottoir opposé, et, en passant, elles entendaient de temps en temps leur nom crié avec force : « La Guillaumie » ; mais ce n'était pas d'elles qu'il s'agissait, c'était de l'élection. Quelle idée Badoulleau avait-il eue d'inventer cette candidature ?

— C'est par amitié pour nous, disait madame La Guillaumie ; si ton père est nommé, il sera sûrement sénateur ou député un jour.

Et Marianne ne répondait rien, car, au fond du cœur, sa mère était grisée par le « sûrement » de Badoulleau ; que pouvait-elle dire ?

D'ordinaire c'était par les quatre fouets que le conducteur de l'omnibus annonçait son arrivée, ce soir-là ce fut par une sonnerie de cornet à piston. Au service du père Bultel, il méprisait le candidat que son patron appuyait, et par contre, naturellement, il estimait son concurrent qui était son candidat à lui, et c'était pour lui faire honneur, en même temps que pour manifester son opinion, qu'il avait emporté son cornet et qu'il jouait à perdre haleine l'air de Garibaldi : « Attrape, le zouave pontifical ! » On comprend vite les allusions malicieuses en province ; aussi, en entendant cette fanfare, tout le monde, aux environs du café du *Progrès*, accourait-il pour voir la tête du père Bultel et de son futur gendre, « l'ancien zouave ».

Elle n'était pas de belle humeur, la tête du père Bultel, et celle de Toussaint ne l'était pas non plus, quand La Guillaumie, descendant de l'omnibus, tomba dans les bras de ses chers concitoyens; aux mains agitées tendues vers lui, il était évident que ses partisans portaient en eux la conviction du succès.

Ce fut à peine si, au milieu de ces congratulations scellées de poignées de main qui n'en finissaient pas, La Guillaumie put dire un mot à sa femme et à sa fille.

Le président de son comité l'accapara aussitôt et parut vouloir l'entretenir en particulier, alors les autres membres se tinrent discrètement en arrière, même Badoulleau, et madame La Guillaumie avec Marianne fermèrent le cortège qui se mit en marche vers la pension.

— Mon cher concitoyen, dit Touquettes en s'appuyant sur le bras de La Guillaumie, je tiens à vous exprimer tout mon dévouement ; soyez certain que je ne négligerai rien pour que vous triomphiez ; vous pouvez compter sur moi.

La Guillaumie fut plus surpris que touché de cet épanchement et de ces protestations, car jusqu'à ce jour Touquettes l'avait pris de haut avec lui. Journaliste, mari d'une maîtresse de pension, c'était peu à côté d'un fabricant de pointes de fer et de laiton ; mais il se dit que Touquettes, étant propriétaire de prairies, avait sans doute besoin du chemin de fer, ce qui expliquait ce dévouement.

— Puisque je suis tout à vous, continua Touquettes en baissant la voix, j'ai droit de vous demander si vous êtes tout à moi.

— Assurément, répondit La Guillaumie.

— Eh bien, voici ce que c'est. Mais rassurez-vous,

ce n'est pas un engagement politique que je vous demande, parce que vous savez, la politique, je m'en...

Il allait dire : « Je m'en moque; » mais il s'arrêta à temps et se reprit :

— Parce que vous savez, en politique vous êtes mon homme. Non, c'est un engagement personnel que je vous demande, de vous à moi comme il y en a déjà un de moi à vous. J'ai un fils de vingt ans, un bon garçon, mon unique héritier; vous comprenez si j'y tiens. Aussi je n'ai pas voulu qu'on me le fatigue en lui fourrant dans la tête un tas de choses; d'ailleurs l'enfant ne s'y prêtait pas, il aimait mieux ce qui lui plaisait; il n'avait pas besoin de se presser, sachant ce qu'il aurait un jour. Bref, le voilà à la veille de passer son examen pour le volontariat d'un an, et les maîtres que je lui ai donnés ne m'ont pas caché qu'il avait bien des chances contre lui. Vous vous imaginez si ça m'a porté un coup : mon fils refusé! alors, comme je ne veux pas qu'il subisse la vie du soldat, — je vous demande si c'est possible pour un garçon dans sa position, — je lui fais apprendre la clarinette; si par malheur il est collé à son examen, nous nous arrangerions pour qu'il fasse son service dans la musique. Mais il ne faut pas qu'il soit collé à cet examen, et je vous demande d'user à ce moment de toute votre influence pour empêcher cela; je mets la mienne à votre disposition pour votre élection, en échange je vous demande la vôtre pour mon fils; donnant, donnant. Est-ce entendu.

Si La Guillaumie n'était pas Normand de naissance, il avait vécu assez longtemps en Normandie pour apprendre la langue du pays.

— Comptez que je ferai ce que je pourrai, dit-il.

On était arrivé à la porte de la pension; il y eut un arrêt assez long et une discussion s'engagea sur ce qu'on devait faire le soir et le lendemain.

Enfin on se sépara et Badoulleau seul entra dans la maison.

— Vous voyez, dit-il, le succès est assuré : aujourd'hui, le conseil général; bientôt, la Chambre.

— Ce succès, je vous le devrai, dit La Guillaumie.

Mais Badoulleau ne voulut pas l'entendre ainsi, il n'avait fait que peu de chose.

— Vous êtes bien toujours le même, dit La Guillaumie en lui serrant la main, ne pensant qu'aux autres et vous effaçant quand il s'agit de vous. Notre président ne procède pas ainsi. Savez-vous ce qu'il me demandait en montant ? Que j'emploie tout ce que je peux avoir d'influence pour empêcher son dadais de fils d'être collé à son examen pour le volontariat ? Comment ces bourgeois enrichis sont-ils assez bêtes pour élever ainsi leurs fils !

— Vous a-t-il dit qu'il lui faisait apprendre la clarinette pour le mettre dans la musique? Tout d'abord il voulait obtenir des témoignages et des certificats qui prouveraient que ce fils dont les jours sont si précieux était idiot; c'est devant la difficulté de réunir ces preuves qu'il s'est rabattu sur la musique. Pas même capable de passer cet examen si facile; et dans le monde de son père ils sont un tas de cette force? Quel bel usage ils feront de leur fortune !

XXV

La Guillaumie voulut que Badoulleau restât à dîner ; ils avaient à s'entendre pour l'élection et les visites aux électeurs.

Ce fut un soulagement pour Marianne. En présence de Badoulleau, son père ne pourrait pas lui parler de Thierry ; et pour elle c'était une souffrance, en même temps qu'une humiliation, qu'on prononçât ce nom de Thierry. Si elle avait commencé par le plaindre, elle en était arrivée à le haïr autant qu'à le mépriser ; sa conduite et celle de mesdames Dubuquois à l'égard de François, était une infamie et une lâcheté, qui l'avaient jetée hors d'elle-même. On lutte contre un rival bravement, à visage découvert ; on ne se venge pas en dessous. Il y avait des jours où elle se disait que ces « bonnes dames », qu'on plaignait tant, n'avaient que ce qu'elles méritaient, et que l'explosion n'était qu'une expiation.

Comme elle l'avait prévu, le nom de Thierry ne fut pas prononcé pendant le dîner, ou il ne le fut que d'une façon incidente et à propos de l'élection, ce qui pour elle n'avait pas d'intérêt.

Au moment où ils arrivaient au dessert, une domestique entra vivement et annonça que M. Thierry Dubuquois demandait à voir M. La Guillaumie ; aussitôt celui-ci se leva et presque aussitôt il revint accompagné de Thierry, qui, après s'être excusé auprès de madame La Guillaumie, salua Marianne cérémonieusement : au moins ce fut ce qu'elle crut remarquer, car elle ne leva pas les yeux sur lui.

Ce n'était pas seulement en son nom qu'il se présentait et pour se mettre à la disposition de M. La Guillaumie dans tout ce qui touchait à l'élection ; c'était encore au nom de sa mère et de sa tante, qui seraient venues elles-mêmes, si elles n'avaient craint d'être indiscrètes à pareille heure.

Il fit une courte pause et Marianne commença à s'effrayer ; c'était déjà trop qu'il fût venu tout seul, l'annonce de la visite de sa mère et de sa tante ne présageait que de plus mauvaises choses encore.

C'était d'une invitation à dîner qu'il s'agissait, d'un grand dîner dans lequel mesdames Dubuquois se proposaient de réunir, afin de bien marquer aux yeux de tous leurs sympathies, les personnes influentes qui pouvaient assurer le succès de l'élection Au reste, sa mère et sa tante viendraient faire leur invitation à madame La Guillaumie et à mademoiselle Marianne ; pour le moment, il n'y avait qu'à fixer le jour, et c'était pour cela qu'il était accouru ce soir même.

Comme La Guillaumie devait visiter toutes les communes de son canton et qu'il ne pouvait voir que dans la soirée ses électeurs, occupés aux travaux des champs, le dîner fut fixé à quatre jours de là, juste le temps pour lancer les invitations d'une façon à peu près acceptable.

Il ne pouvait pas venir à l'idée de Marianne d'échapper à ce dîner; elle devait y aller, elle irait; mais si Thierry savait lire dans les yeux d'une femme, il verrait quels sentiments elle éprouvait pour lui.

Son père ne lui avait rien dit, mais à la façon dont il la regardait elle sentait qu'il l'observait, et que s'il ne parlait point c'était parce qu'il la voyait résignée.

Les robes qui étaient sorties des armoires pour le dîner donné en l'honneur de Glorient revirent le jour; les rubans furent changés pour la robe de faille de la mère, et un nouveau retroussage fut arrangé, avec la collaboration de mademoiselle Eurydice, pour la robe de mousseline de laine de la fille. Marianne, qui aurait voulu être laide à faire peur, trouvait que sa vieille robe était déjà trop belle; mais madame La Guillaumie ne voulut pas l'entendre ainsi :

— Au moins faut-il être convenable.

N'avaient-elles pas passé leur vie à être convenables, c'est-à-dire à faire plus que ne le leur permettait leur condition?

Quelle différence entre le premier dîner et celui-ci! Alors elle s'était ingéniée à plaire à François; maintenant elle ne pensait qu'à trouver les moyens de déplaire à Thierry.

Enfin il arriva, le jour de ce dîner, et avant de partir son père, jusque-là absorbé par ses visites aux électeurs et ses conférences avec les membres de son comité qui n'en finissaient pas, lui rappela la gravité des circonstances :

— N'oublie pas que ma vie est entre tes mains, mon avenir, mon honneur, notre bonheur à tous, dit-il en partant.

Elle inclina la tête sans répondre autrement.

— Tu aurais dû dire un mot à ton père, lui murmura madame La Guillaumie à l'oreille.

— Quel mot ? Puis-je prendre l'engagement d'accepter M. Dubuquois qui me fait horreur ?

— Cela rendrait ton père si heureux !

— Et François si malheureux !

— Mais ton père ?

— Mais François, mais moi !

Elles s'interrompirent, car elles allaient arriver à l'imprimerie du *Narrateur*, où Badoulleau se tenait devant sa porte, en grande toilette, le cou raide dans sa cravate blanche, serré aux entournures par son habit qui datait de son mariage, attendant La Guillaumie au passage, en disant depuis une demi-heure à tous ceux qui lui parlaient ou lui serraient la main :

— Excusez-moi, mais je vais dîner chez mesdames Dubuquois, avec La Guillaumie.

Et il n'était pas médiocrement fier d'aller dîner chez mesdames Dubuquois, Badoulleau ; c'était même l'unique sujet de ses entretiens avec sa femme depuis trois jours.

— Surtout regarde bien comment le linge est marqué, recommandait madame Badoulleau, si la marque est brodée dans le coin ou au milieu ; tu regarderas si on sert la salade avant ou après les légumes.

Certainement leur sympathie pour François n'avait pas diminué, mais leurs griefs contre mesdames Dubuquois s'étaient singulièrement adoucis.

Pendant que son père serrait la main de Badoulleau et que sa mère disait un bonjour affectueux à madame Badoulleau, Marianne chercha à apercevoir François pour qu'il lût dans un furtif regard qu'elle ne pensait qu'à lui, mais elle repartit sans l'avoir vu.

Badoulleau n'était pas le seul que mesdames Dubuquois avaient invité; d'autres « chers concitoyens » avaient été l'objet de cette faveur : Touquettes, reçu pour la première fois au chalet et plus fier encore de cette distinction que Badoulleau, quelques riches industriels, Halbout, paré d'un cordon rouge flambant neuf, les maires ou les personnages influents des villages du canton, enfin les habitués ordinaires : l'abbé Colombe, le docteur Chaudun.

Bien qu'on eût activé les travaux de réparation, le petit salon était encore occupé par les ouvriers; ce fut dans le grand que mesdames Dubuquois et Thierry reçurent leurs invités, et aux égards qu'on témoigna à La Guillaumie, il fut évident pour tous que c'était en son honneur que ce dîner était donné. A table, il fut placé à côté de madame André, tandis que madame La Guillaumie et Marianne étaient à la droite et à la gauche de Thierry.

Si, lors du premier dîner, Marianne avait été embarrassée pour répondre à Thierry, elle le fut bien plus encore cette fois; elle voulait lui témoigner la répulsion et le mépris qu'il lui inspirait; mais, d'autre part, elle ne voulait pas le faire grossièrement, en manquant à la politesse, et il y avait pour elle, qui ne connaissait pas le monde, une nuance qu'elle ne savait comment observer; aussi, malgré les regards que son père lui lançait de temps en temps pour la rappeler à ses devoirs, se contentait-elle de manifester ce mépris et cette répulsion par un mutisme presque complet.

Après le dîner, madame André, donnant le bras à La Guillaumie, conduisit ses invités dans le jardin d'hiver où le café était servi. C'était le luxe de leur maison que ce jardin d'hiver, formant un beau pavillon vitré, sur lequel s'appuyaient de chaque côté deux grandes serres divisées elles-mêmes dans le sens de leur longueur en plusieurs compartiments, selon les arbustes et les plantes qu'on cultivait dans chacun d'eux; mais ce soir-là toutes les portes de ces diverses serres étaient grandes ouvertes, de sorte que du jardin d'hiver on voyait leur enfilade éclairée par des lampes et des ballons lumineux accrochés aux fermes de la charpente en fer, au milieu du feuillage des arbustes. On avait pris dans chacune de ces serres les plantes en ce moment fleuries, et on les avait disposées en les groupant ou en les isolant dans le jardin d'hiver : il y avait là des corbeilles de roses forcées, d'azalées, d'héliotropes, dont le parfum se mêlait à celui des jasmins enroulés autour des colonnes et à celui si suave et si pénétrant des orchidées suspendues ou isolées çà et là.

Dans le jardin d'hiver, Marianne fut débarrassée de Thierry, mais elle eut à subir les attentions et les politesses de madame André et de madame Charles, qui l'avaient fait asseoir près d'elles sur un grand canapé en bambou, et son exaspération contre la mère et la tante n'était pas moindre que contre le fils; n'était-ce pas elles qui voulaient ce mariage?

Peu à peu, le jardin d'hiver se vida. La nuit était douce. Les uns sortirent pour fumer dans le jardin en se promenant, les autres rentrèrent dans la maison, et il vint un moment où il ne resta dans le jardin d'hiver que mesdames Dubuquois, madame La Guillaumie et Marianne.

— Ne serait-il pas temps de rejoindre nos invités? dit madame Charles, qui n'oubliait jamais rien, ni personne.

— Oh! ces messieurs s'occupent de politique, dit madame La Guillaumie, qui s'efforçait de parler pour masquer le silence de Marianne et tâchait d'être aimable pour deux.

— Ne craignez-vous pas, chère madame, dit madame André, qu'à la longue le parfum de ces fleurs ne vous porte à la tête?

Mais madame La Guillaumie n'était incommodée par rien; au contraire, elle admirait ces fleurs comme elle jouissait délicieusement de leur parfum.

Puis, toujours pour dire quelque chose, elle s'étonna du parfum d'une corbeille d'azalées blanches; elle croyait que les azalées n'avaient pas d'odeur.

— Cette espèce fait exception à la règle, dit madame Charles, qui dirigeait les serres et qui connaissait très bien les plantes : c'est le liliiflora, il a le parfum et la fleur du lis.

Bien que madame La Guillaumie trouvât qu'on pouvait rester dans la serre, elle s'était levée, prête à suivre mesdames Dubuquois, si celles-ci voulaient rentrer dans la maison ; elles sortirent toutes les quatre dans le jardin.

La distance était courte de la serre à la maison, et dans la large allée, les convives se promenaient par groupes à la clarté de la pleine lune qui glissait à travers les branches des tilleuls sans feuilles, pâlissant, éteignant presque la lumière tremblotante de quelques verres de couleur dispersés le long d'une double bordure de fleurs printanières.

Madame André et madame La Guillaumie marchaient devant, madame Charles et Marianne les suivaient ; comme elles sortaient de la serre, Touquettes se campa devant madame Charles, lui barrant le passage en homme qui avait à l'entretenir en particulier, et qui était bien aise de montrer à tous qu'il ne se gênait pas avec elle, la traitant sur le pied de l'égalité, comme il convient entre gens qui ont le sac. Alors Marianne, discrètement, recula de deux ou trois pas.

Comme l'entretien se continuait et s'animait, elle se demanda s'il n'était pas plus convenable qu'elle suivît sa mère et rentrât dans la maison. Elle fit même quelques pas dans ce sens, mais à ce moment elle aperçut Thierry qui venait vers elle, et comme il était seul, elle eut peur qu'il l'abordât, ce qui la fit rebrousser chemin et reculer jusque dans la serre, sans avoir trop conscience de cette fuite instinctive. Arrivée là, elle ne se crut pas encore assez en sûreté et elle alla se réfugier tout au fond, sur le grand canapé que des arbustes au feuillage retombant, des lataniers, des palmiers, des bananiers cachaient complètement.

La pensée de se trouver en face de Thierry la soulevait; en public elle avait pu ne rien dire, ne manifestant sa répulsion et sa haine que par son silence, mais s'il lui adressait la parole, pourrait-elle se contenir?

Ce qui l'inquiétait, c'était qu'il y avait en elle un mouvement de révolte contre ce silence qu'on lui imposait. Tout ce qu'on lui avait dit, tout ce qu'on lui avait démontré avec de prudentes considérations à l'appui, ne pouvait pas ébranler sa conscience : elle n'aimait pas Thierry, elle ne l'aimerait jamais, jamais elle ne consentirait à devenir sa femme. Ne pas le dire, gagner du temps, manœuvrer plus ou moins habilement pour ne pas parler, lui paraissait une faute dont la responsabilité la chargeait pour une part et la chargerait entièrement si les circonstances amenaient une explication entre lui et elle. Jusque-là elle n'avait jamais agi directement, pas plus qu'elle n'avait parlé; elle était en dehors de ce qu'on avait pu dire en son nom; mais la situation changerait s'il la mettait en demeure de manifester son sentiment, et alors ce serait mal agir que le taire.

Assise dans le coin du canapé et se faisant toute petite, comme si elle pouvait se cacher, c'était à cela qu'elle réfléchissait lorsqu'elle entendit un bruit de pas craquer sur le gravier de l'allée.

Si le massif d'arbustes la mettait à l'abri des regards de ceux qui entraient dans le jardin d'hiver, il l'empêchait naturellement de voir la porte; ce fut seulement quand celui qui s'approchait arriva au tournant de l'allée qu'elle reconnut Thierry.

Instantanément, comme si elle avait reçu une secousse électrique, elle fut debout, jetant autour d'elle des regards effarés, autant pour voir si Thierry était seul que pour chercher par où elle pourrait se sauver.

Mais avant qu'elle se fût décidée, il était près d'elle, devant elle, lui barrant le passage.

Il était seul.

Il y eut un moment de silence; par la porte ouverte on entendait le murmure des voix des invités qui se promenaient devant le jardin d'hiver, plus fort ou plus faible selon qu'ils se rapprochaient ou qu'ils s'éloignaient.

Le moment qu'elle avait tant redouté était donc arrivé; elle voulut faire une tentative pour échapper au danger, et s'efforçant de prendre un air indifférent :

— J'allais rejoindre ma mère, dit-elle.

Si elle était émue, il paraissait de son côté profondément troublé, pâle, les lèvres décolorées, les mains tremblantes.

— Veuillez ne pas partir encore, dit-il d'une voix

rauque, et puisque le hasard nous met en présence, accordez-moi un moment d'entretien.

— Je vous en prie, monsieur, s'écria-t-elle avec effroi, laissez-moi rejoindre ma mère.

— Et moi, mademoiselle, je vous en prie, écoutez-moi.

De la main il montra la porte du jardin d'hiver :

— Monsieur votre père est là, M. l'abbé Colombe, M. Chaudun, vos amis, sont à deux pas.

Cela n'était pas pour la rassurer. Qu'importait que son père, que l'abbé Colombe, que M. Chaudun, que ses amis fussent là à deux pas? Ce n'était pas de lui qu'elle avait peur, c'était d'elle; ce n'était pas de ce qu'elle allait entendre, c'était de ce qu'elle pouvait être amenée à dire elle-même.

Que faire?

Comment échapper à ce danger? Il était devant elle, lui barrant le passage, et elle ne pouvait sortir qu'en se sauvant. Se sauver ainsi n'eût été que ridicule, qu'elle eût accepté ce ridicule plutôt que de subir cet entretien; mais c'était aussi échapper à cette responsabilité dont elle pesait tout à l'heure le partage, et cela elle ne le pouvait pas honnêtement. Il fallait donc qu'elle restât. Il fallait qu'elle l'écoutât. N'y avait-il pas bien des chances pour que quelqu'un intervînt et lui permît de ne pas répondre? D'ailleurs elle n'avait pas le temps de réfléchir et de chercher, il continuait :

— On vous a parlé de mes sentiments, mademoiselle, de mes intentions, de mes désirs, mais jamais je ne vous en ai parlé moi-même.

— Et c'est là, s'écria-t-elle, ce que je ne dois pas entendre.

— Et pourquoi ? L'expression de ces sentiments ne peut pas être un outrage pour votre pureté ; vous savez que je vous aime...

— Monsieur !

Ce ne fut pas un cri de frayeur, c'en fut un d'horreur, si violent, si net, si précis, qu'il s'arrêta.

Mais après un moment de silence, il reprit avec la résolution d'un timide qui s'est jeté au milieu du danger et qui s'est juré d'aller jusqu'au bout, coûte que coûte.

— Ces intentions, vous les connaissez, mademoiselle ; on vous a demandé d'être ma femme, je vous le demande moi-même, car ce qu'on n'a pas pu vous dire, je dois le dire, c'est que je vous aime, et que j'ai mis toute ma vie dans cet amour, mes espérances, mon avenir, mon bonheur. Peut-être avez-vous cru qu'il ne s'agissait que de ce qu'on est convenu d'appeler un mariage de raison. S'il en est ainsi, permettez-moi de vous détromper et de vous répéter que je vous aime, je vous aime de toute mon âme, passionnément.

Cette fois elle ne broncha pas ; il fallait écouter, elle écoutait, mais elle ne put s'empêcher de jeter un regard du côté de la porte pour voir si on ne venait pas à son secours.

Il poursuivait :

— Ce n'est donc pas une existence dans laquelle le mari vit de son côté et la femme du sien, que je vous propose, mademoiselle, où le mari, tout à ses affaires, laisse sa femme à l'abandon ; ce mari, au contraire, sera l'amant le plus tendre et le plus épris, n'ayant pas d'autres soucis que le bonheur de sa femme, d'autres joies que celles qu'elle lui donnera, d'autres volontés, d'autres idées, d'autres désirs que la volonté, les idées, les désirs qu'elle aura elle-même et qu'elle lui inspirera. Voilà ce que je voulais qui fût dit et qui fût bien compris par vous ; c'est que ce mari sera votre esclave, le plus heureux des hommes s'il peut vous rendre heureuse, ne voulant, ne cherchant rien au-delà.

Elle continuait à ne pas broncher, tenant ses yeux fixés sur le sable de l'allée, ne les relevant que de temps en temps, à la dérobée, pour jeter un regard furtif du côté de la porte, car plusieurs fois, au murmure plus fort des voix, elle avait cru qu'on entrait ; mais jamais son espoir ne s'était réalisé : le murmure faiblissait, s'évanouissait.

Et toujours il parlait :

— Peut-être plus d'un mari tient-il un pareil langage à celle qu'il veut épouser, sans que l'avenir donne ce qu'il a promis ; vous pouvez craindre que je sois un de ces maris, et je ne peux pas me blesser de ce soupçon, puisque vous ne me connaissez pas ; aussi, ce que je vous demande, c'est de me permettre de me faire connaître. Jusqu'à ce jour, les occasions de nous voir nous ont manqué ; mais les relations qui se sont établies entre M. La Guillaumie et ma famille vont faire naître ces occasions, qui seront aussi fréquentes désormais que vous voudrez. Ma mère et ma tante ont pour vous une vive sympathie et une réelle estime, elles seront heureuses de vous avoir près d'elles ; et alors, dans une intimité étroite, je me flatte que je pourrai vous convaincre de ma sincérité. Si vous vous sentez aimée avec tendresse, avec passion, comme je vous aime, ne vous laisserez-vous pas toucher, et un jour... quand la confiance sera entrée dans votre cœur, ne mettrez-vous pas votre main dans la mienne? Je ne vous demande pas un engagement... aujourd'hui, mais dites seulement que ce que j'espère n'est pas impossible.

Elle garda le silence, ne levant pas même les yeux.

— Eh quoi ! s'écria-t-il après avoir attendu un certain temps, cruellement long pour tous les deux, ne voulez-vous donc pas me donner l'espérance que je vous demande?

C'était bien là ce qu'elle avait redouté; maintenant elle ne pouvait ni reculer, ni échapper.

— Je ne le puis, dit-elle, car mon cœur n'est pas libre; je me suis engagée à être la femme d'un homme que j'aime. Si je ne peux pas l'épouser, je ne serai jamais la femme d'un autre.

Elle n'en dit pas davantage; quelqu'un venait d'entrer et s'approchait d'eux. C'était le docteur Chaudun :

— Eh quoi, dit-il, encore dans cette serre ! Savez-vous que c'est imprudent. Oui, mon cher Thierry, imprudent. A la longue, le parfum de toutes ces fleurs peut vous donner une bonne migraine; songez donc que qui passerait là quelques heures de la nuit serait sûr de ne pas se réveiller. Allons, sortez, l'air vous fera du bien.

XXVI

Quand on pensa à Thierry pour prendre congé de lui, on ne le trouva point, et les invités s'en allèrent sans que personne s'en souciât autrement.

Mais il n'en fut pas de même pour sa mère et pour sa tante.

— Où était-il ?

Comme tous les jours, il avait été d'une extrême sobriété pendant le dîner, ne buvant que de l'eau rougie, à peine rougie; mais des caves à liqueurs ouvertes et des bouteilles de cognac, de kummel, de chartreuse avaient traîné un peu partout, dans le jardin d'hiver, dans le fumoir, dans la salle de billard; n'avait-il pas succombé à la tentation ?

Cette question, elles ne se la posèrent pas; mais la même angoisse les tourmenta, car il n'était pas naturel qu'il eût ainsi disparu tout à coup sans qu'on sût ce qu'il était devenu.

Au contraire, comme toujours, elles cherchèrent à se rassurer ou à se tromper.

— Il aura peut-être reconduit monsieur le doyen ?
— Sans doute.

Il n'était guère probable qu'ayant celle qu'il aimait chez lui, il la quittât pour reconduire l'abbé Colombé, qui avait l'habitude de s'en aller toujours seul; mais elles se gardèrent bien de faire tout haut cette remarque.

Ce fut donc avec le sourire aux lèvres qu'elles s'embrassèrent avant de se quitter comme tous les soirs, mais ce fut aussi avec l'émoi dans le cœur.

Où était-il?

Pourquoi ne rentrait-il pas?

Elles ne se couchèrent point; et après s'être dit: « Bonne nuit, dors bien », elles restèrent dans leurs chambres, aux aguets, aux abois.

A la vérité, elles se répétaient : « Il est impossible qu'il ait succombé. » Mais il y avait un fait contre lequel tout ce qu'elles pouvaient se dire ne signifiait rien : son absence, qu'il aurait fallu expliquer, et que justement elles n'expliquaient pas.

Elles se tenaient l'oreille collée contre les portes; à un certain moment elles entendirent un bruit de pas dans l'escalier.

Il leur sembla qu'ils n'étaient ni chancelants, ni hésitants, ne ressemblant en rien enfin à ceux que, si souvent, elles avaient entendus avant le séjour de Thierry en Amérique.

Elles ne se trompaient pas, c'était bien lui, marchant comme tout le monde : il n'avait pas succombé.

Et alors elles se mirent au lit, rassurées, pleines d'espérances. Plus rien à craindre; d'ici quelques mois, quelques semaines peut-être, Marianne serait sa femme.

Madame Charles, qui avait un grain de romanesque, se dit qu'il avait peut-être voulu tout simplement se placer sur le chemin que Marianne devait suivre, afin de la reconduire jusque chez elle, comme par hasard.

Si leurs oreilles avaient été plus fines et si les murs avaient été moins épais, elles auraient compris, aux paroles qu'il murmurait en marchant çà et là dans son appartement, combien cruellement elles s'abusaient.

« Je me suis engagée à être la femme d'un homme que j'aime; si je ne peux pas l'épouser, je ne serai jamais la femme d'un autre. »

Ainsi, le rêve avec lequel il avait vécu ne se réaliserait jamais; l'espoir sur lequel il avait bâti son avenir venait de s'évanouir et il n'en restait rien.

Si c'est une règle assez générale, lui semblait-il, qu'on se console d'un mariage manqué et d'une déception d'amour, cette règle, par malheur, n'était pas faite pour lui, car ce mariage et cet amour étaient les dernières cartes sur lesquelles il avait joué sa vie, et celles-là jetées, il ne lui restait plus rien aux mains.

Ce mariage manqué, il ne le remplacerait pas par un autre, pas plus que de cet amour déçu il ne se consolerait par un nouvel amour. Qui voudrait de lui, si cette jeune fille pauvre l'avait repoussé avec ce mépris? des femmes dont il ne voudrait pas lui-même. D'ailleurs l'expérience avait été trop cruelle pour qu'il la renouvelât.

Si, en ces derniers temps, il avait pu, après des

luttes terribles, résister au besoin de boire, c'était parce qu'il était retenu par l'espérance de ce mariage ; maintenant où prendrait-il la force de lutter? qui le retiendrait?

Il allait donc retomber dans la misérable vie qui avait été la sienne, et la traîner plus misérable encore, plus abjecte, plus méprisable, par cela même qu'il n'aurait plus l'excuse de la jeunesse, jusqu'au jour où il crèverait dans un fossé ou sur le grand chemin dans le tas de boue où il serait tombé, écrasé par la roue d'une voiture.

Les pauvres femmes, quelle existence serait la leur ! S'il ne les tuait point, ne leur imposerait-il pas le plus effroyable des supplices?

Mieux valait en finir tout de suite, pour tous, pour elles comme pour lui.

Et alors les paroles du docteur Chaudun lui revenaient, et c'étaient elles que ses lèvres murmuraient : « Quelqu'un qui passerait quelques heures de nuit dans la serre serait sûr de ne pas se réveiller. »

Que n'était-il ce quelqu'un ! Dormir d'un sommeil où il n'y aurait ni rêves, ni cauchemars, ni hallucinations, ni réveil. Mourir par accident, sans qu'on pût accuser de cette mort que la fatalité. On se résigne sous les coups de la fatalité.

Il passa la nuit à agiter ces pensées, n'échappant à leur oppression que pour revenir à Marianne :

— Si elle avait voulu !

Et il mettait en parallèle la vie qui eût été la leur avec celle qui serait la sienne, ramené ainsi toujours et malgré tout à sa misère.

Cependant, malgré cette nuit terrible, ce fut avec un visage souriant que le lendemain il aborda sa mère et sa tante, qui, le voyant ainsi, ne lui adressèrent aucune question : évidemment tout allait bien.

Au contraire, ce fut lui qui les questionna, ou tout au moins qui posa à sa tante une série de demandes assez étonnantes.

Après le déjeuner il était sorti avec elle pour l'accompagner dans la promenade qu'elle faisait chaque jour pour surveiller les jardiniers et donner ses ordres :

— Cela ne te fatigue pas de parcourir ainsi tout le jardin, chaque jour, après déjeuner ?

— Pourquoi veux-tu que cela me fatigue ?

— C'est une longue course.

— Pas pour moi.

— Tu es forte, n'est-ce pas ?

— Mais, certainement, je suis forte.

— Je dis cela parce que tu ne te plains jamais; mais on peut être faible, et même souffrante, et même malade, sans se plaindre.

— Je ne suis ni faible, ni souffrante, ni malade, dit-elle en riant.

Mais lui ne riait pas.

— Si tu savais quelle joie c'est pour moi de penser cela ! dit-il d'une voix vibrante. Tu es là ; tu es là, maman peut compter sur toi, elle est si faible !

— Et sur toi ?

— Sur moi aussi, dit-il vivement, seulement, moi, tu sais...

— Mais maintenant les circonstances ne seront plus les mêmes. Je veux dire bientôt.

— Oh ! certainement, bientôt cela sera tout autre. Mais c'est égal, je suis heureux de ce que tu me dis : **solide à vivre cent ans ; et bonne, et affectueuse, et dévouée.** C'est une bénédiction qu'une femme comme toi.

— Tu es bon garçon.

— Oh ! non, s'écria-t-il avec véhémence ; puis presque aussitôt avec un accent qu'il s'efforçait de rendre enjoué : — Oh non, je t'assure, pas si bon garçon que ça.

Puis comme ils arrivaient à un endroit où le jardinier travaillait avec ses aides, il la quitta.

Elle fut satisfaite de voir qu'il prenait le chemin de la ville ; elle savait où il allait : passer devant la maison de celle qu'il aimait.

Si elle avait pu le suivre des yeux, elle aurait vu qu'il dépassait cette maison sans même la regarder et qu'il entrait chez le docteur Chaudun.

C'était l'heure de la consultation du vieux médecin, ce qu'il appelait l'heure des pouilleux. Quand il vit Thierry entrer dans son cabinet il poussa une exclamation de surprise.

— Que se passe-t-il donc ?

— Je viens vous dire que la serre ne m'a pas donné la migraine ; mais vous n'en êtes pas surpris, je pense, car j'imagine que vous ne parliez pas sérieusement.

— Très sérieusement, au contraire. Sans doute il n'y a aucun danger à séjourner dans vos serres le jour ; mais la nuit, en cette saison, quand tant de plantes sont en fleur et quand l'air ne se renouvelle pas, il en serait autrement.

— C'était de cela justement que je voulais vous parler à propos de ma tante qui fait un long séjour dans les serres. Mais ce que vous me dites me rassure. D'ailleurs, ma tante est solide, n'est-ce pas ?

— Ce n'est pas affaire de solidité.

Cette réponse n'était pas celle que voulait Thierry ; il pressa le médecin et ne se tint pour satisfait que lorsque celui-ci lui eût affirmé que madame Charles avait trente ou quarante années encore devant elle.

Le soir, au dîner, il se montra avec sa mère et sa tante ce qu'il avait été au déjeuner, c'est-à-dire souriant : après le dîner il passa la soirée avec elles et voulut que sa tante fît de la musique jusqu'à dix heures. Alors il les quitta pour « aller faire un tour », dit-il, et, avant de partir, il les embrassa tendrement, longuement, plus tendrement et plus longuement que de coutume, mais sans rien dire.

Son tour ne fut pas long ; en sortant de la maison il se rendit directement au jardin d'hiver où, pendant la journée, tout avait été remis en état. Quelques châssis étaient ouverts dans le vitrage, les portes qui communiquaient avec les serres étaient fermées : il ouvrit ces portes et ferma ces châssis, et, cela fait, il s'allongea sur le canapé où la veille il avait eu son entretien avec Marianne.

Il n'avait qu'à attendre, les fleurs et la nuit feraient leur œuvre : mort par accident pour s'être endormi dans la serre ; quelle catastrophe ! C'était la faute de la fatalité. Sa tante, solide et vaillante, soignerait sa mère et la consolerait.

Et, pendant qu'il raisonnait ainsi, le parfum des fleurs l'alourdissait et le troublait; il n'avait qu'à fermer les yeux et à s'endormir. Adieu la vie, — implacable pour lui!

XXVII

Il n'avait fallu rien moins que le procès de Fiquet pour faire diversion, dans les conversations et les bavardages du public, au malheur qui avait frappé « les dames Dubuquois ».

— N'est-ce pas une fatalité? Après le père, le fils, et l'explosion !

— Quand le malheur est sur une maison...

— Elles payent cher leur fortune.

Il y en avait qui, tout bas, osaient risquer « que ce n'était pas une grosse perte »; mais ceux-là mêmes plaignaient « les bonnes dames ».

A l'exception de Marianne et du docteur Chaudun qui n'avaient rien dit, tout le monde croyait à une imprudence de Thierry, et son calcul se trouvait réalisé : sa mère et sa tante, folles de douleur, pleuraient un accident; personne ne pensait à un suicide. Comment admettre cette idée, alors qu'on savait qu'il allait se marier? On ne se tue pas quand tout vous sourit, l'amour, la fortune, le bonheur.

Si l'on ne parlait pas de Thierry, de sa mère et de sa tante, c'était de Strengbach qu'on s'occupait.

— Qui aurait dit que cet homme, que nous avons vu arriver en sabots pour surveiller les maçons, deviendrait le directeur des établissements Dubuquois ?

— Il en deviendrait propriétaire, que ça ne m'étonnerait pas.

— A qui ces pauvres femmes, anéanties par le désespoir, pouvaient-elles remettre leurs affaires ? C'est une lourde responsabilité que la direction d'une maison comme la leur.

— Strengbach aussi était anéanti par la douleur.

— Il a *drouvé tans* son *tévouement* la force de la surmonter.

Ce n'était pas seulement par ses nouvelles fonctions que Strengbach provoquait les bavardages, c'était encore par la nouvelle tenue qu'il avait adoptée. S'il n'avait pas pris le deuil de Thierry, avec crêpe au chapeau, au moins s'était-il habillé tout de noir, et élégamment habillé. Plus de vêtements gris, plus de sabots, plus de casquette de loutre, mais la redingote noire boutonnée militairement, et le pantalon de casimir tombant sur des bottes toujours bien cirées. Les manières aussi étaient changées : ce n'était plus à pas de loup qu'il montait les escaliers, mais en faisant sonner ses talons, la tête haute, le regard à quinze pas, fier et dur avec ceux qui étaient autrefois ses égaux ou ses supérieurs, Torrent-de-Larmes plus que jamais avec les ouvriers. Son accent même s'était modifié à ce point, que ceux qui savaient se rendre compte de ce qu'ils entendaient soutenaient qu'il était moins alsacien, — ce qui paraissait aussi absurde qu'invraisemblable.

Mais quand les assises durent s'ouvrir, Fiquet fit tort à Thierry et à Strengbach. C'était un procès à sensation, autant par les circonstances dans lesquelles le crime avait été commis, que par la pénalité encourue par le coupable, et qui, aux termes de l'article 434 du Code pénal, était la mort.

Le président de ces assises fournissait aussi un élément à la curiosité. C'était le conseiller Hairies de la Freslonnière, célèbre dans la contrée par la façon dont il avait présidé l'affaire du docteur Claude, qui avait abouti à une condamnation à mort contre un innocent (1). S'il présidait de la même manière l'affaire Fiquet, cela serait intéressant. Entre Fiquet, l'orateur des réunions publiques, et le président, le beau parleur, il y aurait un duel amusant pour la galerie.

Mais, de ce côté, l'attente fut trompée. La salle était pleine, et tout ce qui compte à Condé et à Hannebault avait sa place. C'était à l'interrogatoire qu'on attendait le président; là, semblait-il, devait s'engager la lutte.

Après avoir demandé à l'accusé son nom, ses prénoms, son âge, sa profession, sa demeure et le lieu de sa naissance, le président avait procédé aux formalités ordinaires; puis après la lecture de l'acte d'accusation par le greffier, la prestation des serments des jurés, l'appel des témoins, au lieu d'inter-

---

(1) Voir le *Docteur Claude.*

roger longuement l'accusé comme on croyait, il avait tout de suite commandé à l'huissier-audiencier d'introduire le premier témoin.

Alors il y eut un murmure dans l'assistance; ce n'était pas cela qu'on attendait; il y avait tromperie.

— Le président est un malin, dit un avocat aux stagiaires qui se fâchaient. Quand il est sûr de faire de l'esprit il interroge, quand il a peur d'être collé ou d'entendre des choses qu'il ne veut pas qu'on dise, il n'interroge pas.

Déjà le premier témoin était à la barre : c'était François Néel, chimiste. Il y eut un mouvement de curiosité; mais elle fut déçue. Insignifiante, la déposition du chimiste. Il ne savait rien, ou comme semblait l'insinuer le président, il ne voulait rien dire.

Cela n'empêcha pas Badoulleau, qui avait sa place aux bancs des journalistes, d'affirmer à ses confrères parisiens que c'était un homme remarquable dont le nom devait être retenu, parce qu'un jour il ferait parler de lui.

— Pour le moment, il vaudrait mieux qu'il parlât lui-même, répondit un de ses confrères.

Mais déjà le président s'était débarrassé de ce témoin insignifiant avec sa phrase de dédain : « Allez vous asseoir; » et il en avait demandé un autre.

— Strengbach, Louis-Guillaume, directeur des établissements Dubuquois.

Sans doute cela n'était pas prononcé avec la netteté d'un Parisien, mais ce n'était plus cet accent alsacien, naguère si fortement caractéristique chez lui.

— Votre âge?

— Quarante-trois ans.

— Vous jurez de parler sans haine et sans crainte, de dire toute la vérité et rien que la vérité?

— Je le jure.

Cela fut dit avec un recueillement et une émotion bien faits pour porter la conviction dans la conscience des jurés. Comment ne pas avoir confiance en un personnage si correct dans son costume noir, si grave dans sa tenue, si brave homme, si honnête homme dans son air, avec quelque chose d'onctueux et de paternel dans le regard aussi bien que dans la voix?

Elle fut longue, la déposition de Strengbach, et circonstanciée, portant principalement sur les sentiments d'hostilité contre les dames Dubuquois qu'il avait pu constater chez les ouvriers. Aussi l'explosion ne l'avait-elle pas surpris. Il y avait longtemps qu'il la redoutait, ou tout au moins qu'il craignait quelque chose dans ce genre. Il avait même communiqué ses craintes au général Rœmel, lors de la dernière visite que celui-ci avait faite à ses sœurs. Pour lui, le complot et la vengeance étaient manifestes. Quant à la part que l'accusé avait pu prendre dans cette vengeance, il fut très bref, car il ne savait qu'une chose : la fabrication par Fiquet de nitro-glycérine, ou plutôt pour être rigoureusement vrai, les essais que Fiquet avait faits avec de la glycérine.

Le président remercia Strengbach de sa déposition si claire et en même temps si modérée qui devait produire une profonde impression sur MM. les jurés, en leur montrant dans quelles conditions l'explosion avait eu lieu. Puis, s'adressant à Fiquet :

— Avez-vous quelque chose à répondre à ce qui vient d'être dit contre vous ?

— C'est donc contre moi qu'on vient de dire quelque chose ? demanda Fiquet en se levant et d'un ton goguenard.

— Accusé, dans votre intérêt, je vous engage à être sérieux.

— Tout de suite, monsieur le président. Pour commencer, je vous prie de demander au témoin...

— Vous n'allez pas, je l'espère, interrompit le président avec sévérité, répéter les sottes accusations que vous avez imaginées lors de votre premier interrogatoire ?

— Ce n'est pas d'une accusation qu'il s'agit, c'est d'une question que je voudrais qui fût posée au témoin, puisque vous ne lui avez pas demandé où il est né.

— Je n'avais pas à lui poser cette question.

— Enfin, si vous vouliez bien la lui poser ?

Il y eut un moment de silence, et ceux qui pouvaient bien voir Strengbach remarquèrent en lui un certain embarras ou tout au moins de la surprise; mais cela ne dura qu'un instant.

— Tout le monde sait que je suis né à Strasbourg, rue de la Nuée-Bleue, dit-il.

— Et comme vous avez dit tout à l'heure que vous aviez quarante-trois ans, continua Fiquet, c'est donc en 1839 ou 1840 que vous êtes né.

Disant cela, Fiquet se pencha vers son avocat et

tout bas lui demanda un papier que celui-ci tendit, mais sans le lui donner.

— Eh bien, continua Fiquet, il résulte de cette pièce que mon avocat communiquera à la cour, qu'en 1839, 1840, 1841, il n'est point né à Strasbourg d'enfant s'appelant Strengbach, Louis-Guillaume.

Il y eut dans l'auditoire ce qu'on appelle, en style de cour d'assises, un mouvement prolongé. Que signifiait cela? Où Fiquet voulait-il en arriver?

L'attente ne fut pas longue, il continuait :

— Mais, d'une autre pièce qui sera aussi communiquée à la cour, il résulte qu'un Strengbach, Louis-Guillaume, est né à Winden, grand-duché de Hesse, en 1840. et qu'il a été baptisé au temple de son pays, le 23 janvier. Or, je prétends que le Strengbach ici présent et le Strengbach baptisé à Winden est la même personne. C'est-à-dire que celui qui se faisait passer pour Alsacien et qui exagérait même son accent afin d'inspirer plus de confiance, est Allemand, et que le catholique qui édifiait les dévots d'Hannebault par sa piété et ses pratiques religieuses est protestant. Pour moi, qui n'ai ni patrie, ni religion, je n'ai pas à faire d'observations là-dessus ; mais ceux qui en sont encore à ces idées seront, je pense, peu disposés à se laisser émouvoir, comme le disait M. le président, par le témoignage de ce personnage, et je me flatte qu'ils me croiront quand je dirai que l'auteur de l'explosion est celui qui en a profité pour effrayer les dames Dubuquois et se faire céder la direction des établissements d'Hannebault.

Il s'éleva une clameur qui couvrit tout, même les protestations exaspérées de Strengbach.

A la fin, le président parvint à obtenir un peu de silence, et il donna la parole à l'avocat général qui, aux termes de l'article 331 du code d'instruction criminelle, requit le renvoi de l'affaire à la prochaine session. L'avocat de Fiquet, qui se croyait sûr d'un acquittement, voulut au contraire que l'affaire fût continuée. Mais la cour fit droit au réquisitoire de l'avocat général.

Si Fiquet était acquitté, il ferait toujours trois mois de plus en prison préventive.

XXVIII

La mort de Thierry n'avait point arrêté les versements que mesdames Dubuquois faisaient toutes les semaines à la caisse de *la France libre* et qui permettaient à La Guillaumie de donner un faible acompte tantôt à un créancier, tantôt à un autre, de façon à n'être pas étranglé par les huissiers, les agréés et les avoués qui, ainsi arrosés, s'entendaient pour continuer les frais et ne pas tuer cette excellente vache à lait.

Avant de repartir pour Paris, après l'enterrement, le général Rœmel, depuis longtemps exaspéré de jeter de l'argent dans ce tonneau sans fond, avait demandé à ses sœurs ce qu'elles décidaient pour *la France libre*, et toutes deux immédiatement, sans se consulter même du regard, avaient répondu :

— Continuer.

N'était-ce pas une sorte d'hommage rendu à la mémoire de Thierry ?

Cette mort n'avait donc pas amené dans la situation de Marianne et de François les changements qu'ils avaient espérés tout d'abord; avant comme après, La

Guillaumie, par son journal, était le prisonnier de mesdames Dubuquois.

Mais le procès Fiquet avait changé la situation. En rentrant de l'audience, Strengbach avait forcé la porte de mesdames Dubuquois pour leur raconter ce qui s'était passé : ce *miséraple*, cette canaille l'accusait d'être un Allemand, lui qui avait versé son sang pour la France, et d'être un protestant, lui si bon catholique ; mais il allait partir pour Strasbourg dès le soir même et il en rapporterait son acte de naissance, ainsi que son acte de baptême, comme de Wissembourg, où ses parents avaient été s'établir en quittant Strasbourg, il rapporterait la preuve qu'il avait fait sa première communion dans l'église Saint-Pierre et Saint-Paul. Il était en effet parti le soir même, n'emportant que le léger bagage d'un homme qui doit revenir bientôt ; il est vrai que dans ce bagage se trouvait la liste complète des clients de la maison Dubuquois, et pour Strengbach cela valait mieux que tout le mobilier qu'il aurait pu déménager. Il n'était jamais revenu, et ç'avait été ces clients, assaillis d'offres par une maison allemande où il était entré, qui avaient donné de ses nouvelles. Quand mesdames Dubuquois avaient été obligées de s'avouer que Strengbach ne reviendrait pas, elles avaient dû le remplacer ; elles avaient alors demandé à un de leurs cousins resté en Alsace, un Rœmel, de venir diriger les établissements d'Hannebault, et celui-ci n'avait eu rien de plus pressé, en examinant les dépenses de la maison, que de supprimer la subvention de *la France libre*. La Guillaumie avait écrit à mesdames Dubuquois que le seul moyen de ne pas perdre ce qu'elles avaient déjà versé était de verser toujours. Elles ne lui avaient même pas répondu, n'ayant pas lu ses lettres, car depuis l'arrivée de leur cousin elles ne s'occupaient que de ce qui était Thierry ; de prières et de messes pour le repos de son âme ; de fleurs pour sa tombe ; de bonnes œuvres en son nom.

Comme *la France libre* ne vivait que par la subvention de la famille Dubuquois, elle avait dû mourir. Cependant ce n'avait pas été la faillite, comme Marianne l'avait si fiévreusement redouté, ç'avait été la vente. Pauvre, elle n'était ni nulle, ni insignifiante. Il y avait en elle, grâce aux efforts de La Guillaumie, des éléments de succès ; elle valait quelque chose. Un spéculateur, qui connaissait les affaires mieux que La Guillaumie, l'avait achetée, non en payant ce qu'elle avait coûté, mais ce qui était dû, de sorte que si La Guillaumie était sorti les mains vides, il était sorti aussi sans dettes.

Il était alors revenu à Hannebault, traînant l'aile et tirant le pied, demi-mort comme le pigeon de la fable, mais enfin l'honneur sauf, et ayant toutes sortes de raisons meilleures les unes que les autres pour expliquer à Badoulleau comment il n'avait pas réussi, et même comment il ne pouvait pas réussir. Heureusement il était conseiller général, il serait député ou sénateur, et à ce moment il recommencerait la lutte, dans d'autres conditions. Cette fois, il faudrait que Badoulleau vînt avec lui, car s'il l'avait eu, il n'aurait pas échoué ; certainement il ne se plaignait pas, seulement il ne fallait pas répéter la même sottise, et c'en serait une pour tous deux que de ne pas associer leurs efforts et leur fortune.

La mort de Thierry et le retour de La Guillaumie, c'était le mariage de François et de Marianne. Au moins cela leur avait-il paru tout naturel ainsi. Mais quand madame La Guillaumie aborda ce sujet avec son mari, celui-ci se fâcha et ne la laissa pas continuer.

— Si je n'ai pas voulu du chimiste de la maison Dubuquois, je ne vais pas maintenant accepter un homme qui n'a rien et qui n'est rien, non seulement sans la moindre fortune, mais encore sans position.

Ç'avait été une déception, mais non un découragement.

« La situation est aujourd'hui ce qu'elle était au mois de septembre, dit Marianne dans sa lettre à François, et encore est-elle meilleure par là que nous n'avons plus à craindre les dangers qui à ce moment nous menaçaient ; nous n'avons qu'à attendre. Ce que je vous disais pendant notre promenade à la Haga, sous ce beau clair de lune que je vois toujours, je vous le répète encore : « Ne vous désespérez pas quand une de vos expériences n'a pas réussi ; ce qui manque aujourd'hui ne manquera pas demain. »

François avait donc continué de travailler, un peu plus nerveux, un peu plus impatient, car à mesure que ses ressources s'épuisaient il s'effrayait en pensant au jour facile à fixer où il n'aurait plus rien, mais plein de courage cependant et aussi plein d'espérance ; il trouverait. Vaincu, ruiné, comme il l'était, La Guillaumie ne devait pas exiger que son gendre fût millionnaire.

Un matin qu'il était au travail, il entendit un bruit de pas précipités dans son escalier ; sa porte s'ouvrit avec fracas. C'était Badoulleau, un journal déplié dans une main, une lettre dans l'autre.

— Gagné ! cria Badoulleau.

— Qu'est-ce qui est gagné ?

— Le procès de votre grand'mère. Sept millions ! Lisez. Voilà aussi une lettre de votre grand'mère.

François eut un éblouissement. Le procès ! Il n'y pensait plus au procès, il n'y croyait plus.

C'était vrai, la lettre de sa grand'mère confirmait la nouvelle du journal.

« Tu ne blâmeras plus mon obstination, mon cher enfant. Justice nous est enfin rendue, ou à peu près. La cour, toutes chambres réunies, me met en possession de notre forêt et m'alloue pour fruits et dommages-intérêts quatre-vingt mille francs par an, à compter de 1840. L'équité aurait voulu qu'on augmentât les dommages-intérets et qu'on les fît remonter à 1825 ; mais pour te montrer que je ne suis pas la plaideuse enragée que tu crois, j'accepte cet arrêt. Je veux vivre heureuse et tranquille auprès de toi et de ta femme, car maintenant voilà ton mariage fait. A bientôt des détails. »

— Ah ! mon ami, mon cher ami ! répétait Badoulleau.

Mais François l'interrompit :

— Voulez-vous me rendre un service ?

— Vous me le demandez !

— Eh bien, portez ce journal à M. La Guillaumie. Dans les termes où nous sommes, je ne peux pas lui annoncer cette nouvelle moi-même. Demandez-lui à quelle heure je pourrai le voir.

— Je cours.

Et Badoulleau descendit l'escalier plus vite encore qu'il ne l'avait monté : ceux qui le virent passer dans la rue le regardèrent étonnés ; pour la première fois, il n'avait pas ses mains dans ses poches. Cependant si vite qu'il courût, il eut encore le temps de réfléchir en chemin. Au lieu de porter tout de suite son journal à La Guillaumie, il voulut que Marianne eût la première le bonheur de cette nouvelle. Il entendit qu'elle faisait travailler une élève dans le salon. Entr'ouvrant la porte il l'appela.

Au tremblement de sa voix, elle accourut inquiète.

— Lisez, dit-il. Madame Néel a gagné son procès ; sept millions.

Madame La Guillaumie entrait en ce moment même dans le vestibule; Marianne, défaillante, se jeta dans les bras de sa mère, tandis que Badoulleau répétait sa grande nouvelle.

Ils entrèrent tous les trois chez La Guillaumie, Badoulleau le premier, madame La Guillaumie et Marianne se tenant par la main.

— C'est un grand bonheur pour M. Néel, dit La Guillaumie, quand il eut lu le journal que Badoulleau lui avait tendu.

— Et pour votre chère fille, s'écria Badoulleau, n'en est-ce point un aussi?

Mais La Guillaumie se fâcha.

— Il n'avait pas voulu donner sa fille à François pauvre ; la donner à François riche, c'était la vendre.

— Mais ils s'aiment ! s'écria Badoulleau exaspéré ; allez-vous, par dignité, désespérer votre fille ? Regardez-la donc.

Et il poussa Marianne dans les bras de son père.

— Je vais chercher François, dit-il.

Ç'avait été une question de savoir où se donnerait le déjeuner du mariage. La Guillaumie aurait voulu qu'on acceptât les propositions de Toussaint qui, avec l'argent du papa Bultel, son beau-père, venait de créer le grand-hôtel d'Hannebault où tous les soirs il présidait la table d'hôte, en habit noir et en gilet en cœur, dans une tenue qui faisait l'admiration du Major : « C'est ça, c'est ça, » s'écriait à chaque instant le Major. Mais madame La Guillaumie et Marianne avaient fini par faire accepter les classes nouvellement construites qui leur avaient donné tant de tourment : au moins elles serviraient à quelque chose de bon.

C'était donc dans ces classes ne formant qu'une seule salle décorée de fleurs que les invités étaient réunis : Marianne ayant près d'elle son père et Glorient, et lui faisant vis-à-vis François assis entre madame Néel et madame La Guillaumie.

Penché vers elle, Glorient la questionnait sur

ses anciennes connaissances d'Hannebault, car il n'était arrivé que le matin seulement pour la cérémonie :

— Je n'avais jamais vu la grand'mère, n'est-ce pas? Elle est superbe de force et de vivacité. Elle vivra cent ans. Comme les procès conservent la santé !

— C'est pour cela sans doute qu'elle vient de commencer une vingtaine de procès contre des paysans qui ont empiété sur sa forêt.

— Tout comme votre père ne pense qu'à recommencer un journal. Il faudra surveiller votre mari, mon enfant, et ne pas le laisser se prendre dans cet engrenage.

Comme La Guillaumie, l'oreille éveillée par le mot « journal », semblait vouloir les écouter, Glorient changea de conversation.

— Où donc est cette belle fille brune qui a un si remarquable talent de chanteuse?

— Berthe a quitté Hannebault, répondit Marianne après un moment de silence embarrassé ; elle est à Paris, où elle travaille pour le théâtre. Elle m'a envoyé comme souvenir mon livre de messe.

— Et son père, a-t-il gagné à la loterie ?

— Non ; il ne sort plus de son moulin et ne veut voir personne.

Glorient continua sa revue :

— Cette dame en toilette rose, c'est madame Badoulleau, n'est-ce pas? Elle a donc pu quitter sa robe de chambre? Quel brave homme que l'abbé Colombe!

il a pleuré en vous adressant son allocution. Où donc l'abbé Commolet a-t-il déposé sa flûte? Et l'ami de Malaquin est-il enfin ministre?

Puis quand elle lui eut dit tout ce qu'il voulait savoir :

— Allons! dit-il, ils sont bien gentils. Voyez comme ils sont gais. Tous heureux! Et pourtant combien d'eux auraient à se plaindre de la vie!

FIN

NOTICE POUR LES « BESOIGNEUX »

Faut-il dire qu'un des personnages de ce roman, la vieille madame Néel, a vécu d'une vie propre et que la partie de son histoire reproduite par moi dans les *Besoigneux* a été empruntée à la réalité ?

Je pense que le lecteur l'aura deviné, tant la vérité sincèrement et simplement exprimée saute aux yeux et s'impose à l'esprit par des traits qui n'appartiennent qu'à elle. Cependant, si curieuse que soit la vérité, si saisissante que les hasards d'une existence exceptionnelle l'aient faite, il est bien rare qu'elle puisse être introduite dans un roman sans certains arrangements de mise en scène et d'exécution qui constituent précisément l'art du romancier : aux faits que lui fournit la réalité, il prend ceux qui rentrent dans son plan et laisse de côté ceux qui s'en écartent ; c'est ainsi que j'ai procédé avec madame Néel.

Ce fut dans un cabinet d'affaires dirigé par deux de mes compatriotes que je la rencontrai. L'un des directeurs de ce cabinet avait été clerc dans l'étude de mon père ; avec l'autre j'étais en relations d'amitié depuis mon enfance : je me trouvais donc chez eux comme si j'avais été de la maison, allant, venant en pleine liberté, sans être astreint aux attentes des clients ordinaires qui, chez des gens très occupés, doivent prendre leur tour. Un jour que j'allais entrer dans leur cabinet sans faire antichambre, une vieille femme à falbalas noirs et misérables, qui marchait impatiemment par le salon d'un air exaspéré, dit à mi-voix .

— Vous êtes bien heureux, monsieur; on ne vous fait pa- attendre, vous !

Ce *vous* prit dans sa bouche un accent envieux et dédaigneux tout à fait caractéristique.

— Ce n'est pas pour affaires, dis-je.

— Alors, ces messieurs font passer leurs affaires personnelles avant celles de leurs clients.

Il ne me convenait pas d'engager une discussion avec cette vieille qui avait tout l'air de celle de la chanson : « Ah ! la vieille, la vieille qui croyait avoir quinze ans ». Je la laissai à son indignation et j'entrai chez mes amis à qui je racontai l'algarade qu'elle venait de me faire.

— Vous avez eu tort de ne pas causer avec elle ; elle vous aurait certainement intéressé : c'est un personnage de roman. Savez-vous qu'elle soutient un procès qui date de 1769 ?

— Intenté par elle ?

— Si vieille qu'elle soit, elle ne l'est pas encore assez pour cela cependant : elle a succédé à son père, qui lui-même a succédé à un premier plaideur. Il y a environ quarante ans qu'elle a trouvé ce procès dans l'héritage paternel dont il composait la meilleure part et, depuis cette époque, elle lui a donné sa vie qu'il a dévorée.

— Ça peut durer quarante ans, un procès ?

— Plus, puisque celui-là, je vous l'ai dit, date de 1769 ; et elle n'est pas près d'en voir la fin, sans doute.

— Comment cela ?

— Faites-vous-le expliquer par elle ; cela aura plus de saveur dans sa bouche que dans la nôtre et sera plus vivant. Témoignez-lui un peu de sympathie, elle vous sautera au cou. Seulement gardez-vous de lui donner à croire que vous la mettrez un jour dans un roman, car ce roman, ce ne serait pas dans six mois qu'elle vous demanderait de l'écrire, ce serait demain, ce soir même, cette nuit, toute affaire cessante.

— N'a-t-elle pas payé le droit d'être pressée ?

— Il y a bien d'autres droits qu'elle a ainsi acquis, la pauvre femme, si bien qu'elle s'imagine de la meilleure foi du monde que tout lui est dû, — rien des coquins qui la persécutent, tout des honnêtes gens. Et si vous lui marquez de la sympathie, immédiatement elle vous classera dans les honnêtes gens. Aussi attendra-t-elle beaucoup de vous : beaucoup, c'est-à-dire l'impossible et le miracle.

— Oh! oh!

— Voici ce qu'elle exige de nous qui, à ses yeux, sommes au moins jusqu'à présent de ces honnêtes gens. D'abord de s'occuper activement de son affaire ; ce qui n'est que juste. Mais de plus que nous nous en occupions exclusivement en négligeant toutes les autres. Du jour où elle a bien voulu nous confier ses intérêts, après vingt ou cinquante de nos confrères successivement remisés, elle a considéré que nous lui appartenions, et qu'elle pouvait disposer de nous entièrement, le jour, la nuit, ici, au dehors, de notre intelligence, de notre zèle, de nos personnes. Parfaitement, de nos personnes. C'est ainsi que dans toutes ses courses, et Dieu sait si elle en trouve à faire du matin au soir, l'un de nous doit l'accompagner, en lui offrant le bras, et en payant les voitures qu'il lui plaît de prendre. Les voitures, passe encore, mais le bras! Vous l'avez vue et vous avez pu vous rendre compte du paquet de guenilles qu'elle traîne, et qui pour les dentelles ont été certainement ramassées par elle dans les tas d'ordures et cousues sur les trous d'une robe noire, toujours la même, qui date de cinq ou six ans, de dix ans peut-être. Ces guenilles, c'est déjà quelque chose, n'est-ce pas ? Ce n'est pas tout. Comme, après une tournée de visites où il y avait eu des suffocations un peu plus fortes que de coutume, je lui faisais observer que quelques bains de temps en temps lui seraient peut-être utiles pour calmer ses nerfs surexcités par l'impatience, — vous voyez que j'y mettais des formes, — elle me répondit que si au milieu de ses misères, elle avait eu le bonheur de se maintenir dans un état de santé que rien n'avait pu altérer, ni un jour, ni une heure, elle le devait à ce qu'elle avait conservé son enduit naturel : telle elle était née, telle elle était restée. Voyez si votre courage n'en sera point ébranlé.

Il ne le fut pas, et bientôt elle m'eut conté toute son affaire avec une passion débordante.

C'était, en effet, de 1769 que datait le procès qu'elle soutenait. A cette époque l'Etat, voulant fortifier Granville, avait eu besoin de démolir un moulin et de prendre des champs qui se trouvaient dans le périmètre de ses travaux, et en échange il avait cédé au propriétaire de ce moulin et de ces champs quelque chose comme 2,000 hectares de prairies dans les grèves du Mont-Saint-Michel. Il avait fallu choisir l'emplacement de ces prairies, et aussitôt les difficultés et les procès avaient commencé, les chicanes de l'Etat se manifestant sous l'ancien régime avec une intensité et une ingéniosité de mauvaise foi, qui ne pouvaient être dépassées que par le nouveau. A la Révolution, ces procès suivaient leur cours ; elle les avait naturellement interrompus. Quand ils purent reprendre, le Premier Consul, pour s'en débarrasser, tout simplement annula la concession. Mais la Restauration naturellement annula l'annulation de Napoléon ; seulement, comme elle refusait de délivrer les terrains, les procès avaient repris et s'étaient continués avec des chances diverses : tantôt l'Etat gagnait, tantôt il perdait ; alors ses agents, préfets, directeurs des domaines, s'ingéniaient à trouver des incidents nouveaux, et l'on plaidait toujours. Du père mort, la lutte passait aux mains de la fille. A ce moment, celle-ci était une artiste de talent et elle vivait heureuse, fière de ses succès de harpiste qui lui assuraient une vie tranquille et brillante.

Prise dans l'engrenage, elle avait été broyée et dévorée : elle n'était qu'une plaideuse professionnelle, plus que professionnelle, héréditaire ; et de l'ancienne artiste, il ne lui était resté qu'un léger balancement gracieux dont elle accompagnait en ses beaux jours les morceaux qu'elle jouait sur sa harpe d'Erard, et qui maintenant marquait les périodes cadencées des avocats qui plaidaient pour elle.

Qui n'avait pas plaidé pour elle ou pour son père parmi les noms les plus éclatants du barreau : Vatimesnil, Dupin, Ledru-Rollin, Berryer, Lachaud.

Il était curieux de savoir comment elle les jugeait car mieux que personne au monde elle était en état d'avoir une opinion sur eux : tous du talent, mais pas de zèle, et puis pas de manières avec les femmes, des robins qui ne s'occupaient que de leurs intérêts : ils plaidaient pour elle pour la gloriole d'être mêlés à une cause célèbre, mais jamais ils n'avaient eu a cœur de la lui faire gagner.

Pas de zèle c'était le reproche qu'elle adressait à mes amis, et celui que moi-même j'encourus bientôt : si j'en avais eu, est-ce que je ne l'aurais pas soutenue dans les journaux avec lesquels j'étais en relations, j'aurais soulevé l'opinion publique, provoqué un mouvement en sa faveur ; Mais non, tous les mêmes : on commençait par la sympathie, et bi n vite on arrivait à l'indifférence ; et cependant était-il cause qui plus que la sienne pouvait enflammer un esprit généreux ? Ce fut inutilement que j'essayai de lui expliquer qu'un romancier n'est pas un journaliste, qu'un roman ne s'improvise pas du jour au lendemain, que pour le mettre sur les pieds il faut du temps, pour le publier, certaines circonstances ; elle ne voulut rien entendre : « tous les mêmes ».

Sur ces entrefaites elle retire sa confiance à mes amis pour la porter à d'autres, et je ne la vois plus. Mais je ne cesse pas d'entendre parler d'elle car ses procès continuent. Chaque fois qu'elle gagne et elle gagne toujours en première instance, en appel, en cassation, il y a dans l'administration des Domaines dans les préfectures, dans les ministères quelque fonctionnaire ingénieux pour inventer une nouvelle chicane. C'est amusant cette lutte de l'État tout puissant armé de toutes pièces contre cette pauvre vieille fille, misérable et seule. On finira bien par la lasser. Elle finira bien par mourir épuisée, et comme elle n'a pas d'héritiers, ce sera l'Etat qui sera le sien. Quelle gloire pour le bureaucrate qui aura trouvé cette dernière et triomphante combinaison. Pas un ministre, pas un fonctionnaire, n'a conscience de la monstruosité dont ils se font les instruments, le cœur léger, pour rien, pour le plaisir.

Cependant elle ne se lasse pas, la foi la porte ; cependant elle ne meurt pas, protégée sans doute par son fameux enduit naturel. Rien ne la rebute, rien ne l'abat, rien ne lui fait abandonner la ligne qu'elle a adoptée. Des spéculateurs lui proposent 50,000 francs de rente et toutes les avances nécessaires à la poursuite de son procès, à condition d'un partage par moitié quand elle aura gagné, elle refuse. L'Etat aux abois lui fait faire les offres réelles en or compté devant elle sur le carreau de son galetas, elle refuse : tout ou rien, mais ce sera tout, elle n'en doute pas une minute.

Et c'est tout en effet qu'à la fin elle obtient sur la plaidoirie de mon ami O. Marais, l'éminent avocat du barreau de Rouen : elle a quatre-vingt-cinq ans.

Ce fut seulement en 1883 que je pus, non pas faire un roman avec elle comme j'aurais voulu, mais au moins lui donner une place dans *les Besoigneux*, en la dessinant d'après nature.

Par une coïncidence curieuse, André Theuriet fit aussi un roman « *Tante Aurélie* », avec son procès, à peu près à la même époque : *les Besoigneux* commencèrent dans *le Siècle* au mois de janvier 1883, *Tante Aurélie* parut dans l'*Illustration* au mois de décembre de la même année. Je ne sais s'il l'a connue personnellement, mais au moins pendant qu'il fit partie de l'administration du Domaine, a-t-il pu mieux que personne recueillir la légende de son procès.

Ainsi cette publicité qui lui eût fait tant de plaisir, alors qu'elle plaidait, elle l'a eue trop tard, — comme ses millions.

П. M.

ÉMILE COLIN — IMPRIMERIE DE LAGNY

www.ingramcontent.com/pod-product-compliance
Lightning Source LLC
Chambersburg PA
CBHW060051190426
43201CB00034B/676